北京市哲学社会科学规划办公室
北京市教育委员会
资助出版

北京学研究报告
2015

北京学研究基地 编

中国社会科学出版社

图书在版编目(CIP)数据

北京学研究报告.2015/北京学研究基地编.—北京：中国社会科学出版社，2015.5
ISBN 978-7-5161-6128-9

Ⅰ.①北… Ⅱ.①北… Ⅲ.①城市学-研究报告-北京市-2015 Ⅳ.①C912.81

中国版本图书馆CIP数据核字（2015）第099816号

出 版 人	赵剑英
责任编辑	吴丽平
责任校对	邢建新
责任印制	李寡寡

出　　版	中国社会科学出版社
社　　址	北京鼓楼西大街甲158号
网　　址	http://www.csspw.cn
邮　　编	100720
发 行 部	010-84083685
门 市 部	010-84029450
经　　销	新华书店及其他书店
印　　刷	北京市大兴区新魏印刷厂
装　　订	廊坊市广阳区广增装订厂
版　　次	2015年5月第1版
印　　次	2015年5月第1次印刷
开　　本	710×1000 1/16
印　　张	17.5
插　　页	2
字　　数	293千字
定　　价	58.00元

凡购买中国社会科学出版社图书，如有质量问题请与本社联系调换
电话：010-84083683
版权所有　侵权必究

编委会

顾　　问　张妙弟　李建平
主　　编　张宝秀
副 主 编　孟　斌　张　艳
编　　委　（按姓氏笔画排序）
　　　　　石美玉　张景秋　杨　宜　杨靖筠
　　　　　赵连稳　顾　军

目 录

总论 …………………………………………………………（1）

北京学研究综述

2014 年北京历史文化研究综述 ………………… 张勃　杨帆（7）
2014 年北京城市研究综述 ……………………… 孟斌　邵静（22）
2014 年北京经济研究综述 ……………………… 孟斌　邵静（38）
2014 年地方学理论研究综述 ………………………… 成志芬（50）

研究项目

国家自然科学基金项目
城乡统筹背景下大城市休闲农园的空间组织与优化——以北京
　为例 ……………………………………………… 杜珊珊（59）

国家社会科学基金项目
华北地区宗教信仰人群的调查与分析研究 ………… 杨靖筠（62）

北京市社会科学基金项目
北京城市空间与日常生活 ……………………………… 孟斌（64）
北京城市形态演变与未来紧凑发展模式研究 ………… 何丹（67）
北京中心城区老年人口宜居环境满意度现状与提升策略
　研究 ……………………………………………… 李雪妍（69）
空间表达视角下北京历史文化遗迹的保护对策 ……… 成志芬（71）

北京传统村落文化保护发展面临主要问题及对策研究 … 苑焕乔（73）

北京市科委项目
 佛教文化在首都文化建设中的地位和影响 ………… 杨靖筠（75）

北京学研究基地项目
 北京历史文化遗产资源体系及价值研究 …………… 张蒙（77）
 北京宗教史话 ………………………………………… 佟洵（80）
 都市农园在北京乡村空间重构中的作用与典型模式
  研究 ……………………………………………… 杜姗姗（82）
 基于创新网络的北京文化产业集群成长机制研究 …… 杜辉（84）
 北京白米斜街历史街区空间整合研究 …………… 刘剑刚（86）
 亲历北京：1840—1911年西方人士有关北京著作研究 … 孙琼（88）
 北京文化旅游资源的资产证券化研究 ……………… 张奇（92）
 北京冰雪体育文化产业发展战略研究 …………… 覃永贞（94）
 北京地区大学分校口述史研究 …………………… 孙晓鲲（96）
 三山五园地区旗人村落口述史调查与研究 ………… 李杨（98）
 北京"打造东方影视之都"战略规划研究 ………… 惠东坡（100）

其他项目
 关于加强北京历史街区保护，完善古都风貌保护机制的
  调研 ……………………………………………… 朱永杰（102）
 北京传统村落保护专题调研 ……………………… 张勃（104）
 北京与台湾地区天主教文化比较研究 …………… 杨靖筠（106）

著作和文集

北京学研究报告2014 ……………………………………… 张艳（111）
中国城乡一体化发展报告·北京卷(2013~2014) ……… 黄序（114）
节日与市民生活——2013北京文化论坛文集 ………… 张宝秀（118）
孙明经眼中的老北京 ……………………………………… 张艳（120）
老北京梦寻 ……………………………………………… 张宝秀（121）

北京基督教史	杨靖筠	(123)
北京会馆基础信息研究	白继增 白杰	(127)
旅游文化资源融资模式研究：以北京为例	张奇	(129)
京津冀区域综合性人文地理过程演化分析与模拟	何丹	(132)

研究报告

北京"五个之都"建设功能区布局优化及实施对策研究	张景秋	(139)
北京文化日历构建研究	张勃	(144)
北京传统村落文化现状及可持续发展对策研究	苑焕乔	(149)

学术论文

北京历史文化与文化遗产研究

三山五园的地位与定位	张宝秀	(155)
三山五园中的藏传佛教寺院功能浅析	于洪	(158)
北京城镇化进程中的宗教建筑遗迹保护问题研究——以地下文物和考古发现为例	赵连稳 孙勐	(163)
北京会馆成因及其功能解构	白杰	(166)
北京节日的历史、现状和未来建设	张勃	(169)
蜕变中的都市——从《北京风俗问答》看20世纪初期北京城市的现代化	张勃	(173)
全真道龙门派始祖丘处机与道教的中兴	佟洵	(178)
云居寺四座唐代石塔铭文的试析	孙勐	(182)
试论传统手工技艺生态及其再生——以聚元号弓箭为例	李杨	(186)
民国时期的北京电影	李自典	(189)

北京城市空间与城市经济研究

美丽北京建设的思考	李建平	(192)
伦敦经验：新型城镇化视角下的北京城市提升	张景秋	(196)
北京城市办公空间通达性感知研究	王丹丹 张景秋 孙蕊	(199)

北京轨道交通换乘站点对办公空间
　　集聚的影响 …………………………… 甄茂成　张景秋　朱海勇（202）
北京城区长期避难场所空间布局
　　研究 ……………………………………… 周爱华　张景秋　付晓（206）
北京市居民居住满意度感知与行为意向
　　研究 ……………………………………… 湛东升　孟斌　张文忠（210）
北京城市居民日常活动空间的社区
　　分异 ……………………………………… 张艳　柴彦威　郭文伯（214）
北京农民市民化影响因素与路径选择研究 ………………… 张丽峰（217）
新型城镇化背景下的村庄规划 ……………………………… 杜姗姗（221）
北京5A级旅游景区网络关注度分布特征
　　研究 …………………………………………… 张丽峰　丁于思（225）
北京市住宅价格的影响因素和轨道交通效应 ……………… 何丹（228）

北京学与地方学理论研究

对北京学理论体系的再思考 ………………………………… 张宝秀（232）
地方学的设立标准和学科内涵 ……………………………… 张宝秀（236）
地方学与地域文化研究的"地方"和"地方性"
　　视角 …………………………………………… 成志芬　张宝秀（239）

学术信息

学术论文与调研报告获奖 ……………………………………………（245）
继续举办"北京学讲堂"系列讲座 …………………………………（249）
召开"新型城镇化与传统文化——第十六次北京学学术
　　研讨会" …………………………………………………………（250）
承办"大师与古都：侯仁之与北京城"展览 ………………………（252）
合作举办"中国人的风俗观和移风易俗实践——民间文化青年
　　论坛2014年会" …………………………………………………（253）
参与举办"2014北京文化论坛——培育和践行社会主义核心
　　价值观" …………………………………………………………（254）
合作召开"走向世界的地方学研究学术研讨会" …………………（255）

广州市人民政府文史研究馆领导和馆员到北京学研究所调研 …… （257）
邀请美国肯塔基州大学地理系 Stanley Brunn 教授来校进行
　学术交流 ……………………………………………………（258）

附录

附录 1　2014 年北京学研究基地立项主要科研项目一览表 ………（263）
附录 2　2014 年北京学研究基地出版主要学术著作和论文集一
　　　　览表 ………………………………………………………（265）
附录 3　2014 年北京学研究基地发表主要学术论文一览表 ………（266）
附录 4　2014 年北京学研究基地主要科研获奖一览表 ……………（269）

总　　论

在北京市哲学社会科学规划办公室和北京市教育委员会的领导和支持下，2014年北京联合大学北京学研究基地（以下简称基地）以"立足北京、研究北京、服务北京"为宗旨，努力从首都北京地域文化和地域综合性视角，深入开展北京历史文化与文化遗产、北京城市发展、北京经济发展、地方学与地方文化理论等领域的研究工作，取得了较为丰硕的研究成果。

《北京学研究报告2015》是对2014年基地开展的科研活动和取得的研究成果进行的系统梳理与全面总结。以往的北京学研究年度报告主要有五个部分的内容，包括年度基地获准立项的科研项目、出版的主要学术著作、撰写的主要研究报告、发表的主要学术论文、荣获的科研奖项及举办与参加的主要学术活动等的简介。由于篇幅所限，上述五部分内容均为简介性质，并且仅为部分代表性项目、成果和活动等信息的简介。在报告最后附录部分，附有2014年度基地立项主要科研项目一览表、出版主要学术著作和论文集一览表、发表主要学术论文一览表、主要科研获奖一览表，较为全面地罗列了2014年度基地获准立项项目、取得的研究成果及获奖等信息，必要时读者可据此线索查阅论著成果全文。

《北京学研究报告2015》在继承以往年度报告的框架结构基础上，尝试增加北京学研究综述的版块，旨在对2014年度北京学主要研究领域正式刊出的相关研究成果进行综述。综述的对象与范围不仅仅局限于北京学研究基地骨干核心科研人员的研究成果，而是以期能够更加全面地回顾与总结北京学主要研究方向上在过去一年中所取得的研究成果，充分把握前沿的研究议题与动态，并在此基础上进行思考与展望。开展年度北京学研究的学科学术成果总结，对于进一步深入认识北京学学科内涵与定位、凝练北京学与地方学理论、进一步明确北京学的核心研究方向等方面有着重要的理论意义。

本报告的第一部分为"北京学研究综述"。围绕北京学研究基地的主要研究方向北京历史文化研究、北京城市研究、北京经济研究、地方学理论研究四个方向开展2014年度的研究综述。2014年北京历史文化研究综述主要从北京城市形象、北京文化建设、北京文化遗产保护与传承、北京历史研究四个方面开展。2014年北京城市研究综述主要围绕北京城市建设与城市管理开展；其中，北京城市建设内容涉及北京世界城市建设、文化中心城市建设、智慧城市建设、城乡一体化与新农村建设研究、新型城镇化建设、生态文明建设、地下空间利用研究等，北京城市管理研究包括城市治理与城市病研究、城市交通问题、城市人口管理、城市应急与灾害管理研究四个方面。2014年北京经济研究综述主要围绕京津冀协同发展、产业结构、文化创意产业、创新驱动发展四个方面展开。2014年地方学理论研究综述主要涉及地方学学科属性、地方学研究范围及研究对象、地方学研究、地方学研究方法、地方学的作用与价值研究等方面的探讨。

本报告的第二部分为"主要研究项目"。2014年度，基地骨干研究人员作为项目负责人获准新立项科研项目共计24项。其中，国家级项目2项、省部级项目6项、局委办级项目1项、基地自设项目12项、横向项目2项、其他项目1项（见附录1）。该栏目选取部分项目进行了介绍。与2013年度相比，2014年度基地人员新立项的科研项目主要有以下几个特点：（1）国家级、省部级高级别科研项目新立项数量基本与上年度持平；（2）基地科研"孵化器"功能日益凸显，青年教师在基地课题基础上逐渐积累，最终获得了更高级别的项目支持，在立项的国家自然科学基金项目、北京市社会科学基金项目、北京市自然科学基金项目等高级别项目中，青年项目及预探索研究项目数量及比例显著增加；（3）从研究内容方面看，新立项项目主题更聚焦于基地的主要研究方向。

本报告第三部分为"主要著作和文集"。2014年度，基地骨干研究人员作为第一作者或主编出版相关著作和文集共9部，其中学术著作4部、论文集和报告集3部、科普类著作2部（见附录2）。该栏目对其中9部著作及文集进行了介绍。其中，《北京学研究报告2014》、《中国城乡一体化发展报告·北京卷（2013~2014）》均为基地的系列出版物。白杰等著的《北京会馆基础信息研究》是基地重点项目"北京会馆研究"的研究成果，杨靖筠撰写的专著《北京基督教史》是基地重点项目"北京宗教文化史分类研究"系列研究成果中的著作之一，以上两部著作也是基地资助出版的著作。

本报告第四部分为"主要研究报告"，包括2篇研究报告，1篇调研报告。其中，《北京"五个之都"建设功能布局优化与实施对策研究》《北京文化日历构建研究》均是北京市社会科学基金资助项目的主要研究成果，这里对其主要的研究结论进行简介。

2014年度，基地骨干研究人员依托基地资助项目、北京市社会科学基金项目、北京市政协文史委委托项目及其他科研项目，围绕"传统村落文化可持续发展""传统村落保护""历史街区保护"等热点议题开展了深入的调查研究。

本报告第四部分为"主要学术论文"。2014年度，基地骨干研究人员作为第一作者、通讯作者或所指导研究生、本科生为第一作者发表学术论文36篇（见附录3），本栏目选取部分论文进行简介。内容大致分为北京历史文化与文化遗产研究、北京城市空间与经济发展研究、北京学与地方学理论研究三个方面。其中，北京历史文化与文化遗产研究论文18篇，内容主要集中在北京历史文化遗产保护与利用（如三山五园、会馆、宗教建筑遗迹等）、民俗与节日文化、民族与宗教文化、非物质文化遗产等方面；北京城市空间与经济发展研究论文15篇，内容包括北京城市建设定位与经验借鉴、北京城市内部空间结构研究（办公空间、轨道交通、避难空间、居住空间等）、居民日常行为与意向、新型城镇化背景下的乡村规划、旅游景区网络关注度等方面；北京学、地方学理论研究论文3篇，内容涉及北京学理论体系、地方学设立标准与学科内涵、地方与地方性等。

本报告第五部分为"学术信息"。本栏目一方面延续了以往年度《北京学研究报告》的传统，对2014年度基地举办的主要学术活动及基地骨干科研人员参加的一些重要学术活动、所获的学术奖项等进行简介。在学术交流方面，2014年北京学研究基地主办了"新型城镇化与传统文化——第十六次北京学学术研讨会"，承办了"大师与古都——侯仁之与北京城"专题展览，与北京中华文化学院、中国民主同盟北京市委员会、九三学社北京市委员会等单位联合举办"2014北京文化论坛——培育和践行社会主义核心价值观"，与泉州学研究所合作召开"走向世界的地方学研究学术研讨会"，与北京联合大学应用文理学院城市系合作邀请美国肯塔基州大学地理系Stanley Brunn教授来校进行学术交流。此外，基地骨干科研人员赴韩国坡州参加第十九届中韩学术研讨会"中韩双边合作与区域协同发展"，赴韩国釜山参加"第九届中日韩地理学国际研讨会"，并进行会议论文发表；积极参加国内学术会议（含国内举办的国际学术会议），并做论文发表。自2011年以来，基地连续四年在校内举办"北京学讲堂"系列学术讲座，2014年以历史文化街区和历史文化名村保护为主线，邀请北京联合大学校内外专家开展学术讲座9讲，学生约有1500人次听讲。同时，基地骨干人员积极参加社会历史文化讲座，普及相关知识。2014年到校外参加讲座11讲，如继续参与合作单位首都图书馆举办的"首图讲坛·乡土课堂"讲座，参加由北京市文联、北京市教委主办的"中华优秀传统文化进中小学校园"讲座，参加由中华春节符号全球征集活动组委会举办的"中华'春节符号'全球征集活动进校园"讲座等。

总之，2014年基地在推进科研立项及研究工作、组织开展学术交流研讨活动、出版系列学术成果、科研平台建设和社会服务等方面取得了良好成绩，但是，也存在一些困难与不足，如高水平研究成果数量偏少。基地今后将继续坚持"立足北京、研究北京、服务北京"的宗旨，充分发挥科研平台作用，积极承担更多对北京城乡发展和文化建设具有战略意义的研究项目，取得更多、更高水平、更具影响力的研究成果，将基地建设成为有特色、高水平、创新型的北京市优秀社科研究基地和文化智库，为首都北京的发展与建设做出更大贡献。

在《北京学研究报告2015》的编写过程中，一如既往地得到了北京市哲学社会科学规划办公室、北京市教委和校内有关领导、部门、学科、系部、科研机构的大力支持和帮助，在出版过程中，得到了中国社会科学出版社的热情帮助，在此一并表示衷心的感谢！报告中若存在错误和不足，望广大读者批评指正。

《北京学研究报告2015》编委会
2015年2月

北京学研究综述

2014 年北京历史文化研究综述

张勃 杨帆 *

2014 年，以北京的历史文化为主题，众多学者进行了孜孜不倦的探索和研究，在北京城市形象、文化建设、文化遗产保护与传承、文化创意产业、历史研究等方面都取得了不少成果。

一 北京城市形象研究

城市想象和城市形象，是近年来的一个研究热点。2014 年关于北京城市形象的分析，主要通过对相关艺术作品的解读来进行。不少学者侧重于从文学作品入手，但在具体研究时又有不同的视角。有学者从宏观上分析现代作家笔下的北京形象，认为近现代中国社会的剧烈变迁，不仅带来了北京城市的改变，同时也造成了北京文化形象的多重意蕴和不断嬗变。西方文明冲击之下对于北京城市积弊的批判，现代物质文明中对于北京文化传统的再发现，外族入侵的国难里对于城市精神的重塑，都成为现代作家笔下北京形象描写的因子，同时也通过对北京形象的不断塑造着北京城市新的精神和品格。① 有学者通过某一类文学作品进行中观层面的探讨，如有学者以京味儿小说为研究对象，认为清末民初的京味儿小说集中展示了清王朝衰亡之后京城的巨大变化，作品中八大胡同的着重书写，成为认识当时社会文化的一面凹凸镜。② 有学者重视对具体作品的研究，如有学者研究当代作家冯唐的成长小说"万物生长三部

---

* 张勃，北京联合大学北京学研究所研究员；杨帆，北京联合大学专门史专业硕士研究生。
① 刘勇、张弛：《中国现代作家笔下北京形象的嬗变》，《北京科技大学学报》2014 年第 2 期。
② 胡洪春：《历史更迭与文化记忆中的北京——清末民初京味儿小说中的北京书写》，《焦作师范高等专科学校学报》2014 年第 1 期。

曲",认为它呈现出独特的北京想象:中学生视野下混沌、脏乱的北京底层;大学生视野下骚动的现代化北京,同时指出,融个人记忆与城市想象的叙述是新文学中北京想象的独特一笔。① 有学者分析张恨水有关北京描写的部分,认为其笔下的北京更像是一个"幻影",现代性推动北京发生巨大变化的同时使这些都带上了梦幻的色彩,这种梦幻既是张恨水对现代性内在逻辑的揭示,同时也是他和他的小说读者疏解现代性压力的一种方式。②

也有学者从戏剧影视方面研究北京形象,如有学者认为在西方电影文本中,北京的城市形象已经成为中国形象的一个缩影。"中国形象"不是对中国进行简单的复制性的描绘和发现,而是被深深地注入了西方社会的"集体性想象",这样的形象包括了自我和他者,本土和异域的双重文化关系,是双重文化投射的产物。③

二 北京文化建设研究

文化建设是将北京建设成社会主义先进文化之都的重要工作,《北京文化生态与城市发展》是当年一部主要的研究成果。该书在阐述文化生态理论内涵与现实意义的基础之上,系统梳理了1978年以来文化生态和北京城市文化建设的历史,分析了北京文化生态建设在中国乃至世界文化生态建设中的位置以及当前存在的问题,并就未来良性发展提出了针对性的建议,对于北京文化生态建设具有重要的现实意义。④《比较视野中的北京文化》则从首都文化视野、历史文化视野、现代化视野、世界城市视野四个维度来考察北京文化发展的优点与不足。⑤《北京文化发展报告》则以加强全国文化中心建设、发挥示范带动作用为主题,以2013年度北京文化发展战略、文化建设新进展和新动态为基本内容,分析了2013年北京文

---

① 董晓霞:《从空间到时间的北京想象与追忆——论冯唐的"万物生长三部曲"》,《天水师范学院学报》2014年第1期。
② 季剑青:《过眼繁华:张恨水的北京叙事——从〈春明外史〉到〈啼笑因缘〉》,《文艺争鸣》2014年第8期。
③ 杜剑锋、陈坚:《西方影片中北京城市形象的塑造与传播》,《当代传播》2014年第2期。
④ 刘勇:《北京文化生态与城市发展》,文化艺术出版社2014年版。
⑤ 李春雨、刘勇等:《比较视野中的北京文化》,文化艺术出版社2014年版。

化产业发展状况，并针对存在的问题提出了建设性的对策和建议。①

有学者撰文讨论北京节日文化的建设问题，认为需要将北京节日的建构提高到文化建设、经济建设、社会建设和城市建设的高度加以认识。②有学者重视博物馆的建设，认为新时期的博物馆从重"藏"到重"传"的转型中，日益突出了其对学校教育进行补充的继续教育功能。③

伴随着文化产业近年来的迅速发展，相关研究也比较多出。主要围绕北京发展文化产业的意义、资源、北京文化产业的发展现状、存在问题、发展对策、文化产业与科技融合、政府在文化产业中的作用发挥等问题展开。

有学者以高碑店村为个案，探索文化产业发展对经济建设的积极促进作用。④ 有学者运用层次分析法构建北京文化资源综合评价体系，从文化资源条件、社会价值、经济价值、发展条件、资源传承能力5个方面筛选出24个评价指标，对北京文化资源进行分析评价，表明独特性、资源消费人群、知名度等因子是北京文化资源及文化产业发展的优势，弱势在于保存状态、民间风俗礼仪、地域组合度、交通运输便利度等方面。⑤

多位学者对于北京文化产业的发展现状、布局及集聚发展情况、发展存在的问题以及北京特色文化创意产业集群的发展实践进行了总结，同时对文化创意产业功能区发展理论体系和国外创意产业集群发展经验进行了有效探索，针对北京文化产业如何发展、如何提升国际竞争力、如何解决融资难等问题进行研究并提出相应对策。⑥ 有学者结合北京文化创意产业

---

① 李建盛主编：《北京文化发展报告》，社会科学文献出版社2014年版。
② 张勃：《北京节日的历史、现状和未来建设》，《北京文化论坛文集》编委会：《节日与市民生活：2013北京文化论坛论文集》，首都师范大学出版社2014年版。
③ 崔瑞萍：《书院与博物馆教育——以北京民俗博物馆"东岳书院"为例》，《大庆师范学院学报》2014年第2期。
④ 胡墨：《从城中村的兴起看文化产业对经济发展的促进——北京高碑店村走访调研心得》，《现代商业》2014年第9期。
⑤ 郭梅、吕拉昌、黄茹、陈博群：《北京文化资源的评价及开发利用研究》，《现代城市研究》2014年第4期。
⑥ 北京市国有文化资产监督管理办公室著：《北京文化创意产业功能区发展研究》，中国经济出版社2014年版。田杰、胡新迪：《北京传统文化创意产业集聚区发展对策研究》，《北京印刷学院学报》2014年第1期。徐丽、崔燕：《北京文化创意产业国际化发展战略思考》，《商业经济》2014年第1期。邓丽丽：《北京文化创意产业投融资分析及对策》，《首都经济贸易大学学报》2014年第4期。武晓荣、乔东亮：《世界城市背景下北京文化贸易现状分析与对策研究》，《北京联合大学学报（人文社会科学版）》2014年第3期。

发展现状，构建符合北京文化创意产业发展支撑条件的评价指标体系，运用因子分析法对北京16个区县文化创意产业支撑条件进行定量评价，指出未来工作方向。① 有学者提出以钻石模型为框架的北京文化创意企业发展模型，并对影响北京文化创意产业发展的生产要素、需求状态、集聚区发展动态等进行剖析。② 有学者以故宫博物院、恭王府、胡同和什刹海历史街区为基础，探索北京遗产旅游与文化创意产业发展之间的关系，认为只有协同发展才能解决遗产旅游中保护与利用的悖论。③ 有学者对北京旅游文化资源的融资模式进行了专门探讨。④

有不少学者从政府政策角度为文化产业发展献言献策，有学者提出促进北京文化产业与科技融合发展的财政政策建议。⑤ 有学者以成都东区音乐公园和北京798艺术区为例，认为政府在文化创意产业发展中扮演着十分重要的角色，但应注意政府发挥作用的方式。⑥

三 北京文化遗产保护与传承研究

北京作为一座有着三千多年历史的古老城市，具有十分丰富的文化遗产，相关研究成果十分丰富。主要集中在北京中轴线、历史文化街区、传统村落和非物质文化遗产等方面。

（一）北京中轴线研究

有学者阐述了北京中轴线的历史演变过程及形成原因，探讨了中轴线发展中存在的交通组织混乱、整体协调性差等问题，并与巴黎城市中轴线做对比，提出了未来保护与修复、新建设计与改造的发展建议。⑦ 有学者

---

① 郑美丽、张蕾、许玉玲：《北京文化创意产业支撑条件评价及发展对策》，《首都师范大学学报（自然科学版）》2014年第5期。
② 陈默、李震宇、陈瑶、张雨苗：《北京文化创意企业 发展模式创新研究》，《商业时代》2014年第4期。
③ 张祖群：《研读北京：北京遗产旅游与文化创意产业协同研究》，首都经济贸易大学出版社2014年版。
④ 张奇：《旅游文化资源融资模式研究——以北京为例》，经济科学出版社2014年版。
⑤ 江光华：《推进北京文化产业与科技融合的财政政策研究》，《科技管理研究》2014年第4期。
⑥ 徐艺佳：《政府在文化创意产业发展中的作用——以成都东区音乐公园和北京798艺术区为例》，《青年记者》2014年第2期。
⑦ 朱涵瑞、杨一帆：《北京城市中轴线初探》，《山西建筑》2014年第31期。

认为体现北京古都风貌重要标识的旧城中轴线,是北京城市形态与城市文化的重要魅力之源,在城市设计、城市文化营造方面具有三个突出特点,即作为城市"中心之轴"的强烈可意象性、作为城市"文化之轴"的丰富人文性和作为城市"审美之轴"的有机和谐性。[1]

(二) 历史文化街区、胡同、四合院等研究

对历史文化街区的研究主要集中于对具体街区的保护、更新研究。但也有学者以历史街区保护为研究视角,以北京旧城为典型案例,梳理和解析历史街区及其土地再开发的历史进程、现状特点和开发模式。[2] 就具体街区而言,有学者选取大栅栏历史风貌保存完好的区域作为研究对象,提出历史街区的"互助更新"改造模式,主张通过产业互助、生活互助和居民参与社区活动,调动原住民和新居民的生活积极性,为社区自助更新挖掘内生力量,以探寻适合大栅栏地区更新的新模式。[3] 有学者以实地考察和口述访谈为切入口,讨论大栅栏地方在时间、空间和当地居民认同感方面的建构问题。[4] 有学者从改造后的公共空间使用状况及其对历史街区肌理的影响两个方面对鲜鱼口进行剖析,分析改造措施与策略的成功与不足,并提出相应的调整建议。[5]

有学者对天桥地区的物质空间及文化空间的发展脉络做了系统的梳理,并从"实体环境""人的活动"以及"场所寓意与记忆"三个方面得到了不同主体对于天桥空间的使用状况及评价,以及对天桥地区的文化期待与评价,对天桥的旧城更新路径从空间、人、政策三个维度进行了探索,并提出相应建议。[6]

有学者以什刹海步行街为研究对象,从街道空间、街道设施和街道活动三个方面选取什刹海地区五类典型街道进行调查,研究人在城市街道中

---

[1] 秦红岭:《论北京旧城中轴线的设计特征与文化价值》,《华中建筑》2014年第3期。
[2] 张锦东:《历史街区保护视角下的北京旧城土地再开发与管理研究》,首都师范大学出版社2014年版。
[3] 杨东、任雪冰、张伟一:《历史街区"互助更新"改造模式的思考——以北京大栅栏历史街区为例》,《华中建筑》2014年第9期。
[4] 艾华、王田:《北京都市转型的口述史研究——以大栅栏社区改造为例》,《西南民族大学学报(人文社会科学版)》2014年第8期。
[5] 梁玮男、陈强强:《历史文化街区改造中的公共空间设计研究——以北京鲜鱼口街区为例》,《华中建筑》2014年第1期。
[6] 樊星、马国强:《北京旧城更新的文化路径探究——以北京南城天桥地区为例》,《城乡治理与规划改革——2014中国城市规划年会论文集(08城市文化)》。

的活动行为及人对街道环境设施的反应;通过调研建立街道步行乐趣评价体系,对什刹海地区各类型街道满意度进行打分,针对典型街道提出提升街道步行乐趣的相关建议。① 有学者以烟袋斜街为例来阐述商业开发与北京旧城建设的一些问题,认为应该平衡处理居民与商业发展的必要关系。② 有学者通过实地调查分析了南新仓街区的保护与开发现状,提出了"南新仓"历史文化街区保护利用模式,为相关研究提供参考。③ 有学者对东四南地区的遗产情况进行调研,并呼吁重视对文物的保护。④

"三山五园"皇家园林是中国古典造园艺术最后的高峰之作,在北京文化中占有独特的历史地位。为了加大研究力度,2013年11月北京联合大学和中共北京市海淀区委宣传部签署了《北京三山五园研究院共建合作协议》,并为北京三山五园研究院、三山五园文献馆以及北京联合大学文化传承协同创新中心揭牌,同时联合举办了"三山五园和京西文化研讨会",2014年出版了《三山五园和京西文化研究与保护利用——北京三山五园研究院学术研讨会论文集》⑤,论文集收录论文约50篇,分"三山五园与京西文化概论""三山五园政治与历史""三山五园宗教文化""三山五园文学与艺术""三山五园建筑和山水""三山五园文献与传媒""三山五园文化与开发"等专题,就三山五园和京西地区历史文化资源的内容、形态、保护与利用进行了集中研究。有学者认为三山五园的建筑景观包含封建帝王的治国理念,是以园林形式表现历史文化的活史书。⑥ 有学者认为三山五园的命名寄托了命名者的政治理想和精神追求,为今人留下了可资借鉴的命名范例。⑦ 有学者认为三山五园是紫禁城之外的清代又一个全

---

① 李翅、黄哲娇、朱斯斯:《北京什刹海地区街道步行乐趣调查与评价》,《规划师》2014年第4期。
② 杨君然、吴纳维:《商业开发对旧城保护与更新改造的影响分析——以北京什刹海历史文化保护区烟袋斜街为例》,《北京规划建设》2014年第1期。
③ 孙逊、李雄、唐鸣镝:《城市历史文化街区保护与利用模式研究——以北京南新仓历史文化街区为例》,《云南民族大学学报(哲学社会科学版)》2014年第2期。
④ 刘文丰:《北京东四南地区历史文化遗产调查研究》,《北京规划建设》2014年第2期。
⑤ 徐永利、陈名杰主编:《三山五园和京西文化研究与保护利用——北京三山五园研究院学术研讨会论文集》,研究出版社2014年版。
⑥ 郭黛姮:《三山五园——北京历史文化最辉煌的乐章》,《三山五园和京西文化研究与保护利用——北京三山五园研究院学术研讨会论文集》,第3—23页。
⑦ 孙冬虎:《三山五园的命名背景与文化渊源》,《三山五园和京西文化研究与保护利用——北京三山五园研究院学术研讨会论文集》,第35—39页。

国政治中心，这种居园理政的现象有其深刻的原因。① 有学者认为将三山五园地区定为历史文化景区是利于区域发展的举措，但需要将文化遗产保护、自然人文景观保护放在首位。② 有学者认为三山五园是北京历史文化名城的重要有机组成部分，是其"双核"之一（另一个核心是北京明清旧城），是文化价值、经济价值、生态价值、政治价值和社会价值的"五位一体"。③ 有学者重视"三山五园"之间的紧密联系，认为三山五园所在地区具有整体的空间设计意向，并从因自然条件所形成的视觉联系和建筑对视觉联系的加强两方面进行阐释。作者希望能够在飞速发展的城市化进程中保护这种充满中国古代设计智慧的造景意向。④ 有学者将三山五园景区开发与北京城市建设相联系，强调把文化产业因素注入乡村，通过保护利用和创新发展，将三山五园地区打造为北京的"第三空间"，传承中国人居空间文化的核心理念——"天人合一"。⑤

有学者关注历史街区中建筑的色彩，对皇家建筑和民居建筑色彩文化进行解析，皇家建筑色彩艳丽，形成以黄色和红色为主的基调，民居建筑则采用朴实的青灰色基调，并提出北京历史街区的传统色彩保护策略。⑥ 有学者以南池子大街新四合院和菊儿胡同新四合院为例，从北京老四合院民居的历史风貌色彩入手，探讨改造项目中的色彩设计。⑦ 有学者认为对老四合院建筑色彩进行改造时，应把握其色彩的运用规律和限定因素，尊重传统色彩文脉，使其得到有机更新。⑧ 也有外国学者关注南锣鼓巷的色彩问题，认为尽管越来越多的颜色出现在改造过程中，但 N（中性）占大多数比例，并且在整个色调中 Gr（灰色）的比例占得较多，这意味着整个

---

① 何瑜：《清代三山五园与清帝园居理政》，《三山五园和京西文化研究与保护利用——北京三山五园研究院学术研讨会论文集》，第 101—108 页。
② 岳升阳、张鹏飞：《三山五园历史文化景区的发展与文化遗产保护》，第 351—359 页。
③ 张宝秀：《三山五园的地位与定位》，《北京联合大学学报（人文社会科学版）》2014 年第 1 期。
④ 杨菁、李江：《北京西郊皇家园林的整体视觉设计》，《中国园林》2014 年第 2 期。
⑤ 蔡立力：《三山五园历史文化景区：打造北京的第三空间》，《北京联合大学学报（人文社会科学版）》2014 年第 1 期。
⑥ 胡燕：《北京历史街区的传统建筑色彩文化与保护策略研究》，《华中建筑》2014 年第 2 期。
⑦ 杨梦杉：《北京老四合院改造中的色彩设计研究》，《艺术研究》2014 年第 4 期。
⑧ 张彪、刘晓敬：《北京老四合院改造中的色彩限定与有机更新》，《艺术与设计（理论）》2014 年第 3 期。

系统以低明度和低饱和度为主要方面反映了古典美,当然滥用和褪色的颜色也已成为严重的问题,需要建立指导方针,以与传统的街坊颜色系统相协调。①

北京四合院作为中国传统民居建筑的典型代表,反映了浓厚的京韵风味,是北京地域文化的重要载体,同样吸引了众多学者的目光。有学者关注北京四合院和山西大院的空间布局,并认为它们是序列组合之美与装饰风格之美的完美结合。② 有学者通过比较分析闽南大厝和北京四合院两种典型合院民居之间的差异,明确其外在的形式特征,挖掘其背后的地域含义,对当代地域性建筑的研究有一定的启发和参考价值。③ 有学者对紫禁城与北京四合院的建筑理念和文化内涵进行比较,总结出它们之间的内在联系,认为那些恢宏的建筑都是以民间最普通的建筑形式为蓝本修改设计的,它们都体现了古代人们对天和地敬畏的态度。④ 有学者专门研究了北京不同人群的宅门。⑤《城市记忆:北京四合院普查成果与保护》,以北京旧城内的四合院建筑为研究对象,主要收录建筑时代较早、具有重要价值或有意义的纪念地、如名人故居或重大事件发生地;各区域内建筑质量较好的院落,如格局完整或较完整、单体建筑保持质量较好,能代表本区域内四合院建筑特色的院落等,为进一步研究四合院提供了翔实的资料。⑥ 也有学者关注"胡同"这一意象,将胡同不仅看作是凝滞不动的传统文化的载体,而且注入了一种客观地理性精神、异域文化和个体生命体验。⑦

会馆作为旅居异地的同乡人共同设立的,供同乡、同业聚会或寄居的馆舍,在历史上发挥了十分重要的作用,具有丰富的文化内涵。自明代以

---

① Yeo, Hwa Sun、Kim, Dong chan、Huo, Qingquan: Study on the Color and Image Characteristics of Visual Perception in Beijing Street Landscape of the Traditional Folk Houses – Focused on Nanluoguxiang, Korea Design Knowledge Society, 2014 年 30 卷 6 期。
② 王玉轩:《北京四合院与山西大院的空间布局及审美文化分析》,《美术教育研究》2014 年第 22 期。
③ 王雪:《浅析南方传统民居的形式差异——以北京四合院和闽南大厝为例》,《福建建筑》2014 年第 3 期。
④ 卢晔、刘娜、王泽奇、杨之洲:《紫禁城与北京四合院的比较》,《价值工程》2014 年第 35 期。
⑤ 王岚主编:《皇城百姓宅门》,机械工业出版社 2014 年版。
⑥ 《城市记忆——北京四合院普查成果与保护》编委会、北京市古代建筑研究所编:《城市记忆:北京四合院普查成果与保护》,北京美术摄影出版社 2014 年版。
⑦ 于小植:《留学生视域中的北京胡同意象》,《黑龙江社会科学》2014 年第 2 期。

来，北京会馆多有建设，至今仍然有所保留，是重要的历史文化遗迹。有学者致力于北京会馆的基础信息搜集整理和研究，从多个角度解读了北京的会馆与会馆文化，是北京会馆研究的重要作品。① 也有学者主张要进一步加强北京市城镇化过程中宗教建筑遗迹的保护。②

（三）传统村落和工业遗产研究

传统村落作为具有较高的历史、文化、科学、艺术、社会、经济价值的村落，承载着中华传统文化的精华，凝聚着中华民族精神，保留着民族文化的多样性，是农耕文明不可再生的文化遗产，是繁荣发展民族文化的根基。随着工业化、城镇化的快速发展，传统村落衰落、消失的现象日益加剧，2012年以来，国家颁布一系列政策，采取一系列措施，传统村落保护工作迅速提上日程。与此相关，围绕传统村落展开的研究也迅速增加。有学者以活态保护为切入点倡导保护北京传统村落，就新型城镇化背景下北京传统村落保护现状和存在的问题进行分析，并提出解决途径。③ 有学者以延庆传统村落为例，对北京传统村落的分布情况和特征进行了较为系统的研究。④ 有学者运用层次分析法，通过专家调查问卷，构建了北京古村落民俗旅游资源评价指标体系，据此提出了进一步提升民俗旅游资源可持续利用程度的建议。⑤ 还有一些成果是对具体村落的研究，如对碣石村⑥、马兰村⑦的研究。还有学者以密云古北水镇民宿区规划建设为例，对传统村落保护、传承与再生的相关问题进行了探讨。⑧

工业遗产是新近开始受到重视的遗产类型，有学者通过对北京工业遗

---

① 白继增、白杰：《北京会馆基础信息研究》，中国商业出版社2014年版。
② 赵连稳、孙勐：《北京城镇化进程中的宗教建筑遗迹保护问题研究——以地下文物和考古发现为例》，《新视野》2014年第4期。
③ 田密、闵庆文：《新型城镇化背景下北京传统村落的保护与开发》，第十六届中国科协年会——分4民族文化保护与生态文明建设学术研讨会。
④ 郭阳：《北京地区传统村落分布与特征研究——以北京延庆地区为例》，硕士学位论文，北京建筑大学，2014年。
⑤ 时少华、汤利华、李芳：《北京古村落民俗旅游资源评价研究》，《商业研究》2014年第12期。
⑥ 薛林平、李雪婷、杜云鹤：《北京门头沟区碣石古村落研究》，《小城镇建设》2014年第1期。
⑦ 李梦竹：《传统村落保护与发展探析——以北京门头沟区马栏村为例》，《北京建筑工程学院学报》2014年第1期。
⑧ 张大玉：《传统村落风貌特色保护传承与再生研究——以北京密云古北水镇民宿区为例》，《北京建筑大学学报》2014年第3期。

产与城市文化空间构建的关系分析总结北京模式和特色。① 在工业遗址上建立起来的798艺术区,保存着工业文明在北京发展的历史记忆,也吸引了学者的目光。有学者基于耗散结构理论对798艺术区的演化机理进行了探讨,表明798艺术区的演化动力来自于由艺术区内的正熵流和艺术区外流入的负熵流的强度对比;外在制度在798艺术区的演化中扮演着重要角色;在当前新一轮文化体制改革的有利宏观环境下,采取恰当的预防措施,798艺术区才可以避免陷入商业化发展困境。② 有学者借用皮埃尔·布尔迪厄的文化社会学理论,通过对798艺术区变迁过程的梳理和发展现状的剖析,理清艺术世界、七星集团、政府各自的作用及相互关系,揭示存在的深层次问题与矛盾,为中国艺术区的未来发展提出合理化建议。③ 亦有学者将798艺术区和韩国首尔仁寺洞文化区进行比较研究。④

(四)非物质文化遗产研究

北京非物质文化遗产的保护继承是近年来学界关心的重点问题,2014年这方面的重要成果是《北京志·非物质文化遗产志》(北京市地方志编纂委员会,北京出版社2014年版)的出版和"非物质文化遗产丛书"的继续出版。《北京志·非物质文化遗产志》包括北京市有关非物质文化遗产及民间文化保护工作方面的法规、政策、文件及重大事件;北京市非物质文化遗产保护各领域、各行业、各门类及有关项目的发展历史和成果;北京市非物质文化遗产保护工作的专著及研究成果;北京市非物质文化遗产保护传承人等,以资料为主,是北京非物质文化遗产方面的集成之作。"非物质文化遗产丛书"于2010年开始编纂,由北京出版集团公司、北京摄影出版社出版,作者为北京市非物质文化遗产项目传承人以及各文化单位、科研机构、大专院校对本专业有深厚造诣的专家学者。该丛书2014年又出版《永定河传说》《秉心圣会》《京西幡乐》《妙峰山庙会》《花儿金》《双氏兔儿爷》《聚元号弓箭》《葡萄常》《哈氏风筝》等多种,是对

---

① 王鑫:《工业遗产与城市文化空间构建研究——以北京和沈阳为对比》,《中国名城》2014年第2期。
② 王兰:《耗散结构视角下北京798艺术区演化研究》,《经营管理者》2014年第6期。
③ 迟海鹏:《艺术区现状研究——以北京798艺术区》,硕士学位论文,中央美术学院,2014年。
④ 金纹廷:《后现代文化背景下的文化艺术区比较研究——以北京798艺术区和首尔仁寺洞为例》,博士学士论文,中国艺术研究院2014年。

相关非物质文化遗产项目的系统全面研究。①《永不消逝的记忆：北京地区的非物质文化遗产》则以传统手工技艺、民间艺术、民俗、民间文学及传统医药为纲，以饮食、服饰、器物、生活技艺、民间音乐、舞蹈、戏剧、曲艺、民间美术、游艺、杂技、传统体育与竞技、各类风俗与传说、中医药文化为目，系统归纳了北京地区各领域代表性的非物质文化遗产。②《北京幡会研究》则在田野调查基础上，结合现存地方文献，对京西幡会的历史传统、内在机制与社会功能予以探讨，其特点在于将其放在一个有限制的时空单元里并把它与民众日常生活联系起来的整体的考察。③

四 北京历史研究

2014年北京历史研究的成果相当丰富，在城市、宗教与民间信仰、人口、人物研究等方面均有值得称道的作品。

《人类文明的圣殿：北京》对北京历史文化做了系统、深入、全面的纵向剖析，认为具有悠久、持续、递进、多元、一统发展特性的北京历史文化，在人类文明史上不仅绝无仅有，而且独树一帜，是高踞于人类城市文明之巅的"人类文明圣殿"。④《北京学丛书·纪实系列》之一《老北京梦寻》，则从老城圈儿、老胡同、四合院、老字号、老茶馆、老饭馆、老戏园子、老会馆、老交通、老行当、老风俗、老北京人等多个方面分别描述了老北京和老北京人，展示了北京衣食住行、人文历史景观的今昔变化。⑤《亲历现代中国：北京民众的生活智慧与情感体验》是对北京城内普通居民的深度访谈记录，从询问被访者生活轨迹出发，揭示20世纪中国社会的变迁史，发现普通民众如何回应社会变迁的影响。⑥

清末民初是北京社会发生巨大变迁的历史时期，2014年关于这一历史时期社会史的研究成果相对突出。《民国北京城：历史与怀旧》是一部对

---

① 杨金凤编著：《永定河传说》；杨金凤编著：《秉心圣会》；包世轩：《京西幡乐》；包世轩编著：《妙峰山庙会》；韩春鸣：《花儿金》；韩春鸣编著：《双氏兔儿爷》；韩春鸣编著：《聚元号弓箭》；韩春鸣：《葡萄常》；哈亦琦：《哈氏风筝》。
② 穆秀颖主编：《永不消逝的记忆：北京地区的非物质文化遗产》，学苑出版社2014年版。
③ 韩同春：《北京幡会研究》，人民出版社2014年版。
④ 王光镐：《人类文明的圣殿：北京》，中国书籍出版社2014年版。
⑤ 张宝秀主编，杨澄著：《老北京梦寻》，北京大学出版社2014年版。
⑥ 杨善华：《亲历现代中国：北京民众的生活智慧与情感体验》，上海人民出版社2014年版。

民国时期北京的空间变迁、日常物质生活及其文化表述做出系统研究的重要学术专著，对民国时期北京普通人群及其日常生活实践给予极大关注，是该书的一个特点。①《北京学丛书·流影系列》之一《孙明经眼中的老北京》，则主要用照片展示了民国时期北京的方方面面，留下了宝贵的资料。②《清末民初北京国民道德建设的社会文化史考察》，在梳理国民道德谱系建构以及城市功能转变的基础之上，从军民共治的风教结构、学校道德教育以及京师社会教育三个层面展示了清末民初国民道德建设的变迁与发展，对于社会转型期公民道德建设具有重要的历史启示意义。③《1902—1937年北京的妇女救济：以官方善业为研究中心》系统探讨了清末至1937年北京妇女救济制度、措施、方式的变化及其不同效果。④《躁动的青春：民国时期北京大学的学生社团活动（1912—1949）》则梳理了北京大学学生社团活动产生的历史背景及其发展的历史轨迹，重构了民国时期北京大学的学生社团活动的历史图景，探究了内忧外患、社会大变革大动荡时代背景下北京大学的学生社团活动的规律与特点。⑤

专著之外，也有一些论文涉及这一时期社会变迁和文化变迁。比如有学者以1840—1911年间传教士撰写的著作为资料，探讨19世纪北京社会格局发生的巨大的变化，特别是1840年之后西方势力对北京的影响。⑥有学者主张将晚清十年新政和民国历史与共和国连接起来，使其成为一个有机联系的整体，并在这一个历史发展过程中梳理北京文化的整体特点。认为，清末至民国初年、远至1936年北京文化在政治、历史、经济和文化巨变的背景下发生的现代性转变，直接影响20世纪的北京文化的现代形态。⑦有学者主要运用日人加藤镰三郎的《北京风俗问答》一书，讨论20世纪初期北京城市的现代化问题。认为该书对于理解20世纪初年的北京现代化过程具有一定参考价值，它显示了求新向善是当时的主旋律，20世

---

① 董玥：《民国北京城：历史与怀旧》，生活·读书·新知三联书店2014年版。
② 张妙弟主编，孙健三著：《孙明经眼中的老北京》，北京大学出版社2014年版。
③ 叶瑞昕：《清末民初北京国民道德建设的社会文化史考察》，光明日报出版社2014年版。
④ 孙高杰：《1902—1937年北京的妇女救济》，厦门大学出版社2014年版。
⑤ 李浩泉：《躁动的青春：民国时期北京大学的学生社团活动（1912—1949）》，华中科技大学出版社2014年版。
⑥ 孙琼：《传教士眼中的北京（1840—1911）》，《黑龙江史志》2014年第19期。
⑦ 邱运华：《北京文化现代形态的发生和论域研究——清末民初（1898~1936）的文化史意义》，《北京联合大学学报（人文社会科学版）》2014年第2期。

纪的前20余年，是北京在复杂艰难的环境中在这一主旋律下走向现代化的重要阶段。①有学者主要以《成府村志》研究清末民初北京旗人社会生活的变迁。②有学者关注民国时期北京的卫生防疫宣传工作，并探讨对于当今我国疾疫防治工作的借鉴意义。③

有学者探讨清末民初北京的娼妓问题，当时社会舆论针对其对社会卫生的影响进行了讨论，要求政府切实地对妓女的身体进行干预。④有学者从国家治理的角度探究妓女检治制度。⑤有学者以清末民初的北京下层妇女为研究对象，分析其职业生活。⑥这些研究都鲜明地表现了对底层社会的关注。

2014年在宗教信仰研究方面出现了几部重要的学术专著。《北京基督教史》在前人研究的基础上，对于北京地区基督教发展的总体脉络进行了系统梳理，促进了北京基督教史研究的进一步深入。⑦《北京清真寺调查记》图文并茂地展示了北京市清真寺的情况，为进一步开展相关研究提供了翔实的资料，也是对北京市历史文化研究的新贡献。《北京佛教史地考》《北京佛教人物考》是两本论文专集，对辽金元明清时期北京佛教的历史、地理和建筑以及历史人物进行了详细考证，对于研究北京佛教的历史传承具有重要意义。⑧此外，有学者专门研究了邱处机与道教的关系。⑨有学者对18世纪北京的东正教传教士及其生活进行了研究，认为他们对于俄中关系的建立起了一定的推动作用。⑩

在民间信仰（民俗宗教）方面，《北京：寺庙与城市生活：一四〇〇—

---

① 张勃：《蜕变中的都市——从〈北京风俗问答〉看20世纪初期北京城市的现代化》，《北京联合大学学报（社会科学版）》2014年第4期。
② 李扬：《清代北京旗人社会生活管窥——以〈成府村志〉为中心》，《北京科技大学学报》2014年第4期。
③ 李自典：《民国时期北京的疫病流行与防疫宣传》，《兰州学刊》2014年第7期。
④ 何江丽：《论清末民初北京对待妓女身体的舆论话语与政府作为》，《北京社会科学》2014年第2期。
⑤ 杜丽红、朱宇晶：《选择性治理：民初北京妓女检治制度之剖析》，《史林》2014年第1期。
⑥ 孙高杰：《清末民初北京下层妇女职业生活探析》，《沧桑》2014年第1期。
⑦ 杨靖筠：《北京基督教史》，宗教文化出版社2014年版。
⑧ 包世轩：《北京佛教人物考》，金城出版社2014年版；包世轩：《北京佛教史地考》，金城出版社2014年版。
⑨ 佟洵：《全真道龙门派始祖丘处机与道教的中兴》，《北京联合大学学报（社会科学报）》2014年第4期。
⑩ В. Г. 达齐申：《18世纪北京的东正教传教士及其生活》，郝葵译，《俄罗斯学刊》2014年第2期。

一九〇〇．下》是一部十分重要的著作，该书以大量的碑文、档案、文人撰述和丰富的地方文献为基础，以北京寺庙及宗教活动为中心，通过大量精细考辨和分析，全方位论述明清以来北京的宗教场所及社团活动，翔实勾勒14世纪至20世纪的北京城市生活情形。书中通过对城市社会组织结构及民众生活等一系列重大问题的思考，回答了寺庙在北京城市社会和文化中的重要性，揭示与城市相关的广泛历史进程，并对当下热门的公共领域和满汉关系、城市特性与国家认同等问题做出了具体的回应。[1] 此外，还有学者分析明代北京存在着来源不同性质各异的多种庙宇，指出，日常生活中各种宗教因素相互交融，成为被社会各阶层共享的民俗宗教，但不同阶层和身份之间往往会表现出明显差异。[2] 学者对近代北京的四大门信仰进行了较为系统的研究，认为四大门与泰山女神碧霞元君、王三奶奶构成了区域化的神灵谱系，四大门信仰习俗带有鲜明的伦理教化性，并在近代中国产生了四大门信仰的正当性问题。[3] 有学者通过梳理档案等资料，初步探讨了北京东岳庙下院天仙宫的历史变迁、神灵供奉、建筑遗存等。[4] 有学者以五显财神在当今北京莲花池庙会的再现为例，探讨庙祭民俗在现代新兴庙会中再现的意义，认为它成为对民间传统文化进行展现或应用的一项实践活动。[5]

在人口史方面，《北京人口史》采用历史学和人口学相结合的研究方法，以现今北京市的市域范围为地理空间，阐述了北京地区各个历史时期人口起伏变动的复杂轨迹，总结了造成人口起伏变动的各种因素，对于从长时段角度把握北京人口发展变化的规律和趋势，具有较高的学术价值和现实意义。有学者重点论述了人口数量的消长变化，整理出一套更加接近实际的人口数据，并在资料允许的条件下，介绍了人口的迁移流动、自然变动、自然构成、社会构成、家庭与婚姻等方面的情况。[6]《当代北京人口》同样采用人口学和历史学相结合的研究方法，在对政府发布的各类统计数据、档案资料

---

[1] ［美］韩书瑞（Susan Naquin）：《北京：寺庙与城市生活：一四〇〇——一九〇〇．下》，朱修春译，稻乡出版社2014年版。

[2] 高寿仙：《共享与差异：明代北京的民俗宗教》，《西南大学学报（社会科学版）》2014年第1期。

[3] 李俊领、丁芮：《近代北京的四大门信仰三题》，《民俗研究》2014年第1期。

[4] 汪桂平：《58、北京东岳庙下院天仙宫小考》，《北京社会科学》2014年第4期。

[5] 李国江：《庙祭民俗在现代新兴庙会中的再现——以北京莲花池庙会五显财神信仰为例》，《温州大学学报（社会科学版）》2014年第3期。

[6] 高寿仙：《北京人口史》，中国人民大学出版社2014年版。

和学者研究成果进行考证、比较和研究的基础上，对1949—2010年北京人口与发展变迁进行了系统描述和分析。①

在人物研究方面，《北京历史人物传》筛选、编撰了北京历史演变、发展过程中曾经做出过一定贡献，或者具有一定代表性与一定影响力，或者对当代仍有一定启发、认识或借鉴意义的近七百名历史人物的简要传稿，是对北京重要历史人物的一次系统梳理。《历史的边角：小人物与北京》也对民国时期的人物及其生活予以关注。②《风范：北大名人故居及轶事》以位于沙滩红楼周边及北大燕南园的名人故居为依托，讲述了北大老一辈的学者、大师睿智的人生与沧桑的经历。③

在经济史方面，《清代前期北京房产市场研究》对清代前期京城房屋结构和住房消费习惯、住房制度、房屋交易、房价变化以及政府在房产市场中的作用等，进行了系统而颇有深度的研究。④ 有学者对比分析清代前期、后期北京地区图书市场变迁、图书品种的变化以及维护北京书业同行利益的北京书业行会发挥的作用，为建设和管理当代图书市场提供借鉴。⑤

文化景观的变迁也受到学者的关注，有学者透过前门、天安门的变迁，揭示老北京的历史和变化。⑥ 有学者关注什刹海的发展变迁。⑦ 有学者对北京的城楼和牌楼予以格外关注，提供了关于城楼与牌楼结构的珍贵资料。⑧ 也有学者梳理了民国以降，特别是新中国成立后，北京市古建筑保护情况。⑨ 此外，有学者对于北京文献予以关注，探讨《宛署杂记》《万历野获编》《旧京遗事》《酌中志》等子部著述的特征。⑩

---

① 胡玉萍：《当代北京人口》，中国人民大学出版社2014年版。
② 吉光：《历史的边角：小人物与北京》，金城出版社2014年版。
③ 肖东发、陈光中主编：《风范：北大名人故居及轶事》，北京大学出版社2014年版。
④ 邓亦兵：《清代前期北京房产市场研究》，天津古籍出版社2014年版。
⑤ 孙文杰：《清代北京图书市场及其变迁》，《中国出版》2014年第4期。
⑥ 徐城北：《老北京：变奏前门》，重庆大学出版社2014年版；郭欣：《当代北京前门史话》，当代中国出版社2014年版；当代北京编辑部编：《当代北京天安门史话》，当代中国出版社2014年版。
⑦ 柯小卫：《当代北京什刹海史话》，当代中国出版社2014年版。
⑧ 孔庆普：《北京的城楼与牌楼结构考察》，东方出版社2014年版。
⑨ 北京市古代建筑研究所：《当代北京古建筑保护史话》，当代中国出版社2014年版。
⑩ 章永俊：《明代北京的子部著述及其特征》，《古籍整理研究学刊》2014年第1期。

2014年北京城市研究综述

孟斌 邵静[*]

2014年是全面贯彻落实党的十八届三中全会精神、全面深化改革的第一年,进入新时期新阶段,北京已成为现代化国际大都市,经济社会发展活力、综合竞争力、国际影响力持续增强。2014年末,北京全市常住人口2151.6万人,比上年末增加36.8万人。其中,常住外来人口818.7万人,占常住人口的比重为38.1%。常住人口中,城镇人口1859万人,占常住人口的比重为86.4%。全年完成基础设施投资2018.1亿元,增长13.0%。从投向上看,交通运输投资756.5亿元,所占比重为37.5%,公共服务业投资502.5亿元,所占比重为24.9%。全年完成房地产开发投资3911.3亿元,比上年增长12.3%。全年客运量71745万人,比上年增长1%。年末全市机动车拥有量559.1万辆,比上年末增加15.4万辆。其中私人汽车437.2万辆,增加10.7万辆。2014年年末轨道交通运营线路18条,比上年末增加1条;运营线路长度527公里,比上年末增加62公里,全年客运总量34.1亿人次,比上年增长6.4%;全市公路里程21892公里,比上年末增加218公里。年末公共电汽车运营线路长度20347公里,比上年末增加659公里。公共交通全年客运总量47亿人次,比上年下降3%。全市10万平方米以上的集中供热面积5.6亿平方米,比上年增长2.1%。根据垃圾清运量计算的全市生活垃圾无害化处理率为99.6%,比上年提高0.3个百分点。污水处理率达到85.0%,比上年提高0.4个百分点。城市绿化覆盖率达到47.4%,比上年提高0.6个百分点。

但在长期快速发展中,也积累形成了比较明显的"城市病",解决体制性结构性矛盾,缓解发展不平衡、不协调、不可持续的问题更为迫切。面对

---

[*] 孟斌,北京联合大学北京学研究所副所长;邵静,首都师范大学资源环境与旅游学院硕士研究生。

新时期首都发展的形势和任务，众多学者讨论的问题与北京当前的城市定位、发展目标、发展方向相关联，有很强的应用对策性，体现出强烈的观照现实的学术取向。

一　北京城市建设研究

（一）世界城市建设研究

在全球化背景下，随着中国经济社会的高速发展和中国城市化的快速推进，建设世界城市已成为中国近 200 座城市未来发展的目标。北京、上海、广州、深圳等城市也提出或趋向于建设"世界城市"或"全球城市"。在中国，建设世界城市存在一种现实化的需求，它是打破原有城市框架与局限，重新规划、设计城市格局的需求，是城市急剧扩大、功能升级换代的需求。但这一发展道路与西方发达国家不同，是具有中国特色的城市国际化的发展之路。对此，围绕中国特色世界城市建设的路径问题，众多学者进行了大量的研究。

《北京建设世界城市与京津冀一体化发展》[1]是北京市教委社科重点项目暨北京市社会科学基金项目的最终成果，该书以研究背景、理论探讨、实证分析、战略研究和突破口选择为基本内容，对首都经济圈的发展目标、首都圈发展定位、北京新机场新航程建设实例、北京建设世界城市与国际化进程、京津冀资源环境及承载力状况、产业发展与升级、城市群规模结构与空间结构、区域一体化进程及协调机制等问题进行了多角度、多层面的深入研究。

《北京：由传统国都到中国式世界城市》[2]融合了历史学、地理学、城市规划、统计学、社会学等学科的研究手法，是一部独特的北京城市发展研究著作，附有约 200 份图表和 24 幅珍贵照片资料，参考价值很高。书中对中国城市的性质、北京的崛起、明清时代的北京、城市环境与旧城保护及城市住房等问题进行了分析，该书通过全面回顾新中国成立以来北京的城市规划理念、城市发展形态、城市经济、人口变化、住房、交通、环境、旧城保

---

[1] 祝尔娟：《北京建设世界城市与京津冀一体化发展》，社会科学文献出版社 2014 年版。
[2] 薛凤旋、刘欣葵：《北京：由传统国都到中国式世界城市》，社会科学文献出版社 2014 年版。

护和社区等发展情况,回答了"北京是个怎样的城市?北京到底有多独特?北京的文化根在哪里?"等问题。

王垚和年猛根据北京城市发展的优势和特色,提出以自主创新促进北京建设世界城市的特色路径,即以率先建设成为"世界创新型城市"为突破口,通过引领世界创新跻身于世界城市行列,最终通过北京的"示范效应"实现国家创新战略。据此构建顶层设计框架:一是通过优化完善城市多元创新体系,提升首都自主创新能力;二是通过自主创新调整经济结构、转变经济发展方式,提升首都竞争力;三是通过引领世界创新,不断提升北京在世界城市体系中的地位和作用,逐步步入世界城市的行列。[①] 对话和沟通讨论是当今城市研究的重点。金元浦和本·戴鲁德两位学者就建设世界城市路径问题进行了深入交流,围绕世界城市建设方法必然性和世界城市评估方法等问题进行了对话和沟通。[②] 就路径问题研究上,还有学者从文化角度进行了分析。陈可石等针对北京建设世界城市的阻碍,剖析了与北京具有相似发展条件的世界城市巴黎,通过文化路径建设世界城市的过程、动力及实施措施,为北京在京津冀协同发展进程中建设世界城市提出了一条可参考的文化路径,即以文化产业为核心动力,通过调整北京及京津冀区域产业、人口及空间结构等措施,推动北京建设具有文化特色的多中心网络化世界城市区域。[③]

一些学者从产业的角度,对北京世界城市的建设进行研究。王江等学者针对北京市高端服务业的发展现状,及其与建设世界城市关系等进行研究,探究了北京市高端服务业发展中存在的问题并提出解决对策。除此之外,还将北京与其他世界城市高端服务业发展情况进行比较分析,提出以发展高端服务业带动北京世界城市建设的对策:扩展城市服务功能,为高端服务业提供良好发展环境;建设京津冀都市经济圈,增强高端服务业辐射效应;明确产业发展重点,促进特色优势高端服务业发展;加强世界城市合作,拓展高

[①] 王垚、年猛:《以自主创新促进中国特色世界城市建设的路径探讨——以北京市为例》,《经济体制改革》2014 年第 1 期。

[②] 金元浦、本·戴鲁德:《建设世界城市:中国路径?》,《新疆师范大学学报(哲学社会科学版)》2014 年第 3 期。

[③] 陈可石、王龙、邓婷婷:《京津冀协同发展视角下北京建设世界城市的文化路径——巴黎经验的启示》,《商业时代》2014 年第 28 期。

端服务业发展空间；鼓励引导高端服务业发展，增加本土服务品牌竞争力。[①] 吕宁从旅游业角度出发，实证分析了北京建设世界旅游目的地中的休闲功能性问题，在论述城市休闲对北京建设世界旅游目的地战略意义的基础上，提出对策建议，认为应梳理休闲要素，明确发展思路；倡导全民休闲，放眼世界旅游；注重生态建设，优化城市形象；创新城市发展，引领休闲时尚。[②]

此外，还有学者从世界城市的"世界性"展现方面，讨论了北京城市建设的定位问题。例如，黄璇和任剑涛认为，北京在地理与历史意义上已经是世界城市，但在经济、政治与现代文化的意义上，北京还必须经过艰苦的城市建设过程，才能成为完整意义上的世界城市。换言之，在城市的比较视野中，北京建设世界城市，需要经历一个从城市发展与管理的主观定位到客观认可的转变过程，才能保证北京从一座普通的城市上升为一座国家意义的大都市，再升华为引领世界城市发展趋势的世界城市。[③]

《京津冀蓝皮书：京津冀发展报告（2014）——城市空间优化与质量提升》[④] 是京津冀三地学者共同的研究成果，选取的"城市空间优化与质量提升"对于京津冀区域发展和城市建设布局有重要的指导意义。随着社会经济改革的深入，首都的可持续发展与周边省市的协调发展关系越来越紧密，迫切需要将京、津、冀作为区域一体化整体考虑。报告中涉及首都城市功能定位，环境、产业布局、人口流动等相关领域问题。

（二）文化中心城市建设研究

在对文化中心城市的研究方面，公共文化是学者们研究的热点问题之一。《城魅：北京提升城市文化软实力的人文途径》[⑤] 从一个特殊的视角——城市规划的人文维度，思考大城北京走向世界城市的进程，保持并提升城市文化软实力。城市文化软实力的提升是北京建设世界城市的一个关键性发展指标，而作为一项政府职能、公共政策和城市设计艺术的城市规划，在

[①] 王江、魏晓欣：《建设世界城市背景下北京高端服务业发展探讨》，《商业时代》2014年第10期；《北京与其他世界城市高端服务业发展的比较研究》，《经济体制改革》2014年第3期。

[②] 吕宁、黄晓波：《城市休闲的功能性研究——以北京建设世界旅游目的地为例》，《城市发展研究》2014年第3期。

[③] 黄璇、任剑涛：《世界城市的"世界性"展现——以北京的城市建设定位为例》，《中国行政管理》2014年第1期。

[④] 文魁、祝尔娟：《京津冀蓝皮书：京津冀发展报告（2014）——城市空间优化与质量提升》，社会科学文献出版社2014年版。

[⑤] 秦红岭：《城魅：北京提升城市文化软实力的人文途径》，华中科技大学出版社2014年版。

城市文化软实力的构建中起着独特而重要的作用。该书就北京城市文化软实力提升这一命题，着力研究文化与经济、文化与城市建设相互交融背景下，如何充分发挥北京城市规划在提升城市文化软实力方面的重要作用。

《大学校园北京城》[①]关注大学校园与北京城市空间的关系。书中详细分析了旧城大学校园空心化、远郊区分校园、校园区交通拥堵及校园空间割裂等问题。在大量实地调研的基础上，系统探讨了当代北京城大学校园的现状、类型与特征，归纳了北京城大学校园的四大问题，而后分析问题并论述了问题形成的原因与机制，进而针对问题提出了改进策略。

何丹等认为城市公共文化设施的分布格局会受到区域经济、历史遗留和政策因素的影响，北京特殊的历史地位和文化功能，应当全面探讨这些因素对其公共文化设施空间分布的影响效应。通过采用点密度法得到北京文化设施的密度分布图，从设施数量、类型两个方面对其空间分布进行定量和定性探讨，发现北京文化设施在空间分布上具有中间多而集聚、边缘少而分散、区际差异大、集中程度高、沿环线从内到外递减分布的特征；不同种类的文化设施分布特点不一，文化设施分布与人口分布呈现高度一致性，并向交通干道集聚的特点。[②] 除了对北京市公共文化设施的研究，还有学者研究了北京市公共文化艺术，分析发现，新中国成立以来，北京作为全国的文化中心城市，城市雕塑或公共艺术随着北京城市文化发展定位的转变，实现了从单一性向多样化的文化和美学转变，构建了不同的城市文化和城市公共艺术空间，但在数量尤其是质量上，北京的公共艺术与全国文化中心城市的地位和具有世界影响力文化中心城市相比尚有较大差距，未来的公共艺术在国家文化中心城市和国际文化大都市建设中应有更大作为。[③] 还有学者通过分析北京农村公共文化服务存在的问题，提出了健全农民文化需求表达机制、完善文化队伍建设等优化对策。[④]

文化产业、文化贸易是文化中心城市建设研究的另一个重要问题。武晓荣和乔东亮对当前国际文化贸易的发展态势以及北京发展文化贸易的优势和

[①] 陈瑾羲：《大学校园北京城》，清华大学出版社2014年版。
[②] 何丹、张景秋、孟斌：《北京市中心城区公共文化设施空间分布研究》，《资源开发与市场》2014年第1期。
[③] 李建盛：《北京公共艺术与首都城市文化建设》，《北京联合大学学报（人文社会科学版）》2014年第2期。
[④] 丁云、幺莹莹、阚和庆：《优化北京农村公共文化服务的对策思考》，《新视野》2014年第1期。

存在的问题进行系统分析,探索了世界城市背景下北京发展文化贸易的新策略,这对促进北京文化贸易以发展,提升北京文化影响力具有战略意义。[1]还有学者通过研究北京密云县发展农业文化创意产业的实践,提出了密云县"科技—生态—文化—服务"四轮驱动的农业文化创意产业模式。认为提高科技水平、加强生态文明建设和文化建设、促进资源聚集、开发可持续产业是发展农业文化创意产业的重要内容。[2]

北京已经是中国的国家文化中心,但与发达国家文化中心城市相比,北京还只是发展中国家的文化中心。唐莹莹和赵宗分析了发达国家文化中心城市建设的经验,认为高度的文化自觉、宽松的文化环境、严肃的文化法制、成熟的文化市场、主打的文化品牌和市民的文化共享等经验对北京具有重要启示,北京在坚持中国特色社会主义文化发展道路的前提下,如果能够加强国际文化交流,应该能发展地更好。[3]

《城市旅游形象定位及其影响因素研究——以北京市为例》[4] 将城市旅游形象定位研究置于多学科理论视野之中,采用跨学科交叉分析、文献分析、文本挖掘等理论研究与专家深度访谈、问卷调查、案例对比研究等实证分析相结合的方法,操作过程中注重采用模型分析、影响因素解析、意象地图分析等定性研究与空间分析、主成分分析、方差分析、数理统计等定量研究相配合的方法,对城市旅游形象定位及其影响因素进行了全面研究,为形成北京在21世纪全球视野中自身独特的旅游形象定位和清晰的旅游发展战略,真正实现北京城市旅游的可持续发展奠定重要的理论和实践基础。

(三) 智慧城市建设研究

智慧城市是以互联网、物联网、电信网、广电网、无线宽带网等网络组合为基础,以智慧技术高度集成、智慧产业高端发展、智慧服务高效便民为主要特征的新型城市形态。自2009年初IBM提出"智慧地球"发展理念以来,"智慧城市"在全球的发展方兴未艾。北京市政府提出到2015年"智慧

---

[1] 武晓荣、乔东亮:《世界城市背景下北京文化贸易现状分析与对策研究》,《北京联合大学学报(人文社会科学版)》2014年第3期。

[2] 蒋和平、江晶、王有年:《北京密云县发展农业文化创意产业的研究》,《北京农学院学报》2014第2期。

[3] 唐莹莹、赵宗:《发达国家文化中心城市建设的经验及对北京的启示》,《北京联合大学学报(人文社会科学版)》2014年第2期。

[4] 田大江:《城市旅游形象定位及其影响因素研究——以北京市为例》,旅游教育出版社2014年版。

北京"的发展目标是信息化整体发展达到世界一流水平,从"数字北京"向"智慧北京"全面跃升。对此,学者们以北京市智慧城市建设为出发点做了众多实证研究。

"北京市东城区智慧城区评价指标体系研究"课题组以我国"十二五"时期信息化发展指数为基础,构建了智慧城市发展指数,并以北京市建设智慧城市为例,测算了北京市及其16个区县智慧城市(区)的发展水平。测算结果显示:北京智慧城市建设尚处于发展起步阶段,建设智慧北京任重而道远;但随着近年来北京市智慧城市发展水平加速提升,"十二五"时期北京智慧城市建设目标经过努力是可以实现的。①

丛雅静以2013年对北京市居民进行的智慧北京建设过程中智能应用满意度电话抽样调查为基础,针对北京市居民在教育、交通、医疗、日常出行、安全感等信息化技术应用方面的调查结果,对不同性别、年龄、受教育程度和收入群体的满意度差异进行了统计分析,并进一步探讨了北京市居民智慧城市满意度的影响因素,根据分析结果发现:北京市民对智慧城市建设的评价较高,比较满意和非常满意的达到四成以上。分组别来看,不同群体对智慧城市建设的评价存在明显差异,个别群体对智慧城市建设的评价有待提高。②

张立超等人从智慧城市的理念出发,以城市风险理论为指导,对影响城市风险的各类诱发因素进行系统剖析,从生态本底、物质资源、经济运行和社会组织4个层面建立城市风险来源的金字塔式分析框架,提出智慧城市建设的基本运作思路;随后结合北京智慧城市建设的实践经验,进一步构建智慧城市视野下的城市风险识别系统,以期为我国智慧城市建设提供理论参考。③

(四)城乡一体化与新农村建设研究

城乡一体化是城市化发展的高级阶段,政府通过统筹规划整体布局、城乡分区功能定位、一体化建设管理和均等公共服务,建立一体化体制机制,

---

① "北京市东城区智慧城区评价指标体系研究"课题组、杨京英、陈彦玲、侯小维、倪东:《智慧城市发展指数研究——北京市智慧城市发展指数测算与实证分析》,《调研世界》2013年11期。

② 丛雅静、蔡宁:《北京智慧城市评价研究——基于3263位市民的电话调查》,《电子政务》2014年12期。

③ 张立超、刘怡君、李娟娟:《智慧城市视野下的城市风险识别研究——以智慧北京建设为例》,《中国科技论坛》2014年11期。

发挥市场机制，促进城乡市场要素相互融合、优势互补和互促互进，消除城乡二元结构，逐步达到城乡人口、经济、社会、生活、生态和制度相互融合和持续协调发展，从而使城乡居民生产、生活、居住方式和生活理念根本转变，实现城乡居民平等国民待遇、等值生活质量和共享社会文明。北京作为首都城市和世界大城市，城镇化率远高于全国城镇化水平，最具有条件率先在其行政区域内实现城乡一体化。对此，学者们以北京城乡一体化建设为出发点做了众多实证研究。

《北京市新型城市化研究》[1]从维护和发展农民权利入手探讨新型城市化，提出走以人为本的新型城市化道路。书中分析了北京市新型城市化中农民土地权益发展、城乡一体化背景中北京户籍制度改革、北京市增加农民财产性收入及如何实现农民工市民化等问题。推进新型城市化，一方面要改革农村集体所有制，维护和实现农民的财产权，另一方面要改革城乡二元体制，维护和实现农民的平等权，保障进城农民享有公民权利，实现市民化。走新型城市化道路，就是要维护和发展农民在农村的财产权，同时实现进城农民的市民化。

《基于城乡一体化的北京新城发展研究》[2]，则将北京城市发展置于城乡一体化的视野中加以讨论，以"新城在北京城乡一体化过程中的定位和实现路径"为主题，从促进中心城疏解和带动周边地区发展两个角度对北京市新城作用进行了定性与定量分析，从提升新城综合承载力和促进要素有序流动两方面提出了新城带动城乡一体化发展的路径，并依此路径对三类新城进行了案例研究，最后提出若干政策建议，同样具有较强的现实意义。

《城乡一体化蓝皮书：中国城乡一体化发展报告（北京卷）（2013—2014）》[3]分析了北京城乡一体化的新进展，尤其是北京城乡一体化面临的困境和问题。报告中评价了北京市区县城乡一体化水平、分析了北京市商品住宅价格形成及影响因素等问题。报告中提到，2013 年，城乡一体化问题突出的表现为城乡收入差距仍处于拉锯状态；公共服务均等化仍显不足；农村人力资本积累不足，制约经济社会发展；农村地区生态环境问题依然突出，2014 年应加大城乡一体化领域的创新力度，同时应保持城乡一体化政策良好

---

[1] 张英洪：《北京市新型城市化研究》，社会科学文献出版社 2014 年版。
[2] 袁蕾：《基于城乡一体化的北京新城发展研究》，知识产权出版社 2014 年版。
[3] 北京联合大学北京学研究基地：《城乡一体化蓝皮书：中国城乡一体化发展报告（北京卷）(2013—2014)》，社会科学文献出版社 2014 年版。

的连续性。此外，该报告对京津冀协同发展背景下促进北京城乡一体化发展等问题也进行了思考。

北京城乡一体化已经到了加速发展的关键阶段，宏观方面，曾宪植从"三农"，即农民、农业、农村三方面来考虑，认为城中村改造、新城及小城镇建设和新农村建设的发展对策应该有所区别，各有侧重、针对性强，只有这样才能形成良好、健康的发展格局。[1]

微观方面，王岱等人从都市农业角度出发，认为统筹城乡一体化发展，加快新型城镇化进程的重要举措之一就是促进都市农业可持续发展。根据都市农业可持续发展能力时间变化轨迹刻画和空间分异格局归纳的两个视角，构建了北京市县域都市农业可持续发展水平评价指标体系，以期为北京都市农业的科学发展提供科学支撑。[2] 李功越等人则从生产要素配置角度出发，认为市场机制对城乡生产要素配置的基础作用愈来愈明显，依靠信息通信技术（ICT）实现要素互动是实现市场对城乡要素配置的主要手段之一。以北京城乡 ICT 终端产品运用情况和 ICT 终端产品入网情况等数据进行实证分析，提出要着力加强 ICT 终端建设，推动 ICT 在农村农业应用基础设施建设；加强农民文化素质培养，不断提高农民互联网使用率，最后加强优惠政策措施制定，鼓励社会力量参与农业信息化建设的对策建议。[3]

（五）新型城镇化建设研究

城镇化是中国现代化进程中一个基本问题，当前，我国正处在城镇化的新时期、新阶段。2014 年中共中央、国务院印发的《国家新型城镇化规划（2014—2020 年）》明确指出，"要紧紧围绕全面提高城镇化质量，快转变城镇化发展方式，以人的城镇化为核心，有序推进农业转移人口市民化"。北京作为人口超过 2000 万的特大城市，在城镇化发展新阶段同样不可避免地存在诸多问题，对此学者们以北京为研究对象做了大量学术研究。

常艳在《城市化发展历程回顾与新型城市化发展趋势分析——以特大城市北京为例》一文中总结了新中国成立以来城市化经历的三个阶段，对北京

---

[1] 曾宪植：《北京率先形成城乡一体化新格局的途径与对策》，《新视野》2014 年第 4 期。
[2] 王岱、蔺雪芹、刘旭、孙鸣喆：《北京市县域都市农业可持续发展水平动态分异与提升路径》，《地理研究》2014 年第 9 期。
[3] 李功越、刘伟：《ICT 推动城乡一体化发展的作用机理及实证研究》，《生态经济》2014 年第 1 期。

城市化发展所面临的问题做出了发展预测趋势判断并给出了相关对策建议。[①]

胡宝荣等人则从农村集体土地所有权及其附属使用权角度出发,研究"地权"与"新型城镇化"的问题,学者们以北京高碑店村为例,对城乡接合部的就地城镇化进行分析,发现在就地城镇化的进程中,高碑店村"产业先行"的推进模式和"协商民主"的治理机制,让老百姓掌握了城镇化的主动权,变"被动城镇化"为"主动城镇化",不失为城乡接合部就地城镇化的一种可以借鉴的经验。[②]

孙宪忠认为传统的由国家征收农民土地,同时转换农民身份为城市人身份,并给予城市社会保障的"三费一补"做法如今已经难以为继。当前,上海、北京等地农村实行新型的农民"带地入城"政策,这种保留农民地权的同时实现农民城镇化的做法,是既符合社会主义理想,又符合中国国情的良好经验。[③]

崔向华通过 2010 年北京启动的城乡接合部 50 个重点村改造,对土地、户籍、社保等制度因素的重组,初步改变了人随地转的城镇化模式,使得本地农民成为拥有土地资产的新市民,这些实践总结出:"城镇化质量与市民化水平不高的原因"源于以土地所有制形式为基础划分城乡造成的新老二元结构问题,使市民化与土地脱钩,实现城镇化模式由被动向主动的转变,将是未来中国新型城镇化的合理路径选择。[④]

(六)生态文明建设研究

生态城市是符合可持续发展理念的当代城市发展的理想模式。随着城市人口和规模地不断扩大,北京城市发展过程中人与自然矛盾日趋尖锐化,以实现城市社会、经济和自然生态系统均衡协调发展为目的生态城市建设对北京城市的可持续发展有着广泛而深刻的现实意义,符合北京当前发展的实际需要。

冯刚在《北京城市发展中的生态社区建设研究》一文中提到,要想提高

[①] 常艳:《城市化发展历程回顾与新型城市化发展趋势分析——以特大城市北京为例》,《理论月刊》2014 年第 9 期。

[②] 胡宝荣、李强:《城乡结合部与就地城镇化:推进模式和治理机制——基于北京高碑店村的分析》,《人文杂志》2014 年第 10 期。

[③] 孙宪忠:《中国农民"带地入城"的理论思考和实践调查》,《苏州大学学报(哲学社会科学版)》2014 年第 3 期。

[④] 崔向华:《市民化与土地脱钩——北京城乡结合部新型城镇化问题思考》,《国际城市规划》2014 年第 4 期。

城市治理能力，需要以生态城市为目标，以新型城镇化建设、老旧小区改造、新城发展、城乡接合部城中村改造为契机，以生态社区建设为着力点，实现城市发展模式的转型，构建起城市可持续发展的基础。生态城市的建设需逐步建设好城市建筑节能系统、可再生能源系统、公共空间和绿地系统、垃圾污水循环处理利用系统及社会人文七大系统。①

罗楠怡基于马克思主义理论视角并结合国内外生态城市规划建设理论、实践成果和北京城市发展实际情况，进一步探索研究生态城市的概念、内涵、建设的目标和原则，并以此为理论依据，提出北京生态城市规划建设的评价方法和具体的实践路径。作者认为生态城市建设是解决北京城市经济社会发展与生态环境保护间矛盾的需要，是提升北京国际城市形象、素质和城市生产力水平的需要，生态城市建设有助于全面提高市民的生活质量，实现经济社会的全面发展。②

王丽方认为，北京城市建设快速铺开的同时，在建成环境的人性化、城市空间的优美宜人方面存在不少问题，从建设绿色慢行网和噪声防治两个方面，探讨打造宜居北京的应对之道。③ 学者们有关生态城市的一系列研究表明，积极推进生态城市规划建设，将城市社会、经济发展的压力控制在资源环境可承受的范围内是北京落实科学发展观、构建和谐社会、建设宜居城市和满足群众迫切需要的必然路径。

（七）地下空间利用研究

进入21世纪，我国大城市地下空间的建设速度非常快，其中，北京每年的新增地下空间建设规模超过300万平方米。伴随着地下空间开发和利用的不断发展，地下空间利用成为城市建设和管理的重要内容，相关研究成果也日渐丰富。

部分学者对地下交通及相关空间应用的研究较为关注。随着地铁线路的加密和增加，建设难度和运营补贴也迅速加大，乐贵平等人提出在北京发展和建设城市地下公共交通的设想，并对其可行性及优势进行了分析，地下公共交通可与大运量的地铁骨干交通和地面公共交通共同组成立体交通系统，

---

① 冯刚、王汇：《北京城市发展中的生态社区建设研究》，《城市管理与科技》2014年第4期。
② 罗楠怡：《北京生态城市建设研究》，博士论文，首都师范大学，2014年。
③ 王丽方：《打造绿色和谐宜居北京》，《北京人大》2014年第5期。

可加快解决和改善北京交通拥堵现状。① 还有学者分析到，在新一轮商务区地下空间的规划和建设中，出现了专门用于联系地块地下车库与地面道路的地下交通环廊，这类工程在联系并整合商务核心区地下停车资源的同时又能有效减少地面道路交通负荷，是改善商务区交通与环境的重要措施之一。他们以北京丽泽金融商务区规划建设的地下交通环廊方案为例，说明其对适应商务区发展、缓解交通拥堵和优化商务区路网具有重要意义，并为其他城市商务区发展地下交通环廊提供了有益的参考和借鉴。②

一些学者重点分析了地下空间的社会阶层及防灾减灾等问题。例如，调查发现，地下室居民阶层构成比较复杂。他们包括专业技术人员阶层、办事人员阶层、个体工商户阶层、商业服务业员工阶层、产业工人阶层、城乡无业失业半失业者阶层。尽管地下室住户包含六个社会阶层，但他们的经济社会地位差距不是很大，基本都属于社会的中中层、中下层和下层，但真正属于底层的并不多。数量可观的中下社会阶层住进地下室，说明城市的住房建设和住房政策乃至社会治理都还需要反思和调整。③ 陈珺等认为，在地下空间开发利用的蓬勃发展之时，对于灾害的防范更应警惕，由于相对独特的空间特征，地下空间的灾害类型与防治要求通常会比地面空间更为复杂。学者们借鉴国外地下空间的防灾经验，结合北京城市地下空间灾害类型特征，主要针对火灾和洪灾的防治问题，从规划、设计、管理等几个方面提出北京城市地下空间防灾的问题与建议，为提升北京地下空间的防灾能力和建设更安全的地下空间环境探索可行的路径。④ 还有学者以北京中关村丰台科技园的地下空间为例，进行了精细化设计，初步构建了控规和地下空间设计导则共同控制地区建设的精细化编制体系，为建立成熟的城市立体化规划体系提供了参考。⑤

---

① 乐贵平、崔玉萍、杨圣超、徐彬：《北京市建设地下公共交通的探讨》，《城市发展研究》2014年第10期。

② 赵光华、牛鸿雁：《国内外商务区地下交通环廊案例分析与启示》，《地下空间与工程学报》2014年S1期。

③ 李君甫、戚丹、柴红侠：《北京地下空间居民的社会阶层分析》，《人文杂志》2014年第3期。

④ 陈珺、王科、吴沫镝：《北京地下空间防灾的问题与建议》，《地下空间与工程学报》2014年第S1期。

⑤ 杨天姣、吕海虹、苏云龙、奚江波、杨慧：《北京中关村丰台科技园地下空间精细化设计》，《解放军理工大学学报（自然科学版）》2014年第3期。

二 北京城市管理研究

(一) 城市治理与城市病研究

城市病是伴随城市发展或城市化进程,在城市内部产生的一系列经济、社会和环境问题,主要有城市环境质量恶化、住宅和交通拥挤、城市贫民区的出现和犯罪率上升等。城市病的本质是城市资源和环境的承载力与城市化发展规模的匹配度失衡,是城市经济、社会、文化、生态发展失调的反映。城市病治理是城市管理的重要方面之一。

首先,城市病测度指标研究是学者们关注的重要问题。石忆邵初步构建了测度中国城市病的指标体系,并以北京、上海、广州3个城市为例进行实证分析。结果显示:就城市病总指数而言,北京市最大;各类城市病在3个城市中存在明显差异性;北京的环境污染与风险指数明显高于上海和广州;广州的住房贫困指数略高于北京和上海。[1] 李天健等学者从自然资源短缺、生态环境污染、城市交通拥堵、居民生活困难、公共资源紧张及公共安全弱化6个城市病的主要表现入手,共选取了48个指标,运用主成分分析法,对2006年至2010年北京市城市病的演变进行分类评价和综合评价。结果表明,北京市城市病的综合情况以及其中的自然资源短缺、公共资源紧张、公共安全弱化这3个方面都呈现逐年好转的趋势,而城市交通拥堵和居民生活困难两方面呈恶化趋势,生态环境恶化的情况先有好转后开始恶化。[2]

其次,城乡接合部研究逐渐增多。面对城乡接合部的治理压力,北京市启动了重点村建设、村庄社区化管理和社区网格化管理等治理探索,这些治理探索体现了协同政府、合作网络、消费者需求和智慧管理等网络化治理理念。袁振龙认为,中国正处于城市化加速阶段,城乡接合部治理必须从城乡接合部地区居民群众的需求出发,着力打破城乡二元管理体制和政府部门各自为政的格局,形成共同治理城乡接合部的格局,大力引导社会力量和市场力量参与城乡接合部的服务管理工作,不断将各类服务管理资源引入城乡接

---

[1] 石忆邵:《中国"城市病"的测度指标体系及其实证分析》,《经济地理》2014年第10期。
[2] 李天健:《城市病评价指标体系构建与应用——以北京市为例》,《城市规划》2014年第8期。

合部，进一步完善城乡接合部网络化治理格局。①

最后，还有学者进行了其他方面的研究。比如，有学者思考了国外城市治理对北京城市治理的借鉴意义②；有学者认为北京大城市病的治理与京津冀协同发展具有重要关系③；还有学者认为建设副中心级城市才是北京城市病的治本之策④。

（二）城市交通问题研究

学者们对城市交通问题的研究主要集中在两方面，一方面是地面交通问题，如孙柏瑛基于京沪典型案例的比对调查，分析了大都市城郊地区黑车治理的路径选择，作者提到，大都市城郊地区"黑车"治理，其实质是更深层次的出租行业管理制度的建设、变革问题，应推动现有出租车公司逐步由实体经济组织向自治组织转变，打破营运权公司垄断，并突破户籍限制，从根本上实现客运市场运行有序的目标。⑤

另一方面是地下交通问题，如赵光华、乐贵平对地下交通环廊和地下公共交通的探讨。再如甄茂成以北京市商务办公空间为研究对象，重点分析了2008年前后商务办公空间格局和集聚程度随轨道交通变化情况，并进一步探讨不同发展阶段轨道交通换乘站点对商务办公空间集聚程度的影响机制，在一定程度上对评价轨道交通基础设施的建设情况具有重要意义。⑥

（三）城市人口管理研究

人口管理是城市管理的重要任务之一。有学者从人口时空变化角度，分析了北京市人口结构及预测情况。李晓壮通过梳理新中国成立以来北京人口结构变迁历程，归纳分析了当前北京人口结构阶段性特征，在此基础上，提出优化北京人口结构，构建"人口均衡型社会"的对策建议。⑦ 梁昊光等利用第五次和第六次人口普查数据，分析北京全域乡镇街道尺度人口空间变化

---

① 袁振龙：《大城市城乡接合部地区的网络化治理——以北京城乡接合部为对象》，《新视野》2014年第1期。

② 张莉：《北京社科基金项目成果国外城市治理八个启示》，《人民论坛》2014第24期。

③ 赵弘：《北京大城市病治理与京津冀协同发展》，《经济与管理》2014年第3期。

④ 刘秀杰、苏杨：《建设副中心级城市才是北京城市病的治本之策》，《中国发展观察》2014年第11期。

⑤ 孙柏瑛、符丽丽：《大都市城郊地区黑车治理的路径选择——基于京沪典型案例的比对调查分析》，《新视野》2014年第1期。

⑥ 甄茂成、张景秋、朱海勇：《北京轨道交通换乘站点对办公空间集聚的影响》，《地理科学进展》2014年第4期。

⑦ 李晓壮：《北京人口结构的变迁及优化》，《国家行政学院学报》2014年第6期。

格局特征，并借助 CA‐MAS 模型对未来城市人口格局进行情景模拟，以期增进对北京人口时空动态的认识，为北京城市管理决策和宏观调控提供科学参考。研究表明，为实现北京人口空间布局优化，应着力促进就业与居住相协调，推动区域间公共资源均等化，规划多中心组团发展。①

有的学者从人口管理和数量调控方面进行了分析。胡兆量认为制订符合实际的人口规模指标要依据北京发展的特殊规律。北京发展的特殊性是首都地位带来的超强集聚力，可以从天时、地利和人口三方面分析北京的超强集聚力，控制北京人口规模的根本途径是遵循北京的发展规律，尽可能地控制和分散城市的功能和项目。② 王文杰在分析首都人口资源环境现状的基础上，提出当前北京城市管理中存在的突出问题，并从人口疏解、环境治理、监测体系三个方面提出相关意见建议，旨在正确把握首都市情和发展的阶段性特征，稳妥推进人口规模调控，促进人口资源环境协调发展。③ 陆杰华在人口调控方面还强调居住证制度的影响。④

还有学者从制度保障方面研究了北京城市人口。王平分析了现有社会保障制度体系缺乏弹性、开放度、转移困难等情况下，新北京人面临的社会保障权益缺失、受损，社会保障关系混乱等问题，并探索了改进方案。⑤ 冯晓英以北京市为例，对特大城市流动人口权利保障的困境与出路进行了探讨。⑥

（四）城市应急与灾害管理研究

经济社会的快速发展伴随着社会转型的加剧，首都城市安全面临的挑战和考验更加严峻，安全需求和压力不断加大。尽管北京市应急管理工作全国领先，且近年来突发事件形势总体平稳，没有重大突发事件发生，但是，面对新形势和新挑战，北京市应急管理工作需进一步改进与完善。

李辉在分析北京市现行应急管理体制现状、主要问题的基础上，提出适时建立应急管理首都体制，将城市运行监测中心纳入市应急体系，按不同区域调整北京区县突发事件预防处置权限，将基层应急管理工作与网格化管理相结合等进一步改革与完善北京市现行应急管理体制的对策建议，以适应当

---

① 梁昊光、刘彦随：《北京市人口时空变化与情景预测研究》，《地理学报》2014 年第 10 期。
② 胡兆量：《北京城市人口膨胀的原因及控制途径》，《城市问题》2014 年第 3 期。
③ 王文杰：《对科学管理首都人口资源环境的思考与建议》，《调研世界》2014 年第 8 期。
④ 陆杰华：《浅议居住证制度与人口调控》，《人口与计划生育》2014 年第 12 期。
⑤ 王平：《"新北京人"社会保障制度安排现状与改进》，《知识经济》2014 年第 7 期。
⑥ 冯晓英：《特大城市流动人口权利保障的困境与出路——以北京为例》，《探索与争鸣》2014 年第 1 期。

前的新形势和新要求。① 高萍等学者以北京市为例,在分析地震应急管理机制现状基础上,对街道社区应急管理机制建设提出了新的思路和建议,对促进我国街道社区地震应急管理机制建设的规范化和标准化具有重要借鉴。②周爱华等以北京城区长期避难场所为研究对象,计算城区各街道对避难场所的可达性。结果表明:北京城区长期避难场所空间布局不均衡,局部过于密集,服务重叠率严重;五环以内区域基本可满足居民的长期避难需求,但五环以外绝大部分区域为避难盲区;已建成避难场所仅能供城区16%的人口进行避难,人口配置缺口较大,总体上不能满足居民的避难需求。③

---

① 李辉:《关于进一步改革完善北京市应急管理体制的思考》,《科技管理研究》2014年第4期。
② 高萍、齐乐、徐国栋、李海君、王汝芹、姜纪沂:《我国街道社区地震应急管理机制研究——以北京市街道社区为例》,《灾害学》2014年第3期。
③ 周爱华、张景秋、付晓:《北京城区长期避难场所空间布局研究》,《安全与环境学报》2014年第3期。

2014年北京经济研究综述

孟斌 邵静[*]

2014年是贯彻落实党的十八届三中全会精神、全面深化改革的开局之年，是落实"十二五"规划、加快经济结构调整、推进城市功能优化的关键之年，同时APEC会议等重大国际会议和活动相继举办，促进了北京在更高层次上参与国际竞争与合作。经初步核算，北京2014年全年实现地区生产总值21330.8亿元，比上年增长7.3%。其中，第一产业增加值159亿元，下降0.1%；第二产业增加值4545.5亿元，增长6.9%；第三产业增加值16626.3亿元，增长7.5%。按常住人口计算，全市人均地区生产总值达到99995元（按年平均汇率折合16278美元）。三次产业结构由上年的0.8∶21.7∶77.5调整为0.7∶21.4∶77.9。全市完成地方公共财政预算收入4027.2亿元，比上年增长10%。全年完成全社会固定资产投资7562.3亿元，比上年增长7.5%。其中，国有控股单位完成投资4457.1亿元，比上年增长7.2%；民间投资完成2620.7亿元，增长8.3%。全年城镇居民人均可支配收入达到43910元，比上年增长8.9%；扣除价格因素后，实际增长7.2%。城镇居民人均住房建筑面积31.54平方米，农村居民人均住房面积52.42平方米。可以看到，通过积极落实稳增长、促改革、调结构、惠民生各项政策措施，北京经济持续健康发展，社会和谐稳定，相关研究成果也非常丰富。

一 京津冀协同发展研究

2014年2月6日，中共中央主席习近平在专题听取京津冀协同发展工作汇报并作重要讲话，京津冀协同发展正式上升为重大国家战略，北京市委书

---

[*] 孟斌，北京联合大学北京学研究所副所长；邵静，首都师范大学资源环境与旅游学院硕士研究生。

记郭金龙也指出"只有融入京津冀协同发展,才能更有效地把北京的优质资源激活,更好地解决北京市自身发展中的难题"。围绕京津冀协同发展问题,众多学者进行了大量的研究。

(一)京津冀协同发展战略研究

刘勇和李仙在分析了京津冀区域协同发展国家战略提出的背景和京津冀区域协同发展可能带来的若干机遇之后,着重强调京津冀协同发展战略的顶层设计,他们认为一是要明确协同发展的总体目标;二是要突出区域协同发展的三个重点问题,即生态环境保护合作和跨区域基础设施合作、产业分工布局和城镇体系优化合作、要素自由流动和社会政策一体化合作等;三是建议把"京津石"三角区确定为京津冀协同发展的核心区。① 赵弘认为,推动京津冀协同发展,要理清政府与市场的边界,发挥好政府和市场两个作用,加强顶层设计,抓住核心问题,统筹协调,积极创造条件,在工作机制、交通体系建设、新一代卫星城建设、公共服务均衡化、利益共享机制五个方面实现重大突破。当务之急是要建立和完善自上而下、上下贯通、强有力的协同发展领导体制和工作机制,加快交通一体化建设,消除阻碍协同发展的软性制度约束,为要素流动扫清障碍,设立京津冀协同发展引导基金,有效引导市场主体的行为。②

一些学者结合西方发达国家在城市群和都市圈发展方面的经验,指出京津冀协同发展可以有所借鉴③,还有学者对国内主要城市群进行对比,将京津冀、长三角和珠三角区域经济一体化测量和比较。④ 通过研究,学者们认为由于政治考量、经济实力、产业层次、资源环境、社会发展等若干差异因素存在,京津冀协同发展存在体制机制障碍。刘敏等通过从组织管理、协同机制、规划法案等角度对世界六大城市群协调发展规律进行梳理和归纳,认

---

① 刘勇、李仙:《京津冀区域协同发展的若干战略问题》,《中国发展观察》2014年第5期。
② 赵弘:《京津冀协同发展的核心和关键问题》,《中国流通经济》2014年第12期。
③ 刘敏、王海平:《京津冀协同发展体制机制研究——基于世界六大城市群的经验借鉴》,《现代管理科学》2014年第12期;常艳:《日本首都圈的规划建设对京津冀协同发展的启示》,《经济研究参考》2014年第59期;杨志荣:《北美大都市区改革对京津冀一体化的启示》,《理论探索》2014年第4期。
④ 娄文龙:《京津冀、长三角和珠三角区域经济一体化测量和比较》,《统计与决策》2014年第2期。

为这些经验可以为京津冀协同发展体制机制创新提供经验借鉴。[1] 杨志荣通过对美国和加拿大的大都市区改革过程总结，认为北美的大都市区改革经验对我国京津冀一体化有着一定的启示和借鉴意义，通过构建京津冀大都市圈内网络化的多层次治理体系，理顺京津冀大都市圈内城市政府职能关系，破除京津冀大都市圈内城市行政管理制度的障碍，处理好行政区经济和大都市区发展之间的矛盾。[2]

（二）京津冀协同发展与产业研究

从产业的角度，许多学者对京津冀协同发展进行了研究。侯秀芳等将长三角和珠三角的合作机制进行对比后发现京津冀产业结构还有很大的优化空间，进而结合京津冀三地最新的统计年鉴，对这一区域进行产业结构层面的对比分析，找出京津冀产业结构存在的问题，并从多个角度提出了产业结构优化的路径选择，为京津冀加快推进产业对接、实现合作共赢提供科学依据。[3] 在企业层面数据的基础上，黄娉婷等描画出京津冀都市圈汽车制造业企业的空间分布格局，考察汽车企业在都市圈范围内集聚与扩散特点，探讨汽车产业链不同环节的地域特征差异，并对影响微观企业空间布局的驱动力量进行分析。[4] 陆军等通过对京津冀地区金融集聚现状的考察，利用区位熵、单位根检验、格兰杰检验等方法进行实证分析后发现，受北京经济发展影响，北京的金融集聚得到不断强化，对天津、河北地区产生扩散效应，对周边地区经济发展具有拉动作用。[5] 京津冀是我国重要的区域旅游合作板块，具有较好的合作基础、强大的发展实力和巨大的市场需求，刘锋认为在国家战略推动的大好机遇下，结合大数据、一体化、转型升级三大区域视角背景，京津冀旅游合作应突破创新，协力打造世界级旅游目的地，才能更好地促进本区域经济转型升级和协同发展。[6]

还有学者从人口、就业和城镇化的角度，对京津冀协同发展的问题进行

---

[1] 刘敏、王海平：《京津冀协同发展体制机制研究——基于世界六大城市群的经验借鉴》，《现代管理科学》2014年第12期。
[2] 杨志荣：《北美大都市区改革对京津冀一体化的启示》，《理论探索》2014年第4期。
[3] 侯秀芳、王栋：《京津冀产业结构比较研究与发展对策》，《商业时代》2014年第28期。
[4] 黄娉婷、张晓平：《京津冀都市圈汽车产业空间布局演化研究》，《地理研究》2014年第1期。
[5] 陆军、徐杰：《金融集聚与区域经济增长的实证分析——以京津冀地区为例》，《学术交流》2014年第2期。
[6] 刘锋：《三大视角探析京津冀区域旅游合作》，《旅游学刊》2014年第10期。

了分析阐述。郑贞等通过对京津冀地区人口分布及经济分布的空间集聚现象的探讨，揭示了该地区在人口分布和经济发展水平上的特征：2000—2010年间，京津冀地区的人口重心、经济重心都在向东北方向移动；京津冀地区人口空间集聚呈现高—高、高—低、低—高三种特征；经济空间集聚呈现高—高特征。[①] 沙勇，郭洁利用京津冀都市圈两次经济普查的就业数据进行研究分析，得出京津冀就业的整体空间集散特征为仍在进一步集聚，集聚特征稳定，且都市圈内的京津石为一级就业中心，唐保沧张为二级就业中心，秦承廊为三级就业中心。[②] 基于《国家城镇化规划2014—2020》的出台，常春林等则从人口、经济、基本经济服务、生态环境、社会保障5个维度构建了京津冀都市圈新型城镇化测评指标体系。[③]

（三）京津冀协同发展与文化认同研究

刘勇等则从文化认同的角度对京津冀协同发展问题进行了分析研究，指出文化认同是重大而不可忽略的，但对京津冀而言，文化认同恰恰是一个薄弱环节。因此刘勇等提出了文化认同推动京津冀协同发展的具体构想：用文化理念凝聚人心，为京津冀协同发展提供精神助力；在文化认同感的驱动下推动产业发展；通过文化认同增强区域旅游发展的凝聚力；在文化认同感的引领下培训人才，为京津冀协同发展提供长效支持。[④]

（四）京津冀协同发展政策研究研究

北京只有融入京津冀协同发展，才能更有效地把优质资源激活，更好地解决北京市自身发展中的难题，因而围绕京津冀协同发展问题，众多学者从京津冀产业结构、京津冀地区科技创新一体化、京津冀一体化旅游等方面的发展提出了相应的建议与对策。基于京津冀产业结构考虑自身利益过多，合作意识不强；发展水平差距较大，影响产业对接；产业准入标准不一，大气污染严重等存在的问题。侯秀芳和王栋提出京津冀产业结构优化路径建议：第一，加强顶层设计，实现规划同图；第二，加强基础设施建设，打破城市区域壁垒；第三，统一产业准入标准，健全生态补偿机制；第四，推动技术

---

① 郑贞、周祝平：《京津冀地区人口经济状况评价及空间分布模式分析》，《人口学刊》2014年第2期。
② 沙勇、郭洁：《京津冀地区就业增长的空间集散趋势分析》，《人口与发展》2014年第5期。
③ 常春林、王一丞：《京津冀都市圈新型城镇化测评指标体系构建与评价》，《价格理论与实践》2014年第5期。
④ 刘勇、姚舒扬：《文化认同与京津冀协同发展》，《北京联合大学学报（人文社会科学版）》2014年第3期。

转移，实现分工协作；第五，立足各自优势，突出发展特色。① 京津冀地区科技创新能力不平衡和异质性，缺少跨行政区科技创新体系，妨碍了科技支撑与引领经济社会合作发展的深度和广度。在此背景下李国平认为京津冀地区应通过树立共同的科技创新价值观，建立和而不同的创新制度，构建科技创新一体化的协调机制、强化顶层设计和主动布局、发挥中关村国家自主创新示范区的辐射引领作用、优化科技资源配置、打造"一心两核三带多园区"科技发展格局，以促进科技创新一体化发展。② 作为我国重要的区域旅游合作板块，京津冀具有较好的合作基础、强大的发展实力和巨大的市场需求。③ 当前在国家战略推动的大好机遇下，京津冀旅游要立足现状，借助京津冀的地缘区位和自然人文资源优势，深化区域旅游规划，进一步强调产品创新和大项目带动，实现资源上的互补性和市场的互动性，提升优化区域内的旅游产业结构；建立高效能的区域旅游一体化合作协调机制。从而提升京津冀区域经济的竞争力和旅游资源的影响力。④

二 北京产业结构研究

一些学者针对当前北京经济发展所面临的挑战，结合北京经济重点战略提出了相关的对策建议。⑤ 进入新世纪以来，北京经济在结构调整、发展方式转变等方面取得了一定成就，但当前面临诸多挑战，如何实现首都经济可持续发展是亟待解决的问题。由此李茂、唐鑫认为北京市需要实施"稳增长"的经济发展战略。即把稳增长放在更加重要的位置，积极顺应国内外经济形势变化，并提出了相关的政策建议：一、加快北京市收入分配改革措施，建立扩大消费需求的长效机制；二、积极争取扶持政策，推动北京服务业内涵式发展；三、实现跨区域产业联动，提升首都经济的辐射力；四、强化创新资源整合和创新驱动体制机制建设，建立新的经济增长点；五、积极

---

① 张宝秀：《对北京学理论体系的再思考》，《论地方学建设与发展——中国地方学建设与发展研讨会文集》，内蒙古人民出版社2014年版。
② 李国平：《京津冀地区科技创新一体化发展政策研究》，《经济与管理》2014年第6期。
③ 成志芬、张宝秀：《地方学与地域文化研究的"地方"和"地方性"视角》，《论地方学建设与发展——中国地方学建设与发展研讨会文集》，内蒙古人民出版社2014年版。
④ 刘思敏：《京津冀一体化旅游发展的问题与对策》，《旅游学刊》2014年第10期。
⑤ 李晓敏、吕艳芹：《当前北京经济发展面临的挑战及对策建议》，《北京人大》2014年第9期；李茂、唐鑫：《北京经济重点战略与对策研究》，《中国市场》2014年第11期。

使用国内外环境变化，把握主动调控的时机和力度。①

在《经济可持续发展与产业结构演进》中，作者主要对首都产业结构的优化与经济可持续发展问题进行探讨。全书通过大量的会议、访谈、问卷调查等多种形式对首都经济可持续发展的现状、特征、问题以及发展的态势进行实地调研，并在此基础上构建首都产业结构优化与可持续发展的理论架构。基于经济全球化与二元结构的世界经济格局，提出了经济时代（要素结构）—发展阶段（产业结构）的演进导致可持续发展问题的基本状态与主体诉求变化的动态分析框架。基于我国在 21 世纪第一个十年基本完成了国家工业化进程，以及在"十二五"时期结束时经济系统总体进入工业时代后期阶段的现实，《经济可持续发展与产业结构演进》提出了推进国家层面科技经济一体化和不同区域差异性发展的经济可持续增长路径，具有较强的理论和实践意义。②

《北京市产业升级与协调发展研究》③，作者运用实证研究手段从新产业培育与产业结构升级、产业链低端走向高端、北京市各产业之间协调发展、北京市各区县各产业之间协同发展、京津冀都市圈各产业协同发展五个方面分析了北京市产业升级与协调发展的现状，并提出了相应的对策建议。该著作认为，2013 年，面对复杂多变的国内、外运行环境，北京市继续加快调整转型，综合实施了"稳增长、调结构、促改革、惠民生"系列措施，经济发展实现了"转中趋稳、稳中有进、稳中提质"。未来一段时间，在党的十八届三中全会开启全面深化改革的推动下，我国经济社会发展有望进入一个新的阶段。与此同时，北京市将立足于首都城市性质、发展阶段和资源禀赋条件，以提高发展质量和效益为中心，坚持经济发展与城市功能相协调、发展方式与首都人口资源环境相适应、城市发展与满足人民群众对美好生活的新期待相统一，逐步缓解制约首都长远发展的深层次的矛盾和"瓶颈"约束，为首都发展再上新台阶创造条件。2014 年，经济发展中的长期影响因素与国内、外经济环境中的短期不稳定因素相互交织，主动经济转型和加快落实国家改革的任务相互叠加，结构调整节奏与国内、外经济环境变化仍将是影响北京市经济增长的重要因素，预计北京市经济将继续呈现稳中有进的发展

---

① 北京市农村经济研究中心：《北京市农村经济发展报告 2013》，中国农业出版社 2014 年版。
② 韩小明：《经济可持续发展与产业结构演进》，中国人民大学出版社 2014 年版。
③ 邹昭晞：《北京市产业升级与协调发展研究》，经济管理出版社 2014 年版。

态势。

《首都人口、就业与可持续发展》[①], 该著作总体分为两大部分。前六章对北京市情况进行了分析, 第一章介绍了北京市人口和就业的总体情况。第二章到第四章分别探讨了北京市高校毕业生的劳动力市场预期、职业生涯起步工资、劳动力市场的性别歧视等, 并对大学生群体的状况进行了综合描述。第五章和第六章则关注外来务工人员, 分析了北京市的户籍制度和外来务工人员的状况。北京市的可持续发展离不开全国的发展, 因而剩余的四章（第七章到第十章）关注的是全国的情况。第十章对我国近二十年来城镇劳动力市场雇佣关系的变化进行了总结。作者研究北京在人口老龄化的背景下, 如何保持首都经济的持续发展; 探讨北京市外来人口对劳动力市场与经济发展的影响, 及其与建设"人文北京", 构建和谐社会, 实施首都社会可持续发展的具体关系; 分析北京市劳动力市场政策在实践中面临的困境与问题, 并提出相应的改善建议与具体实施方案, 为北京市政府相关部门提供决策参考。

《后小康社会的可持续发展：首都全面建成小康社会考察》[②], 该著作关注在新型城镇化背景下, 北京市在完成了总体小康社会目标之后的后小康社会, 如何完成包括外来常住人口在内的全面小康社会的建设目标。该书选取以人为本的研究视角, 从总体上研究后小康社会可持续发展的基本概念、研究轨迹和指标体系, 并以北京市为研究对象, 分别从产业效率、城乡一体化、流动人口市民化、低碳首都等视角研究产业、空间、社会、环境的可持续发展, 从后小康社会可持续发展的角度对北京市现有政策体系进行评价, 并提出完善政策体系的相关建议。

《北京沟域经济土地流转模式研究》[③], 作者桂琳在整理 2012 年博士毕业论文及日常研究的基础上, 以北京市沟域经济发展为背景, 对北京沟域经济发展过程中的农村土地流转现状进行了分析, 系统地研究了农村集体建设用地、农用地流转现状和流转路径。该研究将有利于推动土地流转理论和实践的发展, 对促进我国山区经济的进一步发展, 具有较强的理论及现实意义。

---

① 赵忠：《首都人口、就业与可持续发展》, 中国人民大学出版社 2014 年版。
② 叶裕民：《后小康社会的可持续发展：首都全面建成小康社会考察》, 中国人民大学出版社 2014 年版。
③ 桂琳：《北京沟域经济土地流转模式研究》, 中国农业出版社 2014 年版。

《北京市农业总部经济发展研究》①，总部农业研究课题组在市农委的大力支持下，深入到北京各区县进行调研，先后与海淀、朝阳、大兴、顺义、通州、平谷、延庆以及密云等区县农委、世界草莓大会组委会综合协调办公室（昌平区）、北京种子大会筹备处（丰台）的相关人员进行了深度访谈，参观考察了 2014 年世界种子大会南宫展示基地、2012 年世界食用菌大会永乐店基地。通过调研，课题组深入了解了各郊区县农业会展的开展情况、取得的成效、对产业的带动作用、存在的困难与问题以及各郊区农业龙头企业的数量、经济效益、对产业的促进作用等信息，掌握了较为详尽的第一手资料，并在此基础上进行了分析、总结和研讨。

在北京经济研究领域中，发展报告、皮书等系列研究成果因为其持续性和翔实的资料得到广泛关注，2014 年，北京经济系列报告研究包括《北京市农村经济发展报告 2013》《北京能源发展研究报告. 2013》《北京旅游发展研究报告 2013》《北京蓝皮书：北京经济发展报告（2013—2014）》等。

《北京蓝皮书：北京经济发展报告（2013—2014）》②，该著作在简要分析国际国内发展环境的基础上，对北京 2013 年经济形势进行详尽分析，并对 2014 年经济发展进行了预测和展望。书中对北京经济如何与人口资源环境协调发展进行了战略思考并提出了相应的政策建议；针对雾霾天气状况，提出打造北京"新风生态资源库"；并对北京能源消费结构调整、科技创新对经济增长的内生驱动作用、工业产业效率提升、文化创意产业发展、房地产市场走势等重点、热点问题进行了深入探讨。

《北京市农村经济发展报告 2013》③，该著作包括六个方面的内容，依次分别为农村综合经济、城乡发展一体化和新农村建设、农村改革与集体经济发展、休闲农业与乡村旅游、农业农村信息化发展、山区经济与生态建设。报告内容基本涵盖了北京郊区经济社会发展的主要方面，以综述、调研报告、典型分析、重大活动记述和重要文献集萃等形式，凭借翔实的数据、专业的视角、科学的方法，把京郊"三农"领域的新动态、新成果、新问题、新思想展现在广大读者面前。

---

① 刘树：《北京市农业总部经济发展研究》，中国农业科学技术出版社 2014 年版。
② 杨松、胡雪峰、赵磊、唐勇：《北京蓝皮书：北京经济发展报告（2013—2014）》，社会科学文献出版社 2014 年版。
③ 北京市农村经济研究中心：《北京市农村经济发展报告 2013》，中国农业出版社 2014 年版。

《北京能源发展研究报告2013》①，为了增强北京市能源发展决策的科学性，促进北京市能源全面、协调、可持续发展，针对北京市能源发展中存在的重大问题，北京能源发展研究基地组织科研人员开展重点研究并积极建言献策，形成了系列学术论文，并汇编成研究报告。该报告分别从能源消费研究、新能源和可再生能源发展研究等方面进行论述。

《北京旅游发展研究报告2013》②，该著作主要由总体经济、产业与企业、旅游目的地、游客与购买者、政府与政策、年度热点与创新研究六部分组成。该著作目的在于对北京市旅游经济与旅游市场的整体发展、北京旅游各行业运行状况、旅游供需市场、旅游行政管理及年度热点与创新等问题进行充分研究和集中展示，以期对实践具有一定的指导作用。

三 北京文化创意产业发展研究

文化创意产业，是一种在经济全球化背景下产生的以创造力为核心的新兴产业，强调一种主体文化或文化因素依靠个人（团队）通过技术、创意和产业化的方式开发、营销知识产权的行业。近年来，在国际经济波动、反复的形势下，在经济增速下行压力加大、传统增长动力乏力的背景下，文化创意产业作为一种以文化信息和智能创意为主要资源的"绿色产业"，在推动北京经济发展和社会进步中发挥了重要作用。③

陈默等通过对北京文化创意产业"十一五"时期发展现状与"十二五"时期发展规划的分析，提出以钻石模型为框架的北京文化创意企业发展模型，并对影响北京文化创意企业发展的生产要素、需求状态、集聚区发展动态、政府行为、战略决策和发展机遇六类因素进行详尽剖析。进一步提出北京文化创意企业空间载体发展模式和信息服务平台设计模式，以拓展北京文化创意企业的社交空间，推动北京文化创意企业协调可持续发展。④ 李朝鲜等从北京文化创意产业整体运行状况入手，运用灰色关联分析、贡献度来阐述文化创意产业对北京区域经济增长和产业结构优化升级的作用，并对未来

---

① 北京能源发展研究基地：《北京能源发展研究报告2013》，中国经济出版社2014年版。
② 北京旅游发展研究基地：《北京旅游发展研究报告2013》，旅游教育出版社2014年版。
③ 李朝鲜、马丽荣：《北京市文化创意产业经济效应分析》，《新闻与写作》2014年第10期。
④ 陈默、李震宇、陈瑶、张雨苗：《北京文化创意企业发展模式创新研究》，《商业时代》2014年第4期。

的发展提出了建议。① 与陈默和李朝鲜以文化创意产业整体为研究对象不同的是，李雪峰采用个案研究法，通过分析北京出版创意产业园区发展现状及特点，探析其在发展过程中所存在的问题：入驻园区有门槛，中小出版企业艰难发展；拥有资源优势，但开发利用不够；园区更多地表现为"产业园"，而忽略"文化创意"，并试图从机制改革、人才培养等方面寻找出版创意的发展途径。②

吕怡琦则将文化创意产业和历史街区的保护结合起来，以北京南锣鼓巷为例，对北京南锣鼓巷文化创意产业的发展历程进行了梳理，并指出在南锣的下一步发展中，需要理清历史文化及艺术机构的、政府规划、资本增值三者之间的关系，及时疏导、调整，以实现三种驱动力均衡发展，形成南锣鼓巷历史街区保护和文化创意产业发展的良性互动。③

文化创意产业在首都经济中所占比重不断提高，地位不断加强，北京市政府明确提出要将文化创意产业发展成北京市的支柱产业。但在取得成绩的同时，我们也清醒地认识到北京市文化体制改革已进入深水区阶段，改革难点凸显，尤其是存在着依靠投资拉动的数量扩张和外延发展，内容创新力不足所导致的文化消费增长乏力和结构不合理，缺乏精品节目和世界品牌以致国际竞争力不强等问题。鞠立新认为，只有深化文化体制改革、转变发展方式，才能发挥文化创意产业的溢出效应，获得更大的增长空间。④ 北京市文化创意产业持续发展所面临的另一个重要问题是许多文化创意企业因为缺乏资金而发展困难。邓丽丽从产业融资规律出发，结合对业内企业、金融机构的调研情况和国际经验，对北京文化创意企业面临的投融资问题进行分析，提出了三个方面的对策建议：一、充分重视文化创意产业领域的股权投资，积极培养能够理解文化创意产业的股权投资人才；二、对于一部分与文化创意事业密切相关，对文化创意产业发展有积极意义的企业，可以考虑通过政府采购的方式给企业支持；三、推进互联网等信息手段在文化创意企业中的

---

① 李国平：《京津冀地区科技创新一体化发展政策研究》，《经济与管理》2014年第6期。
② 李雪峰：《出版创意产业园区发展浅议——以北京出版创意产业园区为例》，《科技与出版》2014年第1期。
③ 吕怡琦：《历史街区文化创意产业的发展及驱动力——以北京南锣鼓巷为例》，《商业时代》2014年第24期。
④ 鞠立新：《北京市文化创意产业发展方式转变改革难点探析》，《商业时代》2014年第12期。

应用，改善金融机构与文化创意企业之间信息不对称的问题。① 田杰、胡新迪和王国华则侧重于文化创意产业集聚区发展对策的研究，研究北京地区文化产业集聚区，不仅仅对发展壮大文化产业有很重要的作用，同时也将带动首都文化产业的发展，并有助于其他城市借鉴发展经验，因地制宜，促进城市文化产业发展。② 基于此背景，王国华认为北京文化创意产业集聚区的转型升级不仅要从企业的微观层面创新入手，诸如企业的产品、工序等技术层面的创新以及企业内部分工的形态和企业之间的分工形态等组织层面的创新，还应当秉持以人为主体的生产系统协调创新的理念，从全社会的创新系统构建层面来探寻新的创新路径。③

四　北京创新驱动发展研究

当今全球技术创新日趋活跃，以大数据、智能制造和无线革命为代表的新一轮技术变革，正在催生大量的新产业、新业态、新模式，带来新的经济增长机遇。北京作为中国的首都，在创新驱动、转型发展的关键时期，需要紧紧抓住全球技术变革的机遇，才能在持续低迷的国际经济环境下，成功打造首都经济升级版。④

北京在实施创新驱动发展战略，加快创新型国家建设的过程中承担着引领和主导的重要地位。张泽一指出北京自主创新存在的问题：创新驱动的贡献相对不足；企业总体技术能力不高，对外依赖程度较重；创新体制、机制和制度不够完善；产学研用协同创新体系有待完善。并在对北京的自主创新现状、水平和存在的问题进行分析后提出了相应的政策建议。王垚等基于北京城市发展的优势和特色，提出以自主创新促进北京建设世界城市的特色路径，即以率先建设成为"世界创新型城市"为突破口，通过引领世界创新跻身于世界城市行列，最终通过北京的"示范效应"实现国家创新战略。构建

---

① 邓丽丽：《北京文化创意产业投融资分析及对策》，《首都经济贸易大学学报》2014年第4期。
② 田杰、胡新迪：《北京传统文化创意产业集聚区发展对策研究》，《北京印刷学院学报》2014年第1期。
③ 王国华：《北京文化创意产业集聚区转型升级的动力探寻》，《北京联合大学学报（人文社会科学版）》2014年第4期。
④ 张泽一：《自主创新：引领北京的高端发展内生增长》，《兰州学刊》2014年第1期；常艳：《把握全球技术创新机遇打造北京首都经济升级版》，《北方经济》2014年第7期。

了顶层设计框架：一是通过优化完善城市多元创新体系，提升首都自主创新能力；二是通过自主创新调整经济结构、转变经济发展方式，提升首都竞争力；三是通过引领世界创新，不断提升北京在世界城市体系中的地位和作用，逐步步入世界城市的行列。[1] 吴优等界定了创新驱动的概念，在总结前人研究成果的基础上，搭建了城市创新驱动发展评估分析框架，构建了创新驱动发展评价指标体系。借助熵值法，对北京、上海、广州和深圳进行了实证研究。[2]

刘东丽对北京2001—2012年以及2009年各区县的科技创新的综合技术效率、纯技术效率和规模效率进行实证研究，得出北京历年的效率变化情况以及各区县的效率水平，发现尽管北京的科技产出在逐年增加，但这十一年间，北京的科技创新效率并未改善，其科技产出的增长是倚靠投入的增加实现的；北京市各城区科技创新发展失衡，效率水平相差悬殊。此外对各区县的科技创新进行规模效率分析和投影分析后发现造成各区县投入产出效率水平低下的具体原因，即具体指标的投入冗余以及产出不足程度，为日后效率水平的改进指明了方向。同时对效率水平很高的区县的科技创新模式及实施的政策进行参考，进而对北京科技创新效率的提升提出了一些可行性建议。[3]

---

[1] 王垚、年猛：《以自主创新促进中国特色世界城市建设的路径探讨——以北京市为例》，《经济体制改革》2014年第1期。

[2] 吴优、李文江、丁华、左新兵：《创新驱动发展评价指标体系构建》，《开放导报》2014年第4期。

[3] 刘东丽：《北京科技创新效率研究》，《中国市场》2014年第42期。

2014 年地方学理论研究综述

成志芬[*]

2014 年，各个地方学与地方文化研究机构的专家学者们围绕地方学建设与发展的理论问题进行了积极探索。鄂尔多斯学研究会编辑出版了《论地方学建设与发展——中国地方学研究与发展研讨会文集》，集中发表了一批探讨地方学理论与实践的学术论文。"东亚文化之都·泉州"建设发展委员会、泉州市委宣传部和中国地方学研究联席会共同主办了"走向世界的地方学"学术研讨会，各地方学研究机构也纷纷举办相关学术研讨会，研讨本地地方学的理论与实践问题。

一 地方学学科属性研究

地方学到底是一门什么样的学科？目前，绝大多数学者认为地方学是一门多学科之间的交叉学科。北京学研究所所长张宝秀认为，我国颁布的各个层次的学科中都没有"地方学"，地方学属于多个学科之间的交叉学科。[②]三峡文化研究会副会长刘开美认为，地方学是一门以特定地域为特征的、以历史文化研究为主线的、应用性的、诸多学科交叉的文化学科。[③] 元上都历史文化研究会理事长徐进昌认为，地方学是一项研究特定地域总体属性的综合学问，通观这一地方的历史与文化的根脉，也关注当今的经济社会发展的

---

[*] 成志芬，北京联合大学北京学研究所助理研究员，北京师范大学人文地理学专业博士研究生。

[②] 张宝秀：《地方学的设立标准和学科内涵》，《中国社会科学报》2014 年 4 月 "人文岭南"专刊 04 版。

[③] 刘开美：《关于地方学构建中的几个理论问题》，《论地方学建设与发展——中国地方学建设与发展研讨会文集》，内蒙古人民出版社 2014 年版。

独具的特性和总体趋势。① 锡盟元上都历史文化研究会焦福宝认为，地方学是一门以本地区的历史文化、人文活动、生态环境等为研究对象的综合学问。地方学研究不能单纯就文化研究文化，而要从社会历史发展的全方位视角，以多学科交叉的科学视角研究文化与政治、经济的互动，研究文化力在经济社会服务中的作用。② 鄂尔多斯学研究会王雅丽认为，地方学是一个多学科协同研究特定地域的学科群。它兼具社会科学与自然科学两方面的特征。传统学科都是从地方的某一侧面入手，对地方学进行分科研究，以区域总体作为研究对象的。而我们所说的地方学，是以具体区域为对象的一种综合研究，它涉及某个地方的所有研究领域和研究内容。③

然而，学者常玉荣、侯廷生在《谈地方学的元理论建设——兼谈邯郸学》一文中认为，目前地方学还没有具备一门学科所应具备的明确的研究范畴、理论体系、独特的研究方法等要素。还不能将其作为一门学科看待。其原因，一是地方学仍是在现有学科的框架和研究范式下展开的多学科多视角的研究，研究的"综合性"并未明确地建立起来。二是地方学的研究对象被确定为一个区域或一定区域，但这个区域内的具体方面不够具体、确切，在认识上不一致。为此，他们提出，地方学要进行元理论建设，形成自己独特的研究范式。元理论建设就是要在更高的逻辑层次上对地方学既有的理论和方法进行反思，反思百年来地方学形成和发展的规律，并对其未来发展趋势做出分析和判断。具体而言，元理论研究主要包括几个方面的内容，一是对于地方学描述的有效性与合理性进行反思，就既定的一些基本概念、专业术语和提出的研究命题进行再分析和论证；二是对于地方学的研究对象、功能、性质、理论结构、研究范式等进行再批判；三是对于地方学的历史发展历程进行梳理，总结其发展规律；四是对地方学各个分支，如对敦煌学、藏学、北京学、泉州学等进行研究，发现其形成和发展条件、规律，为新兴分支学科发展提供借鉴。④

---

① 徐进昌：《地域文化研究和地方学建设的实践与思考》，《论地方学建设与发展——中国地方学建设与发展研讨会文集》，内蒙古人民出版社2014年版。
② 焦福宝：《浅谈地方学研究与非物质文化遗产保护》，《论地方学建设与发展——中国地方学建设与发展研讨会文集》，内蒙古人民出版社2014年版。
③ 王雅丽：《试论鄂尔多斯学的重点研究方向——建设"人文鄂尔多斯"寻求理论的创新与突破》，《论地方学建设与发展——中国地方学建设与发展研讨会文集》，内蒙古人民出版社2014年版。
④ 常玉荣、侯廷生：《谈地方学的元理论建设——兼谈邯郸学》，《邯郸职业技术学院学报》2014年第3期。

具体到北京学，张宝秀认为，北京学属于城市地方学（根据研究的地域类型不同，地方学又可以分为城市地方学和区域地方学）。北京学是多学科之间的一个交叉学科，是一个跨自然科学和人文科学的综合性学科，涉及的主要学科有历史学、地理学、城市学、社会学、经济学等，具有区域性、综合性、系统性和应用性的特点。北京学是一门研究北京城市及其环境共同组成的城市综合体的形成、演化、发展规律的应用理论学科。北京学既不是史，也不是志，更不是专门的政策研究或部门学科，而是一门交叉性、综合性的应用理论研究学科，是为北京城市发展战略和管理决策提供应用理论基础的学科。[1]

二 地方学研究范围及研究对象探讨

关于地方学研究的地域范围大小问题，扬州文化研究会的学者们认为，地方学涵盖的地域面积过大，会遇到地理区域不明确、文化特点不突出的问题，难以进行本质性的概括。涵盖的地域面积过小，其包含的学术含量过低。如何将全中国划分为若干个大小适中的地理区域，以便于开展分类研究，是建立中国地方学要解决的一个问题。某一个地名在不同的历史时期具有不同的地理内涵，研究地方学时，就必须事先对于这个地名所使用的时间段和空间范围加以界定。判断是从历史文化的角度划分地域，还是从行政区划的角度划分地域。[2]

关于研究对象，刘开美认为，地方学研究要以地域变迁、历史演变、民族分布、语言特征、宗教信仰和民俗风情为基本研究对象；要注意把握历史文献、历史传说和文物考古等方面的研究成果；要重视文化保护（物质文化遗存保护与非物质文化遗产抢救）、文化服务（文化服务经济、旅游、城市建设等）和文化交流（文化样式与文化品牌）等方面的特色内容。[3]

具体到北京学，张宝秀认为，北京学的研究对象是北京城市地域综合

---

[1] 张宝秀：《对北京学理论体系的再思考》，《论地方学建设与发展——中国地方学建设与发展研讨会文集》，内蒙古人民出版社2014年版。

[2] 扬州文化研究：《关于地方学建设的几点思——以扬州为例》，《论地方学建设与发展——中国地方学建设与发展研讨会文集》，内蒙古人民出版社2014年版。

[3] 刘开美：《关于地方学构建中的几个理论问题》，《论地方学建设与发展——中国地方学建设与发展研讨会文集》，内蒙古人民出版社2014年版。

体。北京学不仅仅研究北京的某个方面，也不是将各个方面简单地进行罗列，而是研究北京城市各个要素及其环境共同组成的城市综合体。城市综合体是城市社会、经济、文化、环境等各个要素在城市这个地域单元上的综合，它包括各个要素，但又不同于各个要素的简单组合，具有不同于各个方面的一种整体特性，其效益要远远大于每个要素的力量。北京学研究有三条主轴线：一是时间轴，即研究北京城市在时间上的发生、发展和演变规律，并预测其未来的发展趋势；二是空间轴，即研究北京城市在空间布局上分异及其发生、发展和演变规律，并预测其未来的发展趋势；三是结构轴，即研究北京城市各个要素的内部结构和城区、郊区及外围区域的结构及其发生、发展和演变规律，并预测其未来的发展趋势。①

三 地方学研究内容探讨

关于地方学的研究内容，目前的地方学研究机构主要偏重于地方文化研究。如温州学、晋学、上都学、鄂尔多斯学等。多数学者也认为，地方学研究应该以地方文化研究为基础和核心内容。

鄂尔多斯学研究会专家委员会主任委员，宁夏大学原校长、博导陈育宁认为，传统文化是地方学的基础和主干。地方学的文化元素中，虽然也包括时代的新内容和吸收的外来成分，但它如同中华文化的整体一样，是以传统文化为主，或者说，传统文化是地方学的核心内容，它决定了地方学的基本特征；②扬州文化研究会认为，地方学应该具有一定的学术体系。地方学应该有所为，又有所不为，包括历史、地理、文献、艺术、民风、民俗等在内的地方文化，关系当地居民的素质和教养问题，应该是地方学的主要研究对象和核心内容；刘开美认为，地域文化与地方学是相互联系而又彼此区别的两个概念。地域文化表现为地域性的文化现象，是通过特定地域的人们在继承与发展中创造的。而地方学则表现为地域文化的理论体系，是通过专家学者在研究与构建中创立的。地域文化是地方学的资料基础；地方学是地域文化的理论表现。因此，地方学研究要以地域文化研究为基础，而地域文化研究

---

① 张宝秀：《对北京学理论体系的再思考》，《论地方学建设与发展——中国地方学建设与发展研讨会文集》，内蒙古人民出版社2014年版。

② 陈育宁：《地方学中的传统文化》，《论地方学建设与发展——中国地方学建设与发展研讨会文集》，内蒙古人民出版社2014年版。

则有待于上升为地方学研究,通过地方学研究成果的指导提升地域文化研究。①北京学研究所成志芬、张宝秀在《地方学与地域文化研究的"地方"和"地方性"视角》一文中认为,地方学应该挖掘和总结一个地方的独特之处。②鄂尔多斯学研究会专家委员会常务委员姚鸿起认为,地方学的研究基础是地方文化。③

具体到北京学,张宝秀认为,北京学的内容包括北京区位与环境、人口、政治、文化、经济、城市建设以及城市综合体的特点及发生、发展规律。北京学的具体内容有宏观、中观和微观三个层面,既有宏观的综合研究,又有不同层次、不同范围、不同阶段各有侧重的专题研究。近年来,北京学的主要研究方向调整为三个:(1)北京文化研究与城市精神内涵挖掘;(2)北京文化遗产保护与传承研究;(3)北京城乡发展与建设研究。其中,北京文化研究既包括专题研究,也包括综合研究,更重要的是综合研究,主要任务包括深入研究北京文化的本质和内涵、深入挖掘北京丰富的文化资源、继续开展专题性文化研究、做好人才培养和文化科普教育工作等方面。陈育宁教授也认为,北京的传统文化研究应是北京学的题中应有之义。④

四 地方学研究方法探讨

关于地方学的研究方法,许多学者认为,应该采取综合性的研究方法。具体到北京学,张宝秀教授认为,北京学研究应采用的方法论是辩证唯物主义和历史唯物主义。从具体研究方法来说,北京学研究应该采用跨学科的方法,自然科学方法和人文科学方法并用,定性与定量方法相结合。北京学研究可以采用比较研究法、系统分析法、综合归纳法、时空结合法等研究方法。具体研究手段有:区域考察、社会调查、文献检索、考古分析、统计分析、数学模型等。在北京学研究中,应注意遥感、地理信息系统、计算机网

---

① 刘开美:《关于地方学构建中的几个理论问题》,《论地方学建设与发展——中国地方学建设与发展研讨会文集》,内蒙古人民出版社2014年版。
② 成志芬、张宝秀:《地方学与地域文化研究的"地方"和"地方性"视角》,《论地方学建设与发展——中国地方学建设与发展研讨会文集》,内蒙古人民出版社2014年版。
③ 姚鸿起:《文化融合:地方学创新发展的方向》,《论地方学建设与发展——中国地方学建设与发展研讨会文集》,内蒙古人民出版社2014年版。
④ 张宝秀:《对北京学理论体系的再思考》,《论地方学建设与发展——中国地方学建设与发展研讨会文集》,内蒙古人民出版社2014年版。

络等新技术的利用。① 北京学研究所成志芬、张宝秀认为,地方学与地域文化的研究要从文化地理学的"地方"与"地方性"的视角进行。

五 地方学的作用和价值研究

2014年度,有3到4篇的地方学理论研究的文献涉及地方学的作用和价值的研究。包头市学者李申德认为,地方学的作用一为鉴往知来,资政自明,二是弘理扬学,人文教化。三是跟进时代,引领风尚。四是交流积累,充实智库。② 鄂尔多斯学研究会专家委员会委员乔布英认为,地方学的价值体现在,它是国家大文化不可缺少的重要细胞和组成部分,是地方的魂,是一个地方综合实力的重要组成部分,是不可缺少的软实力,是一个地方的精品名片,是培养和锻炼人才的课堂和学校。③ 山西财经大学刘霄杨认为,地方学对地方传统文化具有挖掘整理、保护弘扬作用。地方学通过举办各种学术活动,创办杂志加强学术交流和研究,从而推动对地区文化的研究。地方学通过研究历史文化进而认识现在,综合当地的各种信息、因素,为地方政府制定社会经济发展政策提供参考和依据,有利于地方经济的长远发展等。④

---

① 张宝秀:《对北京学理论体系的再思考》,《论地方学建设与发展——中国地方学建设与发展研讨会文集》,内蒙古人民出版社2014年版。
② 李申德:《简述地方学的应用、作用及价值体现》,《论地方学建设与发展——中国地方学建设与发展研讨会文集》,内蒙古人民出版社2014年版。
③ 乔布英:《地方学的价值和应用浅见》,《论地方学建设与发展——中国地方学建设与发展研讨会文集》,内蒙古人民出版社2014年版。
④ 刘霄杨:《地方学的作用与价值》,《论地方学建设与发展——中国地方学建设与发展研讨会文集》,内蒙古人民出版社2014年版。

研究项目

◇ 国家自然科学基金项目 ◇

城乡统筹背景下大城市休闲农园的空间组织与优化——以北京为例

项目来源：国家自然科学基金青年项目
项目负责人：杜珊珊[*]

选题理由及研究价值

快速城镇化进程给城市带来了一系列社会和环境问题，乡村面临着日益严重的三农问题，城乡发展差距加大、矛盾日益突出。十八大提出以"新型城镇化"引领未来的城乡发展道路，而由于大城市郊区的都市农业因其独有的城乡经济融合、推动农业增产、农民增收和农村稳定、保护生态环境、保障食品安全和社会公平等功能而被提到前所未有的高度。都市农业是指处在大城市边缘及间隙地带，依托大城市的科技、人才、资金、市场优势进行集约化农业生产，为国内外市场提供名、特、优、新农副产品和为城市居民提供良好的生态环境，并具有休闲娱乐、旅游观光、教育和创新功能的现代农业。都市农业作为农业地域类型的一个重要组成，伴随着城乡一体化进程中其功能和作用的转变，其空间形态也发生了不同程度的改变。

从农业地理学视角来看，特大城市郊区的都市农业，已经不仅仅局限于传统的农业地域形态和空间组织，而逐渐演变为带有"产业园区"特征的都市农园。由于都市农园所具有的"农游"合一的特殊性质，特别是其对于农业发展、农村建设的特殊意义，一直以来其发展问题广受专家学者和政府部

---

[*] 杜姗姗，北京联合大学应用文理学院城市科学系讲师。

门的高度重视，正进入规模化发展的新时期。

农业地理学在研究农业类型与格局过程中逐渐开始关注都市农业产业类型和空间格局的变化，都市农园是城郊农业地域空间的重要组成部分，是对乡村经济和空间影响很大的一种新的经济增长空间。随着都市农园类型多样化、政策环境的驱动、外部市场环境的变化，其区位选择的影响因子变得复杂，区位呈现多样化特征，市域都市农园空间格局发生演变。目前，城郊都市农园现有空间格局不可持续，亟须重塑城郊农业发展空间格局，实现城郊农区协调、可持续发展。作为一种新的经济增长空间，研究都市农园区位特征的变化及其影响因子、市域都市农园空间格局演变，是今后一个时期城郊农业地理研究的核心问题和重要领域，对于补充农业区位论、探索新时期都市农业区位理论具有重要的理论意义。

本选题即是基于这样的学科研究背景和现实发展需要，立足市域尺度和园区尺度，从新的城乡地域空间节点——都市农园的空间组织分析入手，从市域范围的宏观视角以及园区微观视角对都市农园地域空间组织进行系统研究，深入分析大都市区农业功能演变过程中都市农园的空间格局及其动态变化特征、主要影响因素及这些要素如何影响都市农园在市域范围内的空间布局，从而有助于揭示大都市区都市农业地域空间组织演变的规律性特征，从而制定有针对性的空间优化对策，以推动都市农业的产业化、专业化、生态化发展进程。同时，通过对不同类型都市农园功能构成、空间组织规律的研究，并针对其空间组织中存在的问题，提出相应的优化策略，可为类似地区的都市农园发展提供借鉴。本研究一方面丰富了城市空间研究相关理论和内容；另一方面，为推动新型城镇化、国家"十二五"发展战略、促进城乡一体化发展提供相应理论支撑。

课题内容

以北京市为案例，采用空间分析方法，从市域的宏观层次研究大都市区都市农园的空间布局规律、区位特征、选择影响要素及机制，从园区的微观层次研究不同类型农业园区微观空间组织规律，最终从园区发展的视角提出大都市区都市农业空间优化的理论、方法和路径。主要研究内容如下：

1. 都市农业发展背景与系统演变研究：重点研究城市性质改变下城郊农业地域经历的发展阶段及其主要农业功能的演变、都市农业发展的政策演变，以及通过文献综述法、案例分析法、比较分析法，判断大都市区农业未来发展的类型模式和发展趋势。

2. 农业园区宏观空间布局规律、区位选择影响要素及机制：针对不同类型都市农园，结合网络、文献和实地调研，采集不同类型、不同经营主体与不同土地利用都市农园的空间属性数据，采用GIS技术手段，分析都市农园在市域范围内空间布局规律、不同类型农业园区区位特征、区位选择主要影响要素、要素间关系及影响机制。

3. 不同类型都市农园微观空间布局规律探析及优化：分别针对不同类型的都市农园，分析其微观园区空间构成和布局的共性规律和一般机理，构建不同类型农业园区微观空间组织和优化技术方法体系，为都市农园模式优化和规划编制提供支撑，并诊断不同类型园区内部空间存在的问题并提出空间组织优化策略。

预期解决的重点问题

拟解决的关键问题是形成都市农园空间组织分析、制定空间优化策略的技术方法体系，其中核心难点可以分解为两个方面：

1. 影响不同类型都市农园的区位变化的主要影响因子及其作用规律；
2. 不同类型都市农园内部构成及空间组织规律。

◇ 国家社会科学基金项目 ◇

华北地区宗教信仰人群的调查与分析研究

项目来源：国家社会科学基金面上项目
项目负责人：杨靖筠[*]

选题理由及研究价值

华北地区包括北京、天津及河北、山西、内蒙古自治区，北京是首都，天津是直辖市，河北、山西、内蒙古自治区地域辽阔，民族与宗教问题尤为重要。《中国共产党第十八次全国代表大会上的报告》中指出：改进政府提供公共服务方式，加强基层社会管理和服务体系建设，增强城乡社区服务功能，完善和创新流动人口和特殊人群管理服务。改革开放以来我国经济社会快速发展和社会转型的推进，随着世界文化多元化融合趋势的发展，城市居民的宗教信仰活动已逐渐成为一种重要的社会现象，一些民众的宗教信仰成为多元文化的选择之一。北京、天津日益发展为国际化大都市，涌入了大量的外来人口及境外居民，而流动人口对宗教信仰有着自身的诉求。该课题以调查问卷的形式拟对华北地区居民的宗教信仰进行系统、全面、深入的调查、研究，分析其信教原因、发展趋势及对策，以开放和发展的观点，从整体结构的高度看待其宗教信仰，关注宗教信仰状况的未来发展趋势。该课题完成后可以为华北地区进一步完善宗教政策提供理论上和实践上的依据，为民众树立正确的宗教观提供精神食粮，对华北地区的精神文明建设提供佐证，并提出对策与建议。该课题的研究成果将为华北地区省、市政府制定宗教方面的方针、政策提供第一手的资料，为当今的宗教工作提供有益的借

---

[*] 杨靖筠，北京联合大学应用文理学院教授、硕士生导师。

鉴,为维护社会稳定、构建社会主义和谐社会做出贡献。为促进华北地区社会主义文化的大发展、大繁荣提供依据。

课题内容

　　研究内容分为四部分:第一部分,摸清华北地区(以京、津、石家庄、太原、呼和浩特、保定、大同、鄂尔多斯等城市为主)居民宗教信仰的现状;第二部分,分析华北地区居民宗教信仰的原因;第三部分,探讨华北地区居民宗教信仰对于自身、家庭、社区及对本地区政治、社会、经济、文化等方面的影响;第四部分,对于华北地区居民宗教信仰问题提出一些切实可行的建议、措施及对策。

预期解决的重点问题

　　通过研究华北地区居民宗教信仰的现状,进而分析华北地区无神论教育不足的原因,研究改进华北地区无神论教育的对策与措施,探求在新时期加强其民众思想政治工作的新途径、新方法。探索在华北地区开展无神论教育的可行性,积极引导民众正确认识宗教问题,树立科学的世界观、人生观、价值观。对于稳妥地解决地下教会、家庭教会的紧迫性等提出对策与建议。

◇ 北京市社会科学基金项目 ◇

北京城市空间与日常生活

项目来源：北京市社会科学基金重点项目/首都师范
　　　　　大学文化研究院重大项目

项目负责人：孟斌[*]

选题理由及研究价值

　　城市空间是人类日常生活的空间载体，与日常生活存在显著的互动关系。一方面，城市空间对日常生活产生显著的制约，城市空间的演变往往会引起居民日常行为与生活方式的变迁。另一方面，人类在日常生活中实现了社会关系的生产与再生产（Giddens, 1984），日常生活从根本上决定了城市空间的形成与演变，并对城市功能空间布局、社会空间重塑和文化空间建构等具有引导作用。该研究对北京城市空间与居民日常生活相互影响及空间组织优化进行深入的探讨，对于北京城市空间与日常生活互动理论体系的建构，城市空间、城市地理、城市社会学研究具有重要的学术价值和理论意义。

　　同时，该研究通过探讨北京城市空间与日常生活互动关系与机理，有利于引导更为合理的日常生活方式，也有助于从日常生活的现实需求出发透视城市空间布局和社会空间结构的不合理之处，对优化城市空间布局、提高居民生活质量和促进社会公平等均具有重要的现实意义。

---

[*] 孟斌，北京联合大学北京学研究所副所长。

课题内容

该研究从地理学与社会学相结合的视角，基于时间地理学、行为地理学、活动分析法的理论基础，构建城市空间与日常生活的互动理论框架，建立日常生活模式的概念、测度指标及挖掘方法，对北京城市居民日常生活模式进行挖掘，并对其空间格局、地域性差异以及居民日常生活模式与城市实体空间、城市社会文化空间之间的互动关系进行实证研究。具体内容包括：

1. 北京城市居民日常生活模式的空间格局研究

梳理社会学、地理学、规划与建筑学等领域有日常生活的社会理论、城市空间理论等，构建北京城市空间基础数据库与居民日常活动基础数据库；借助数据挖掘（data mining）技术，对日常生活模式的类型进行挖掘；借助地理信息系统（GIS）的可视化与空间分析功能，研究北京城市居民日常生活模式的空间分布格局，识别北京城市居民通勤、购物、休闲及其他出行行为模式的分布格局。

2. 北京城市住区分化的日常生活模式比较

在对北京城市住区类型划分的基础上，开展北京城市不同住区居民的日常生活模式及其比较研究，分别对北京市老城区传统居住区、新建城区单位大院、近郊区住区居民日常生活特征进行研究；研究北京城市居民日常生活模式的地域差异性。

3. 北京城市居民日常生活模式与城市空间互动研究

基于居民日常生活模式的城市社会空间分异研究，进行北京居民日常生活模式的城市社会空间评价研究；进行北京城市居民日常生活模式与城市空间互动模型构建，分别分析北京城市空间对居民日常生活模式的影响及北京城市居民日常生活模式对城市空间的影响，并基于复杂系统模型的构建城市空间与日常生活互动模型。

4. 北京城市空间与居民日常行为空间组织优化研究

通过日常生活行为模式分析，发掘城市实体空间结构和社会空间结构存在的问题，在此基础上提出未来北京城市空间优化对策；根据北京城市空间组织与演进特征，合理引导居民日常生活行为，达到居民日常生活模式与城市空间组织的最佳契合，开展北京城市居民日常行为优化对策研究。

预期解决的重点问题

1. 城市空间与日常生活互动理论建构；
2. 居民日常生活与城市功能空间互动、日常生活模式识别及其空间格局分析；
3. 北京城市空间与居民日常行为优化对策研究。

北京城市形态演变与未来紧凑发展模式研究

项目来源：北京市社会科学基金青年项目
项目负责人：何丹[*]

选题理由及研究价值

在仍处于快速城市化过程中的中国，探讨城市形态问题，特别是以具有突出典型性和代表性的北京为案例城市，有着尤其重要的理论和现实意义。城市形态及变化反映了城市发展的轨迹和质量，开展城市形态演变特征及形成机理研究，对深化城市化过程和机理研究具有十分重要的理论意义。从城市形态演化过程中解构出周期规律后，会对把握城市形态发展及未来规划提供科学的理论支撑。城市空间动态模拟旨在对城市规划和设计提供有益参考，以便更好地把握新时期城市发展脉络，从而为优化城市结构、提高城市化和城乡一体化进程提供借鉴，同时也为城市规划管理和决策提供科学依据，具有重要的理论和现实意义。

课题内容

该研究拟在总结国内外既有研究成果基础上，基于来自北京市国土资源局和城市系已有积累的北京多期土地利用现状图、规划图、地形图、遥感影像、历史地图和城市空间要素信息（交通、各项公共服务设施等）数据等资料，深入探寻北京城市形态演化规律。研究内容包括以下五个方面：国内外城市形态相关研究总结；北京城市形态演变过程与轨迹探析；北京城市形态演变特征分析；北京城市形态演变动力机制解析；北京未来紧凑城市形态发

---

[*] 何丹，北京联合大学应用文理学院城市科学系副教授。

展模拟研究。

预期解决的重点问题

该项目预期解决的重点问题是北京城市内部功能空间紧凑度的衡量指标构建、北京城市形态演变动力机制探寻以及北京紧凑城市形态模拟模型构建与未来紧凑城市发展模式总结。

北京中心城区老年人口宜居环境满意度现状与提升策略研究

项目来源：北京市社会科学基金研究基地项目

项目负责人：李雪妍*

选题理由及研究价值

目前北京市人口老龄化问题非常严峻，已经引起了各级政府的高度重视，需要研究和解决的问题非常多，宜居问题就是其中一个非常重要的问题。未来北京市的老年人口将会越来越多，北京要建设宜居城市，就必须考虑这一群体的诉求。因此，该课题从老年人口宜居环境切入，通过对比分析寻找差距，发现问题，为今后优化改善北京老年人口宜居环境提供切实可行的依据，具有非常重要的现实意义。从理论上来看，该课题的研究可以拓展宜居城市的研究领域，丰富宜居城市的研究内容，并给老年宜居环境研究这一新的领域增加一个实证案例。

课题内容

该课题以北京市中心城区60周岁及以上老年人口为研究对象，学习和借鉴国内外关于老年宜居环境评价研究的理论和方法，在前人成果的基础上，建立一套科学的老年宜居环境客观评价指标体系，并按照这一指标体系对典型社区进行实地调查，结合北京中心城区老年人口宜居环境满意度问卷调查，进行对比分析，寻找北京中心城区老年人口在居住环境方面存在的主

---

* 李雪妍，北京联合大学人居研究中心副主任。

要问题以及导致这些问题的主要因素。针对研究发现的问题，以及产生问题不同层面的原因，有针对性地提出在制度、政策、城市规划、建设与管理等方面优化提升老年人口宜居环境的对策建议。

预期解决的重点问题

该项目预期解决的重点问题是探寻影响老年人口宜居满意度的主要因素，分析北京中心城区老年人口在居住环境方面存在的主要问题以及导致这些问题的主要因素。

空间表达视角下北京历史文化遗迹的保护对策

项目来源：北京市社科基金研究基地青年项目

项目负责人：成志芬*

选题理由及研究价值

众所周知，党和国家都把文化发展放在重要的位置，要求我们既传承优秀的传统文化，又进行文化的创新。北京作为一座具有3000多年建城史、800多年建都史的历史文化名城，历史文化是国家文化软实力的重要组成部分。北京的历史文化遗迹非常丰富，主要集中在旧城。这种现象和世界上的许多城市类似。然而，随着北京城市化的快速推进，许多历史文化遗迹已经被迫消失了。那么，对于北京现存的历史文化遗迹，它们在北京的历史文化空间格局中表达的文化意义是什么？如何对目前的空间要素保护进行评价？未来的空间要素保护中应注意哪些问题？本课题就是在这样的研究背景下，基于法国思想大师亨利·列斐伏尔（Henri Lefebrve）的三元空间理论中的"空间表达"（Representations of space）进行研究。

该研究通过深入挖掘历史文化遗迹的古代文化的空间表达，进一步明确北京城市古代文化的分布情况、原因、特征、演变、传承等，将为人们正确地解读北京历史文化遗迹提供依据，能为人们认识北京城市历史文化遗迹的空间格局提供借鉴。该研究通过北京历史文化遗迹保护的空间评价，将为文化资源保护相关部门、城市规划设计相关部门、旅游规划设计相关部门关于历史文化遗迹的规划与设计等提供指导，将为未来历史文化遗迹空间要素的

---

* 成志芬，北京联合大学北京学研究所助理研究员，北京师范大学人文地理学专业博士研究生。

保护、文化意义的保护提供参考。该研究对于空间三元理论也具有一定的拓展意义。

课题内容

该研究选择什刹海地区、燕京八景等典型的分析对象,首先深入挖掘它们的空间表达;其次,对典型案例进行实地调查和分析;第三,利用 GIS 技术进行空间分析(包括可视化分析和叠加分析)并进行空间评价;第四,对这些遗迹空间要素未来的保护提供对策。该研究采取时间和空间分析相结合的方法,遵循文本分析—实地调查—问题分析、评价—未来途径的思路,对北京历史文化遗迹的空间要素保护进行研究,从而为北京历史文化遗迹的保护策略和方案提供立脚点。

预期解决的重点问题

该课题预期解决的重点问题是对北京历史文化遗迹(以典型对象为案例)进行空间表达挖掘,基于此,对北京历史文化遗迹(以典型对象为案例)的保护进行空间评价,并立足空间表达的视角提出保护的对策。

北京传统村落文化保护发展面临主要问题及对策研究

项目来源：北京市社科基金研究基地项目（自筹）
项目负责人：苑焕乔[*]

选题理由及研究价值

传统村落是珍贵的文化遗产，不仅涵盖优秀传统建筑，而且还蕴含着中华民族文化所特有的精神价值和丰富的民俗文化，体现中华民族优秀文化的生命力和创造力。北京传统村落，是北京地域文化和建筑艺术的物化档案，记录了北京社会发展和历史文化的脉络，是珍贵的历史文化遗产。

近年，随着京郊城镇化和新农村建设的快速发展，不少传统村落在进行大规模建设和经济发展过程中，忽略了对传统村落历史建筑、空间结构布局和文化脉络的科学保护，不同程度地对传统村落的传统风貌造成破坏，有的甚至造成无法挽回的损失。为避免这种不良现象的继续蔓延，借鉴国内外古村落保护发展经验，促进北京传统村落文化传承发展，对于更好地继承传统文化、保持人与自然的和谐，以及村民收入和生活水平的不断提高，都具有积极作用和重要价值。

课题内容

该课题研究主要探讨、分析北京传统村落文化现状，调研北京13个传统村落文化保护发展面临主要问题，针对现存问题，提出可行性对策建议。

---

[*] 苑焕乔，北京联合大学北京学研究所助理研究员。

1. 北京传统村落文化保护发展情况：了解北京传统村落的分布情况、类型和文化保护情况，实地调研每村保护与发展现状，如地理位置、建筑年代、核实产权单位或主管单位，有无保护措施，保护资金来源、是否对外开放，年均接待人数，参观人员情况，等等。

2. 北京传统村落文化保护发展面临主要问题：随着京郊现代化、城镇化步伐的加快，传统村落文化保护发展面临着许多问题，通过社会调查和个人访谈相结合方法，调研传统村落建筑和整体风貌保护情况、村落开发是否迁走原住民、传统村落文化管理及资金来源等。收集国内外传统村落保护条例、文件和成功案例，归纳国内外古村落文化保护成功经验。从政策、法规、制度、措施、规划、理念、公众意识等多个方面分析传统村落保护和利用中存在的问题，从资金到位、管理体制、自然因素、人为因素等方面分析存在的问题。

3. 北京传统村落文化保护发展对策建议：借鉴国内外在保护传统村落文化方面的法律、法规、制度、方法，学习其成功经验，吸取其教训，研究保护北京传统村落文化的制度和措施。研究如何将保护与城乡建设、政府职能、资金保障、社会监督、公众参与联系起来，并以法律、法规的形式明确下来，研究如何科学合理地编制保护规划，增强可操作性。

预期解决的重点问题

通过对北京传统村落文化的调研，了解最新发展情况和现存问题，分析、提出可行性对策与建议，是该课题预期解决的重点问题。

◇ 北京市科委项目 ◇

佛教文化在首都文化建设中的地位和影响

项目来源：北京市科委项目
项目负责人：杨靖筠

选题理由及研究价值

文化是民族的血脉，是人民的精神家园。在我国五千多年文明发展历程中，各族人民紧密团结、自强不息，共同创造了源远流长、博大精深的中华传统文化。它凝聚着中华民族自强不息的精神追求和历久弥新的精神财富，是发展社会主义先进文化的深厚基础，是建设中华民族共有精神家园的重要支撑，也是首都建设全国文化中心的源头活水。北京作为新中国的首都，是一座拥有三千多年建城史的历史文化名城，又是辽、金、元、明、清五朝古都，是中国历史上重要的政治中心与文化中心，具有十分丰厚的传统文化资源。深入挖掘和整理北京现存的以儒、佛、道为中心的传统文化资源，不仅有助于为北京建设全国文化中心提供最为深厚的文化基础、历史经验和价值资源，也有助于弘扬北京精神，为首都改革开放和现代化建设提供强大精神力量。

北京优秀的传统文化既是北京地方文化的核心与灵魂，也是中华传统文化的重要代表。深入研究和弘扬北京传统文化，不仅有助于首都全国文化中心的建设，从更为宽广的文化战略上讲，还有助于强化中华文化的主体地位，有效维护国家文化安全。

课题内容

北京优秀的传统文化既是北京地方文化的核心与灵魂，也是中华传统文化的重要代表。深入研究和弘扬北京传统文化，不仅有助于首都全国文化中心的建设，还有助于我国优秀传统文化的传承与繁荣。该课题力图全面、系统、透彻地了解中国传统文化，并使其宗教文化的内容得到积极的弘扬。

在源远流长、博大精深的中华传统文化中，宗教文化占有重要地位。一方面，中华传统文化的三大主干——儒、释、道中，佛教、道教三者有其二，可谓是传统文化的重要载体。另一方面，宋元以降，儒、释、道在长期会通中，出现了三教合一的趋势，你中有我，我中有你，互融互补而又和谐共存。因此，研究传统文化在首都全国文化中心建设中的地位和影响，就要高度重视对宗教文化，特别是传统佛、道文化的整理和研究。一是要系统梳理北京传统文化，特别是北京现存的佛、道文化资源，分门别类，摸清底数，科学保护，合理利用。这些文化资源不仅凝聚着历代劳动人民的汗水，也镌刻着中华文化传承的历史信息，是人文北京的物化体现与重要元素，可以为北京建设全国文化中心提供有益基础。二是要深入研究北京传统文化，特别是北京宗教文化的特点与规律，从中吸取有益的历史经验。在长期的历史发展中，北京宗教文化形成了连续传承、多元通和、政主教从、崇德入世、中心引领等显著特征，这为北京建设全国文化中心提供了重要历史启示。三是要激活创新北京传统文化，特别是北京宗教文化所蕴含的爱国利民、厚德载物、兼收并蓄、与时俱进的伟大精神，为北京建设全国文化中心提供有益的价值源泉。

◇ 北京学研究基地项目 ◇

北京历史文化遗产资源体系及价值研究

项目来源：北京学研究基地特设项目
项目负责人：张 蒙[*]

选题理由及研究价值

自 2001 年以来，文化遗产保护工作已经逐渐上升为国家文化发展战略，我国文化遗产保护已进入全面的、整体性的发展阶段。文化遗产研究近年来已取得重要成果，发表的论文对文化遗产的概念界定及特征、保护现状、文化遗产保护的基本理论建设、文化遗产的教育教学研究、文化遗产保护中的法制建设等理论与实践问题等方面进行了许多有价值的探讨。但这些研究成果大都是基于国家层面展开的，内容多是涉及全国范围的活动情况，鲜有全面、系统反映北京地区文化遗产资源的研究专著。所以，从历史发展脉络研究新中国首都北京的文化遗产资源体系及其价值尚属空白，研究并完成这一选题有助于填补北京文化遗产资源研究的空白。系统梳理和深入探讨北京文化遗产资源及其价值，以史鉴今，总结经验教训，将有助于我们紧密围绕建设首都、创建世界城市的总体要求和社会经济发展重点目标、重点任务，有效地推动、促进和服务于加快完善发展首都科技创新体系，支撑"人文北京、科技北京、绿色北京"建设，为建设更加繁荣、文明、和谐、宜居的首善之区做出更大贡献。

---

[*] 张蒙，当代中国研究所副编审。

课题内容

该项目拟对北京有史以来产生并发展的、特别是现存的文化遗产进行系统梳理，选取以人、事、物为载体所呈现的文化样态，研究北京各种文化遗产的历史演变及其深厚内涵。以此方法进行纵横分类，依次构建起系统的北京文化遗产资源框架体系。研究内容包括北京文化遗产资源形成发展的特定背景，北京文化遗产的渊源、内涵特征，北京文化遗产在中华文化遗产、世界文化遗产中的地位及关系，北京文化遗产的发展传承脉络，北京文化遗产的价值和影响力、辐射力等内容，意在全面展示北京文化遗产的基本轮廓、发展脉络及其价值。

主要内容如下：

1. 文化遗产背景：自然环境与人口变迁，包括地理区位、地形地貌、水系、气候植被、地质结构、人口聚散迁徙变化，揭示北京这座伟大城市诞生的背景、条件。

2. 文化遗产渊源：北京文化遗产的历史渊源、北京文化遗产在中华文化遗产、世界文化遗产中的地位及关系等。

3. 文化遗产内涵与特征：北京文化遗产的内涵元素、特征、传承与创新等。

4. 文化遗产价值与辐射：北京文化遗产的价值及其在中华文化遗产中的地位与影响。

5. 文化遗产战略：当代北京文化遗产开发利用的战略定位及其内涵，面临的重大问题。

基本思路和研究方法如下：

1. 物质文化遗产：

皇宫都城类：紫禁城皇城、内城外城、城垣城门、道路排水、中轴线、坛庙、皇家园林、王府、会馆等。

遗址遗物类：古人类遗址；行宫、陵墓、长城、运河、古道、古村落等；其他遗址等。

2. 非物质文化遗产：雕錾塑作；扎绘织绣；琴棋书画；传统医药；表演技艺等。

3. 附录：物质文化遗产名录；非物质文化遗产名录；北京典籍名录等。

预期解决的重点问题

该项目由中央研究单位研究人员和北京市实际工作部门的专家合作，充分利用档案材料和地方志资源，不局限于历史叙述和论证，而是运用历史与现实相结合的方法总结出若干历史经验，试图在经验分析的基础上探讨出北京文化遗产资源的价值；不就文化遗产谈文化遗产，而是把北京文化遗产同国家文化事业的发展联系在一起，赋予文化遗产资源研究以资政作用，特别是从历史深处钩沉出来的经验更具有现实指导意义。

北京宗教史话

项目来源：北京学研究基地特设项目
项目负责人：佟　洵[*]

选题理由及研究价值

　　北京历史悠久，文化源远流长，在中华民族的历史进程中举足轻重。作为首善之区的北京，不仅是享誉世界的政治、经济和文化中心，而且是人类的发源地。北京的宗教文化不仅是北京文化的重要组成部分，其演进历程折射出北京历史发展的脉络，对北京的政治、经济、建筑、文学、艺术等的发展也产生了广泛而深远的影响，并且在促进经济发展、文化繁荣、社会和谐中产生重要作用。我国是统一的多民族多宗教的国家，作为首都的北京自古以来就是多民族多宗教共同发展的舞台。从宗教方面来看：北京是宗教的萌发地，原始宗教，以及土生土长的道教都在北京繁衍和发展。之后，一些外来宗教如佛教、基督教、伊斯兰教等亦相继传布，并逐渐融入中华民族传统文化和北京历史文化中，实现了外来宗教的本土化，逐渐形成多元体系的北京宗教，形成了自己的宗教特色。宗教对北京历史文化的影响相当深远，并影响着朝廷的安危，成为历代王朝必须面对的重大政治问题。历代王朝在宗教问题上采取的政策策略和治理措施，无论是成功的经验，还是失败的教训，都是宝贵的历史遗产，值得我们借鉴。考察北京宗教史的目的，是为了鉴古知今，从宗教层面去透视中华五千年的历史和文化，对北京宗教演进历程进行系统、全面、深入的研究，具有重要而特殊的历史意义、现实和理论意义。

---

　　[*] 佟洵，北京联合大学民族与宗教研究所原所长、教授。

课题内容

该课题组将在对北京宗教史宏观研究的基础上，着重对北京宗教与文化的演进历程进行考察与研究，即以北京宗教与文化的形成、发展的时间顺序为主线、精选北京宗教重大历史事件案例、主要人物、北京历代帝王对宗教的管理等为切入点，来展现北京宗教发展的历史过程以及北京宗教真实的历史画面，让世界进一步认识北京宗教与文化。这也是该课题研究的创新之处。

预期解决的重点问题

北京宗教与文化的历史跨度大，从原始宗教至民国时期的宗教历经上万年，从中精选出主要脉络与事件，勾勒出其发展的轨迹与脉络是本课题的难点与重点。好在佟洵教授带领的团队对北京宗教研究十几年，并积累了一定的资料，故能突破这一难点。

都市农园在北京乡村空间重构中的作用与典型模式研究

项目来源：北京学研究基地一般项目

项目负责人：杜姗姗

选题理由及研究价值

十八大提出"推动城乡发展一体化，形成新型工农城乡关系"，北京"十二五"规划中也明确提出要率先形成城乡经济社会一体化发展的新格局。城乡发展一体化和新型工农城乡关系的焦点和难点在于如何实现城乡空间的相互融合，都市农园作为推动大城市郊区城乡一体化的重要空间发展载体和抓手，促进乡村空间的重构与优化，对于构建新型城乡关系至为关键。

近年来，都市农业因其特有的改变城市工业—乡村农业的传统的产业分工体系、独有的融合城乡经济、提高农业增产、促进农民增收、推动农村稳定、保护生态环境、保障食品安全和增进社会公平等多功能性，已成为全球各大城市和北京促进其城乡一体化的重要战略支点。伴随着农业功能和作用的转变，特大城市郊区的都市农业，已经不再局限于传统的农业地域形态和空间组织，逐渐演变为带有"产业园区"特征的都市农园。都市农园是位于城市或城市郊区，在一个特定的区域内建立起来的有明确空间边界，以农业生产经营活动为主，集观光采摘、科技示范、休闲度假、农业教育于一体的都市农业空间形态。由于都市农园对农业发展、乡村空间重构、城乡一体化发展的特殊意义，受到专家学者和政府部门广泛而高度的重视。未来随着都市农业园区化和农场化的进一步加快，这一议题会变得更加重要。

随着新型城镇化进程加快，北京都市农园在"世界城市""宜居城市"建设过程中发挥着越来越重要的作用，都市农园是引起乡村空间裂变、重构的重要影响因子,且处于不同地域空间、不同主导类型的都市农园对乡村空间重构产生不同的模式。因此,都市农园在北京乡村空间重构中的作用与典型模式研究,不仅对于补充都市农业发展理论、探索新型城乡关系发展模式具有重要的理论意义,也对北京新时期城郊地域空间结构的优化和空间资源配置,以及规范空间开发秩序具有重要的实践意义。

该选题正是基于这样的学科研究背景和现实发展需要,试图从新的城乡地域空间节点——都市农园的空间组织分析入手,在分析北京不同区域都市农园与乡村空间重构关系的基础上,揭示北京郊区地域空间组织演变的规律性特征,从而为北京城乡一体化空间新格局制定有针对性的政策建议。

课题内容

研究内容包括以下几个方面:
1. 北京都市农园发展类型与空间格局演化;
2. 都市农园在北京乡村空间重构中的作用;
3. 都市农园视角下的北京乡村空间重构中的典型模式;
4. 针对都市农园在北京乡村空间重构中的作用与模式研究,提出促进都市农园发展和乡村空间重构的政策建议。

预期解决的重点问题

该项目预期解决的重点问题是提出都市农园在北京乡村空间重构中的典型模式,促进都市农园发展和乡村空间重构的政策响应。

基于创新网络的北京文化产业集群成长机制研究

项目来源：北京学研究基地一般项目
项目负责人：杜　辉[*]

选题理由及研究价值

产业集群作为一种社会化大生产的组织模式，常常能带动或引导一个地区甚至一个国家经济的发展，成为区域经济增长、科技创新的引擎。经过多年的系统规划，在政府支持、产业升级、创新导向的原则下，北京文化产业发展十分迅速。而创新网络有利于企业间的创新合作，当前在移动互联背景下围绕文化产业的集群成长，运用网络创新和协作机制，发挥北京文化产业的特殊优势，有助于形成新的集群效应，有效促使北京文化产业的创新和发展。

该项目的研究价值体现在如下两个方面：

1. 至今为止，产业集群主要集中在西方发达国家的成功经验之上，对发展中国产业集群的形成、发展机制、现实水平及升级路径等研究较少。通过理论和实证研究北京文化产业集群发展、成长机制可以丰富产业集群升级理论。

2. 从创新网络的角度，运用网络分析方法，将网络扩散、协作机制引入对产业集群的分析，有助于分析北京文化产业集群发展的影响因素，更好地研究北京文化产业集群发展的动力机制和协作机制，从而有效促进北京文化产业集群企业的创新和发展，对于北京的文化产业集群发展意义重大。

---

[*] 杜辉，北京联合大学管理学院工商管理系讲师。

课题内容

1. 创新网络对于文化产业集群发展的影响

对文化产业集群发展中创新网络的作用进行深入细致的研究，建立文化产业集群创新网络模型，并对北京文化产业集群创新网络的现状进行评价。

2. 基于创新网络的文化产业集群发展的动力机制

研究文化产业集群内部的相互联系对集群发展升级的影响，从探讨文化产业集群创新网络的内涵和结构入手，分析组成文化产业集群创新的主要结点，研究促进文化产业集群发展的动力机制。

3. 基于创新网络的文化产业集群发展的协作机制

从产业集群整体角度分析集群生命周期，运用产业集群的生命周期特性和生命周期各个阶段的特征，分析文化产业集群创新网络的演化及对产业集群升级的影响，研究文化产业集群发展的协作机制。

4. 文化产业集群发展的相关政策建议

结合创新网络对文化产业集群发展的影响，文化产业集群发展的动力机制和协作机制，提出北京文化产业集群发展的相关政策建议。

预期解决的重点问题

该项目预期解决的重点问题有以下两个：

1. 构建创新网络与文化产业集群发展的分析框架

该课题将运用系统分析方法，借助社会学的网络分析视角，将以北京文化产业集群发展为核心，利用网络创新和成长，构建创新网络与文化产业集群发展的分析框架，分析文化产业集群发展中网络的作用和影响。

2. 描述文化产业集群发展的动力机制

文化产业集群本身把文化产业集群中的企业和相关机构分解成各个结点，分析各结点之间的联系形式和强度，研究文化产业集群发展的动力机制。

北京白米斜街历史街区空间整合研究

项目来源：北京学研究基地一般项目

项目负责人：刘剑刚[*]

选题理由及研究价值

当前北京历史街区保护与发展的突出特征，一是多元化，二是变化迅速。多元化使得历史街区空间中的异质元素增多；变化迅速则使历史街区的发展不再是一个渐近的过程，而是包含了空间的断裂和突变，造成历史街区保护和发展中的矛盾与不平衡。以往的历史街区保护与更新研究对此没有给予足够的重视，对于北京历史街区发展进程中空间肌理的破坏、空间形态的突变、空间连续性的断裂缺乏有效的理论关注和实践指导。针对这些问题，该项目认为空间整合的观点适合当前北京历史街区保护与发展的现实状况，整合是为了形成在历史街区保护与发展中的动态、多元的平衡，把迅速变化的多元要素有效进行组织的城市设计理论。在历史街区发展中"空间整合"可以对不断变化的各要素进行有效组织，实现多元、动态平衡，维护历史街区空间形态连续性。

该研究以白米斜街地区为研究对象，对历史街区空间整合进行系统研究。白米斜街濒临什刹海，是什刹海历史文化街区的一部分，之所以被选取作为研究对象，其一是由于地理位置重要，位于北京中轴线、皇城与什刹海的结合部；其二是由于规模适中，研究范围东至地安门外大街，西至前海南沿，北至万宁桥，南至地安门西大街，街区面积7.2公顷；其三是由于用地内既保存有较多形制完好的传统四合院，又较多受到了快速变化的城市发展的影响，传统的空间形态受到一定破坏，甚至部分发生突变和断裂，具备较

---

[*] 刘剑刚，北京联合大学应用文理学院城市科学系讲师。

高的研究价值。

该项目的研究价值如下：（1）空间整合为研究历史街区保护与发展带来了新的研究视野和研究空间，对于丰富历史街区保护与更新理论，完善历史城市保护的研究体系与方法具有重要学术意义；（2）空间整合能有效推进历史文化街区保护与发展目标的实现，是政府实施历史街区公共管理有所作为的核心领域，具有较强的实践指导意义。

课题内容

历史街区是一个复杂的系统，空间形态要素既是系统的重要组成部分，也是其他构成要素物质载体。空间整合是当前历史街区保护与发展的现实需要，也是处在快速变化中的历史街区走向动态、平衡新秩序的重要途径。鉴于此我们必须对历史街区中的空间整合进行概念界定和理论探讨。通过对白米斜街历史街区空间整合范畴的分析，归纳总结出历史街区空间整合内容的总体规律，并提出指导原则和相关建议。历史文化街区空间环境是一个连续的系统，这个系统由各种空间要素相互作用而构成，同时也影响和联结着街区的历史、现在和未来。以白米斜街为例，以案例推演的方式，演示历史街区空间突变—空间整合—提升空间品质—激发街区活力的全过程，展现空间整合的效果和途径。历史街区是特殊的城市地段，历史街区的空间整合要契合历史街区保护的要求，应构建历史街区空间整合有效性和适宜性的评价标准，以实现历史街区空间整合的可控性。

预期解决的重点问题

1. 对历史街区空间要素和空间形态演变历程进行梳理、归纳，并总结影响因素；

2. 构建历史街区空间整合的体系框架，探寻历史文化街区空间整合的内容、方法和评价准则；

3. 空间整合作用下历史街区保护趋势，探索历史街区空间整合的运行机制与管理创新。

亲历北京:1840—1911年西方人士有关北京著作研究

项目来源：北京学研究基地一般项目
项目负责人：孙　琼[*]

选题理由及研究价值

　　1840—1911年间，随着西方势力的不断入侵，北京在经历巨大崩溃和衰落的同时，也经历了从腐朽落寞的晚清帝都向现代都市转变的过程。这一时期的北京所经历的变革一直是"主、暗"两条线发展的，一条是紧密围绕着腐败无能的晚清政府和西方列强之间进行的一系列贸易冲突和战争，而另一条更为重要且不易察觉的线索是经过科技革命，遵循着维多利亚时期西方典型的扩张和侵略的西方文化与坚持农业经济与官僚政治、深受儒家文化影响的中国文化之间的对抗。研究这一时期西方亲历北京人士著作，通过他者的书写，有助于我们从西方文化视角重新认识北京这段历史。

　　该课题重点研究区域为北京，其文化的多样性与复杂性独具特色。北京这座拥有三千余年建城历史、八百六十余年建都史的历史文化名城，荟萃了自元明清以来的中国传统文化，代表了中国式城市的典型，1840年鸦片战争至1911年五四运动期间，它是中西方势力角逐最频繁、最激烈的地区，东西文化在此激烈碰撞。对西方亲历者有关北京的纪实性首版著作进行研究，为近代文化史特别是北京与西方文明研究提供了有益探索，具有典型意义。

---

　　[*] 孙琼，北京联合大学旅游学院科研处讲师。

对于西方亲历者的著作研究更强调西方文化认识下对北京写作的解读。西方亲历者有关北京著作这一课题，相对于广义上的文献、文献学研究更加深入，对聚焦某一城市、某一段历史的专科文献以及文献科学的研究进行了有益尝试。

习近平同志在建党 92 周年讲话时强调，学习历史尤其要注重学习鸦片战争以来的中国近现代历史，要深入了解我们伟大祖国经历的刻骨铭心磨难。1840—1911 年这七十年是北京历史上"承前启后"的重要历史时期。外国对中国的瓜分和侵略是这一时期北京历史最显著的"标签"。在这短短几十年的时间内，鸦片战争爆发，中国的大门在炮火中洞开，北京这个五朝古都、东方古城备受西方势力的侵蚀。系统地研究这一阶段西方亲历者的著作，有助于我们还原历史细节、追寻历史真相、牢记历史教训、实践法国前总统德斯坦提出的"记忆责任"，有助于我们总结历史经验，牢记磨难，进一步反思历史、倡导和平、营造一个"勿忘历史、倡导和平、憧憬未来"的文化环境。

北京是中国近代史嬗变的历史舞台，浮现在这一时期西方著作上的是一系列重大的历史事件：鸦片战争、庚子事变、八国联军的入侵等。作为这些历史事件的参与方，西方亲历者的纪实性著作对于我们重新研究审视这些重大历史事件的细节提供了充足的材料，为今后中国近代文化史的研究提供了珍贵的第一手资料。

课题内容

1. 系统归纳、总结国内外现有研究情况

该项目首先要对国内外学者关于西方来华外国人出版的有关北京的著作研究成果、现状进行系统的归纳和总结。比如：目前现有的研究成果与研究方法；国内学者关注的学术热点问题；国内外专家研究的趋势和有益探索；现有研究的不足等。对上述问题的研究将对该课题起到了重要支撑作用，主要通过专家咨询、深度文献调研等方法完成。

2. 西方来华外国人撰写的有关北京的纪实性著作研究

首先，系统地整理和挖掘 1940—1911 年期间西方亲历者有关北京的纪实性著作，并最终确定书籍目录。19、20 世纪来到北京的西方人，形形色色，有抱着"拯救中国人灵魂"而深入到北京普通民众生活中的外国传教士、有为了追逐利益而来的商人、有随部队而来侵略的外籍军官、有不远万里来到北京学习中文的留学生、有在中国海关、税卡、邮务任职的外国官员、也有带着猎奇心理企图解开东方之谜的探险家等。这些外国人留下了大量的记录自己在中国经历的著作。在研究对象选取时，聚焦北京一地，选取纪实性著作的首版作为主要研究对象。

在研究书籍的收集上，考虑到研究成本问题，重点搜集每部著作的首版扫描电子版或复印版。充分利用该课题申报单位现有的网络、数据库等资源优势，借助美国康奈尔大学图书馆、哈佛数字图书馆等数据合作平台搜集研究资料。

对每一部书籍的首版及再版情况、作者生平、主要内容、书籍价值及地位等问题做深入的研究和探析，开展文献学方面的相关研究。

3. 西方亲历者笔下的北京书写研究

对于西方亲历北京人士著作中有关北京书写，主要包括两部分：

一是西方人在北京的实际生活、工作经历。包括与朝廷的关系、与普通市民交往以及传教或工作、学习、生活、游览的经历。它是北京与西方文明交流的重要研究对象。由于写作习惯的不同，西方著作普遍记录翔实、关注北京社会的各个层面，通过北京书写的研究，从西方视角解读北京社会文化发展。

二是西方人在北京的所见所闻实录研究。包括对北京城的基本描绘、北京主要景点的介绍等，是西方北京知识的重要来源、西方汉学的重要组成部分。

在研究过程中，通过动态研究和静态研究相结合的方法，对1840—1911年期间西方著作中北京书写对北京社会进行全景式的研究。在对西方亲历者有关北京著作的研究上，既有针对单一历史事件或某部著作的静态研究，又有针对这一时期北京由传统的封建帝都向现代都市发展过程的动态分析。

4. 西方著作中有关发生在北京的重大历史事件史料研究

西方来华外国人撰写的有关北京的纪实性著作中录有大量的发生在北京的重大历史事件记录（如：英法联军入侵圆明园、庚子事变）。这一时期，有众多亲历战争的军官回忆录或日记出版，具有较高的史料价值。1840—1911年期间浮现在北京历史表面上的一条重要线索是北京与外部世界，特别是西方帝国主义之间的一系列战争与贸易冲突。另一方面，也是更为重要的深层线索就是东、西方文明的交锋。结合前期有关著作的文献学研究成果，充分考虑作为他者的书写,所表现的来自异质文化而特有的敏感与独特视角,结合作者的立场、观点、愿望的痕迹与色彩。就西方著作中所载的发生在北京的重要历史事件史料进行系统的归纳和研究。结合以往中文典籍中的史料进行相应的考证、分类、聚群、检验,以补中文典籍之缺。

预期解决的重点问题

研究重点是:"西方亲历者笔下的北京书写"和"西方著作中有关发生在北京的重大历史事件史料研究"。研究难点是:由于著作收到作者教育、生活背景、文化、种族等多种复杂因素影响,西方亲历北京人士著作中北京书写难免有不实和夸张之处,难点在于对于西方著作的史料研究上结合中文现有典籍进行研究,理清历史脉络、以补中文典籍不足。

北京文化旅游资源的资产证券化研究

项目来源：北京学研究基地一般项目
项目负责人：张奇[*]

选题理由及研究价值

北京具有丰富的文旅资源，占据很好的发展位势，文化旅游产业最近几年呈现出不断扩大的市场前景以及丰富的发展方式，既有传统的观光类项目，也有新业态的产品和服务，文化和旅游的融合发展趋势日益深化。在这一发展过程中，投融资是推进文化旅游产业腾飞的基础，但其作用有赖于投融资体制创新和机制完善，特别是解决好文化旅游产业发展中出现的融资难问题。因此，为满足大众化旅游时代的需求，基于资产证券化的视角来研究融资模式创新对北京文化旅游业具有重要的实践价值，对如何加快北京文化旅游业发展转型，以及如何拓展和创新融资渠道有重要的理论意义。

课题内容

主要内容包括六部分：
1. 导论：首先简述文化旅游融资创新和资产证券化的研究目的和研究背景，点明该研究的重要意义；其次对现有的国内外的研究进展进行回顾，提出该研究的主要内容和思路。
2. 北京文化旅游资源发展概况：将在明确研究边界之后，系统分析北京的文化旅游消费进入大众化快速发展阶段的情况。着重说明在传统的信贷融资方式较难发挥应有的融资功能，极大地影响了产业健康持久发展。

---

[*] 张奇，北京联合大学旅游学院旅游经济系副教授。

3. 文化旅游产业开展融资创新的必要性和可行性：在归纳和分析北京文化旅游业通过资产证券化的方式扩大旅游业融资来源和规模，在理论和现实两个层面都有必要性和可行性。

4. 北京文化旅游资产证券化的模式：运用资产证券化的基本原理和不同行业操作模式的借鉴与比较分析，根据对文化旅游基础资产的选择、特殊目的载体的设计和选择、交易结构构造、信用增级方式等不同方面的探讨，提出不同的旅游资产证券化的若干模式。结合北京文旅资源的历史厚重特征和首都的特殊地位优势，重点说明以故宫、长城等文化遗产类、中小文化旅游企业的企业类以及休闲人造景观的融资模式，特别是不同的特殊目的公司（SPV/SPT）的结构设计。

5. 文化旅游资产证券化过程的定价以及风险管理：从法律制度、政策体系、市场环境、信用制度和中介机构等角度分析了开展北京文化旅游资产证券化中存在的特殊风险，结合业务模式创新和监管体制变革，根据全面风险管理论提出了相应对策。

6. 研究结论和建议：主要从推进北京文化旅游资产融资创新的角度，在公共管理、体系建设、资产结构和基础、市场条件、中介服务等提出相关政策性的思考建议。

预期解决的重点问题

该研究的重点就在于如何通过资产证券化的融资创新活动，加快推进北京的文化旅游产业快速发展，从产融结合高度对北京文化旅游产业的关联、组织、布局等问题进行系统研究。由于文化旅游产业是文化产业与旅游产业的渗透交叉产业，涉及的产品类型必然较多，并且供给主体往往还没有实现企业化、市场化，统计及产业细分上的问题使得该研究在运用相关经济学理论进行定量分析上仍有不少困难。

北京冰雪体育文化产业发展战略研究

项目来源：北京学研究基地项目
项目负责人：覃永贞[*]

选题理由及研究价值

冰雪体育文化产业作为当今国民经济重要支柱产业之一在全世界迅猛崛起，使体育从过去由少数人的享受转向今天的大众化消费，从过去是国家的社会福利事业转变为今天的国民经济新的增长点。在社会主义文化大发展大繁荣的背景下，进行冰雪体育文化产业的研究，使冰雪体育文化能更好地满足我国产业结构调整对文化发展的需求，促进具有区域特色的冰雪体育文化产业的全面发展，使我国特有的民族优秀冰雪体育文化得到传承、发展和传播，能更好地满足人民群众对丰富精神生活的热切愿望，使人民基本的文化权益得到更好的保障。同时，中国奥委会于 2013 年 11 月 5 日宣布以北京市名义向国际奥委会提出申办 2022 年冬季奥运会，这给北京冰雪体育文化产业的发展带来了千载难逢的好机会，发展北京冰雪体育文化产业可带动相关产业的快速发展，可促进区域文化的繁荣与发展，可推动区域经济的快速发展。但目前我国冰雪体育文化产业与发达国家相比还有较大差距，如缺少高水平的品牌赛事，挖掘冰雪旅游文化内涵不够深入，等等。北京冰雪体育产业主管部门面临着重大的挑战，需要制定出支持其持续健康发展的发展战略，这就需要理顺冰雪体育文化产业链的各环节，研究北京冰雪体育文化产业链的特征，研究产业外部环境，明确北京冰雪体育文化产业的战略定位。我国冰雪体育文化产业的开发还处于刚刚起步的发展阶段，之前研究多是对东北地区的冰雪体育文化产业的相关研究，缺乏对北京地区的相关研究。因

---

[*] 覃永贞，北京联合大学应用科技学院经管系讲师。

此，该课题具有重要理论意义和现实价值。

课题内容

  该项目对北京冰雪体育文化产业的总体发展历史进程进行总体概括，对北京冰雪体育文化产业的现状进行了总结，对目前所存的问题进行了阐述。并希望站在产业链角度，把握冰雪体育文化产业链的脉搏，理顺北京冰雪体育文化产业链上各环节的关系，分析冰雪体育文化产业链的构成，理顺冰雪体育文化产业链上各环节的关系；分析北京冰雪体育文化产业的特色；尤其是对影响冰雪体育文化产业的宏观因素分析及评估，获取较全面的宏观环境资料、报告，在此基础上提出促进北京冰雪体育文化产业的创新发展战略，合理进行产业布局，并以此提出北京冰雪体育文化产业实现创新发展的有效措施。

预期解决的重点问题

  该项目预期解决的重点问题是北京冰雪体育文化产业链的主产业链和附属产业链的构成，理顺冰雪体育文化产业链上各环节之间的关系，提出北京冰雪体育文化产业的战略布局。

北京地区大学分校口述史研究

项目来源：北京学研究基地一般项目
项目负责人：孙晓鲲[*]

选题理由及研究价值

1. 口述史研究可以进一步丰富北京地区大学分校历史研究的史料价值

北京地区大学分校是改革开放初期，为缓解高等学校招生能力有限与求学需求强烈之间矛盾，在北京市政府、北京市教育主管部门支持下，依托清华大学、北京师范大学、中国人民大学、北京师范大学等老大学创办的一些大学分校。目前，关于大学分校的研究成果主要体现在传统的文献资料上，但通过访谈而形成的口述资料，目前还存在不足。通过口述史的研究，与传统文献成果共同成为北京地区大学历史研究的重要支撑。

2. 口述史研究可以填补档案文献的空白，为专题研究提供鲜活历史素材

在北京地区大学分校的历史研究中，必然存在着某一方面的传统历史材料比较匮乏，而影响到项目研究的效果与质量。通过口述史研究，采访某一专题的多个典型代表人物，并对采访材料进行整理、分析，必然可以填补档案文献的一个空白，同时为某一专题提供了鲜活的历史素材，有利于后人更好地进行相关的教育与社会历史研究。

3. 口述史研究可以扩大观察历史的视野，把握北京地区大学分校研究的整体性

我们所了解的历史多是从正面的、强者所发出的，且多是一种声音。但是，真实的历史不是一种声音、一个腔调；同是亲历者，不同的身份会有

---

[*] 孙晓鲲，北京联合大学应用科技学院党委副书记、副研究员。

不同的经历和感受，从不同角度和立场出发会有不同的结论。另外，通过口述史研究，可以挖掘事件背后的信息，了解历史事件的"根须"和"细节"，有利于把握北京地区大学分校研究的整体性。

课题内容

研究的基本内容包括：创办大学分校的重要决策、大学分校的领导体制、大学分校的办学模式、大学分校的人才培养、大学分校的财政后勤、大学分校的调整合并6个方面。

1. 创办大学分校的重要决策：包括创办的背景、主要的政策决策、决策相关的关键人员等情况；

2. 大学分校的领导体制：大学分校几种领导体制的确定、变化及运行机制；

3. 大学分校的办学模式：依靠本校、面向北京、走读走教、群策群力的办学模式；

4. 大学分校的人才培养：从招生、教与学、教学改革与管理、思想政治教育等方面反映人才培养基本环节及质量；

5. 大学分校的财政后勤：创办大学分校的财政经费、设施条件、后勤服务及管理；

6. 大学分校的调整合并：分析归纳大学分校调整合并的原因、过程及结果。

预期解决的重点问题

该项目预期解决的重点问题是针对北京地区大学分校的亲历者以口述史的方式进行访谈。主要包括上级主管部门领导、时任的校院领导、大学教师以及校友四类对象，以口述史方式开展该项目的研究，填补北京地区大学分校档案文献的空白，为专题研究提供鲜活历史素材。

三山五园地区旗人村落口述史调查与研究

项目来源：北京学研究基地一般项目
项目负责人：李　杨[*]

选题理由及研究价值

　　三山五园是清代皇家园林的集中展现，具有深厚的历史文化内涵与景观价值。我们应当将三山五园地区作为一个整体，从生态环境史的角度对其加以全面研究，而三山五园地区的村落无疑是这一地区历史景观的重要组成部分。将这一地区独特的旗人聚落加以分析，结合口述史的研究梳理村落发展的历史脉络将具有一定的创新性。三山五园地区的很多村落现在只留下地名，而另一些仅存的村落也面临着拆迁，尤其伴随着近年的城中村改造，这一工作显得尤为紧迫。该课题对于发掘这一地区的历史文化内涵，梳理其历史文化谱系具有一定意义。

课题内容

　　该课题拟分为五部分：
　　1. 绪论：回顾学术史，明确该课题的基本概念、介绍研究思路与框架结构安排；
　　2. 区域历史变迁：介绍三山五园地区的历史地理演变与生态环境变迁，尤其是村落的历史变迁脉络。
　　3. 村落调查：本课题将利用《成府村志》《北京西郊挂甲屯家计调查》《北平郊外之乡村家庭》以及新中国成立后的《北京市满族调查报告》等相

---

[*] 李扬，北京联合大学应用文理学院历史文博系讲师。

关资料，辅之以清代到民国年间北京地方史志的记载，对成府村、挂甲屯、马连洼、黑山扈等村落进行历史与社会调查研究，从村落、家族等角度揭示自清代以来旗人村落的社会变迁，揭示其清代聚落遗存的现状。

4. 口述史访谈：在村落调查的基础上确定访谈对象，记录个体的生命历程。考虑到村落拆迁的具体情况，对原有村落的老住户进行回访，揭示更多历史细节。

5. 结论。

预期解决的重点问题

揭示清代"三山五园"地区旗人村落的历史概貌及其社会变迁模式；口述史的调查与研究。该课题的口述访谈与调查将涉及村落变迁、家族演变、村落人口、民间习俗等内容，从而更详细地揭示区域变迁的历史脉络。

北京"打造东方影视之都"战略规划研究

项目来源：北京学基地一般项目
项目负责人：惠东坡[*]

选题理由及研究价值

该项目将立足首都文化发展的实践，在调研、数理分析的基础上探究具有指导性和前瞻性的理论。其理论建构和现实指导意义主要表现在：建设"世界城市"是北京市委、市政府立足首都资源禀赋、把握时代发展趋势、推动首都未来发展做出的战略选择。世界城市作为国际城市的高端形态，其竞争力不仅体现在经济实力上，更体现在社会、文化等领域的综合实力上，从这个角度来讲，提升文化软实力是建设世界城市的核心。而作为文化的重要载体和文化产业的主打门类，影视产品和影视产业又是提升文化软实力和影响力的重中之重。因此，作为北京市影视产业的行政主管部门，北京市广播影视局提出"打造东方影视之都"的雄伟目标，不仅是适时和必要的，而且对北京市影视产业和影视市场的发展都具有深远的战略意义和广泛的影响。而面对首都建设"世界城市"的新形势、新任务，如何将首都的文化资源、特别是影视资源优势转化为现实的生产力和竞争力，积极为"建设世界城市、打造东方影视之都"提供战略性支撑，也就成为北京市需要深入探索和解决的重要课题。

课题内容

该项目研究的主要内容包括四部分：

---

[*] 惠东坡，北京联合大学应用文理学院新闻传播系教授。

1. 国内外著名影视基地和主题公园发展现状调查与分析：国际著名影视基地和主题公园发展状况和特色调研，包括美国好莱坞（Hollywood），印度宝莱坞（Bollywood）和考莱坞（Kollywood）以及陶莱坞（Tollywood），美国迪斯尼乐园（Diney Garden），意大利加达云霄乐园（Gardaland）、英国奥尔顿塔（Alton Towers）、韩国爱宝乐园（Everland）等。

国内12大影视基地发展现状和特色调研（无锡、横店、车敦、涿州、同里、镇西堡、焦作黄河、北普陀、怀柔、象山、中山、南海）和香港迪斯尼主题乐园（DineyGarden）。

2. 北京市影视资源和市场发展现状调查与分析：北京市影视资源存量和结构（包括中央影视机构、北京市国营和民营影视机构，下同）；北京市影视资源开发利用的现状、问题和原因；北京市影视资源内部整合和开发。

3. 北京市建设"东方影视之都"的发展规划：北京市发展影视产业的市场环境；北京市建设"东方影视之都"的各种优势和机会；北京市建设"东方影视之都"的战略规划（包括战略目标、战略重点、实现路径、发展步骤、发展策略、发展保障等）。课题涉及的其他重要问题：北京市影视基地的空间布局和产业链打造；北京影视产业政策建议；东方影视之都与旅游产业的关系等。

4. 北京市建设"东方影视之都"的评估体系：建立"东方影视之都"评估体系的必要性；"东方影视之都"评估指标的设定及其依据；"东方影视之都"评估指标体系的应用。

总之，我们希望结合国家文化产业发展纲要和北京影视产业发展的实际，在国内外市场调研和与北京市广播电影电视局以及北京地区主要影视机构直接交流的基础上，以国际视野和未来角度，努力探讨北京市"打造东方影视之都"的可行性和基本内容以及发展路径，推动北京市影视产业生产方式和发展模式的创新，为北京市广播影视传播能力和国内外市场影响力的快速和可持续提升提供理论和智力的支持。

预期解决的重点问题

该项目预期解决的重点问题是：第一次运用区域传播理论对北京市打造东方影视之都的制约因素进行系统分析，从而为东方影视之都建设的发展机制和发展模式建构多元评估体系。

◇ 其他项目 ◇

关于加强北京历史街区保护,完善古都风貌保护机制的调研

项目来源:北京市政协文史和学习委员会委托调研项目
项目负责人:朱永杰[*]

选题理由及研究价值

2014年初,习近平总书记视察北京工作时的重要讲话指出,历史文化是城市的灵魂,北京是世界著名古都,丰富的历史文化遗产是一张金名片,传承保护好这份宝贵的历史文化遗产是首都的职责,要本着对历史负责、对人民负责的精神,传承历史文脉,处理好城市改造开发和历史文化遗产保护利用的关系,切实做到在保护中发展、在发展中保护。

北京历史文化遗存众多,文化底蕴深厚。其中,历史街区因其保存文物丰富、历史建筑集中、能够较为完整和真实地体现传统格局和历史风貌,并具有一定规模,而成为北京古都风貌的集中体现,是北京历史文化名城的重要组成部分。加强历史街区保护,完善古都风貌保护机制,不仅是对首都历史文脉的延续,更是建设文化之都的必然要求,具有显著的现实意义。

目前北京历史街区保护方面存在的问题较多,不仅城市建设造成的破坏严重,而且管理方面也存在着诸多的问题,历史街区保护缺乏有效的法规、规划以及管理方面的机制,这些都对北京的古都风貌保护造成了威胁。因此,加强北京历史街区保护,完善古都风貌保护机制是一项非常重要的任务。

---

[*] 朱永杰,北京联合大学北京学研究所副研究员。

课题内容

课题首先探讨北京历史街区的保护工作现状，指出北京旧城历史街区的分布分类、人口、房屋等方面的概况以及针对历史街区保护开展的主要工作，然后分析北京历史街区保护工作存在的问题及原因，最后提出加强北京历史街区保护、完善古都风貌保护机制的建议：加强法治建设、科学制定规划、加大资金投入、完善相关政策、提高管理水平等。

预期解决的重点问题

通过对旧城历史街区保护现状的分析，探讨历史街区和古都风貌保护工作中存在的问题，提出加强北京历史街区保护、完善古都风貌保护机制方面的可行性对策建议。

北京传统村落保护专题调研

项目来源：北京市政协文史和学习委员会委托调研项目
项目负责人：张　勃

选题理由及研究价值

　　传统村落是农耕文明不可再生的文化遗产，也是民族文化传承与发展的宝贵财富。然而，随着工业化、城镇化的快速发展，传统村落的面貌急剧变化，衰落、消失的现象日益加剧。加强传统村落保护、维系和传承民族根性文化，已经迫在眉睫。2013年12月中央城镇化工作会议指出，要让城市融入大自然，让居民望得见山、看得见水、记得住乡愁。2014年4月，国家住建部、文化部、文物局、财政部联合下发了《关于切实加强中国传统村落保护的指导意见》，对传统村落保护工作提出了明确的要求。

　　北京拥有一批文化底蕴深厚、建筑风格独特的传统村落，它们是北京历史文化名城的重要组成部分。加强传统村落保护，既是贯彻落实今年初习近平总书记视察北京重要讲话精神、传承历史文脉的需要，也是首都明确功能定位、处理好城市改造开发和历史文化遗产保护利用的关系，切实做到在保护中发展、在发展中保护的需要。

课题内容

　　课题首先探讨了保护北京传统村落的重要意义，认为有利于提高历史文化名城保护水平，有利于繁荣首都文化，有利于改善农民生活条件。其次对于北京传统村落保护现状及存在问题进行了分析。指出总体看，北京市传统村落的保护现状与首都的地位、与历史文化名城的称号、与北京发挥全国文化中心示范作用的要求相比，还有很大差距，保护工作尚处在起步阶段，面临的形势十分严峻，仍存在着诸多问题，如存量稀少，保护质量不高；人口流失，村落出现空心化；设施落后，居民生活条件差；大拆大建，建筑风貌损坏严重；基础薄弱，管理数据缺乏等。主要原因在于认识不到位、规划跟不上、资金投入少、保护机制缺乏、法律保障不完备。在此基础上，提出加强北京市传统村落保护工作的建议：提高思想认识、科学制定规划、加大资金投入、建立保护机制、加强法治建设等。

预期解决的重点问题

通过对北京传统村落保护现状的分析，探讨北京传统村落保护工作中存在的问题，提出进一步完善北京传统村落保护的意见和建议。

北京与台湾地区天主教文化比较研究

项目来源：京台文化交流研究中心项目
项目负责人：杨靖筠

课题内容、基本思路和研究方法

该项目将较为全面地分析、对比北京与台湾地区天主教历史与文化的特色，天主教在北京与台湾地区的传播与发展；西方传教士在北京与台湾地区传播科技文化等方面的贡献；分析、对比北京天主教会的教育事业、医疗卫生事业、出版事业、慈善事业；比较北京与台湾地区的天主教堂；北京地区天主教堂风貌；对比北京与台湾地区的天主教堂文物；北京与台湾地区天主教徒的宗教生活；北京与台湾地区天主教神职人员参政议政等。

该课题以马克思主义的历史唯物论作为指导，充分吸收中外学者有关问题的研究成果，同时采取书面研究与田野调查相结合的办法从事研究，将依据大量史实具体进行细部分析并与宏观的时代背景相结合进行研究。在查阅大量中外文相关文献资料基础上，吸收中外学者的研究成果，实地走访北京及台湾地区的宗教工作者、天主教领袖、学者、教徒，考察教堂，对信徒进行深入的访谈，充分掌握以实地调查所获取的第一手资料。对收集到的文献资料进行分类与整理，从多角度分析对比北京与台湾地区天主教历史与文化的异同，为两岸天主教的文化交流提供佐证。

预期解决的重点问题

在查阅大量中、外文相关文献资料、广泛占有资料，吸收中外学者已经取得的研究成果的基础上，到北京及台湾地区的天主教堂进行实地考察与调研，掌握第一手材料，对天主教在北京、台湾地区传播过程中的文化进行系统的分析、研究，力图做到资料翔实可信，观点正确，客观地反映北京、台湾地区天主教的历史与现实，增进两岸在天主教的交流。

著作和文集

北京学研究报告 2014

张 艳

《北京学研究报告 2014》，是对 2013 年基地开展的科研活动和取得的研究成果进行的系统梳理与全面总结。全书共包括五个部分，内容涉及 2013 年基地获准立项的科研项目、出版的主要学术著作、撰写的主要研究报告、发表的主要学术论文、荣获的科研奖项及举办与参加的主要学术活动等的简介。由于篇幅所限，上述五部分内容均为简介性质，并且仅为部分代表性项目、成果和活动等信息的简介。在报告最后附录部分，附有 2013 年度基地主要科研项目立项一览表、出版主要学术著作和论文集一览表、发表主要学术论文一览表、主要科研获奖一览表，较为全面地罗列了 2013 年度基地获准立项项目、取得的研究成果及获奖等信息，必要时读者可据此线索查阅论著成果全文。

本报告第一部分为"主要研究项目"。2013 年度，基地骨干研究人员作为项目负责人获准新立项科研项目共计 40 项。其中，国家级项目 3 项、省部级项目 6 项、局委办级项目 5 项、北京联合大学新起点项目 3 项、基地自设项目 21 项、横向项目 2 项（见附录 1）。该栏目选取部分项目进行了介绍。此外，本报告补充介绍了 2012 年获准立项的国家自然科学基金青年项目 1 项。与 2012 年度相比，2013 年度基地人员新立项的科研项目主要有以下几个特点：（1）国家级、省部级高级别科研项目数量基本与上年度持平，但项目级别有所提升，如基地组织申报的"首都城市发展的阶段性及其时空特征研究"被定为北京市社会科学基金基地特别委托项目；（2）新立项科研项目总经费大幅增加；（3）基地科研"孵化器"功能日益凸显，一些年青教师

---

* 本文为《北京学研究报告 2014》一书的简介。
** 张艳，北京联合大学北京学研究所助理研究员。

在基地课题基础上逐渐积累，最终获得了更高级别的项目支持，在立项的国家自然科学基金项目、北京市社会科学基金项目、北京市自然科学基金项目等高级别项目中，青年项目及预探索研究项目数量及比例显著增加；（4）从研究内容方面看，新立项项目主题更聚焦于基地的主要研究方向。

本报告第二部分为"主要学术著作和论文集"。2013年度，基地骨干研究人员作为第一作者或主编出版相关学术著作和论文集共15部，其中学术著作9部、论文集和报告集6部（见附录2）。该栏目对其中13部学术著作及论文集进行了介绍。其中，《北京学研究报告2013》《北京学研究2013：文化·产业·空间》《历史文化街区保护与更新——北京学国际学术研讨会2012》《中国城乡一体化发展报告·北京卷（2012~2013）》均为基地的系列出版物。杨靖筠撰写的专著《北京基督教史》和佟洵、孙勐合作撰写的专著《北京道教史》是基地重点项目"北京宗教文化史分类研究"系列研究成果中的2部著作，也是基地资助出版的著作。

本报告第三部分为"主要调研报告"，选取5篇2013年度基地骨干研究人员撰写的调研报告做了简介。2013年度，基地骨干研究人员依托基地资助项目、北京联合大学新起点项目及其他科研项目，围绕北京历史文化保护区发展模式、城乡社区文化建设、北京地名的"厚德"内涵挖掘、区县经济差异、北京城中轴线廊道遗产保护与旅游利用等热点议题开展了深入的调查研究。

本报告第四部分为"主要学术论文"。2013年度，基地骨干研究人员作为第一作者、通讯作者或所指导研究生、本科生为第一作者发表学术论文55篇（见附录3），本栏目选取部分论文进行简介。内容大致分为北京历史文化与文化遗产研究、北京城市空间与经济发展研究、北京学与地方学理论研究三个方面。其中，北京历史文化与文化遗产研究论文29篇，内容主要集中在北京历史文化遗产空间重构、文化遗产的保护与利用、民俗文化、民族与宗教文化等方面；北京城市空间与经济发展研究论文25篇，内容包括北京城市内部空间结构研究、居民职住分离与通勤行为研究、北京郊区化研究、新型城镇化背景下城乡土地市场统筹、构建北京土地市场及房地产价格研究、京郊都市农园研究、北京手工艺产业化发展、旅游产业发展、碳排放与经济增长等方面；北京学、地方学理论研究论文1篇，内容涉及我国地方学的发展及对北京学的再认识。

本报告第五部分为"学术信息"。本栏目一方面延续了以往年度《北京学研究报告》的传统，对2013年度基地举办的主要学术活动及基地骨干科研人员参加的一些重要学术活动进行简介。此外，本部分新增加了对基地骨干人员科研获奖信息的介绍。2013年，基地各类科研成果获奖有所增加，特别是高层次科研获奖有所突破，如北京学研究所张勃副教授的专著《明代岁时民俗文献研究》获得"第十一届中国民间文艺山花奖·民间文艺学术著作奖"，基地骨干科研人员的论文获得多项全国一级学会颁发的奖项。在学术交流方面，2013年主办了"文化·产业·空间——第十五次北京学学术研讨会"；与北京联合大学、对外经贸大学联合成立的城市可持续发展研究中心共同举办了"城市文化与低碳城市发展学术论坛"；代表北京联合大学与北京市社会科学界联合会、北京中华文化学院、中国农工民主党北京市委员会、北京改革和发展研究会、北京旅游学会等单位共同举办了"2013北京文化论坛——节日与市民生活"；协助城市可持续发展研究中心参与在对外经贸大学举办的"绿色经济与城镇化——2013北京洪堡论坛"，负责组织"生态城市规划与建设：经验与借鉴"分会场；还协助举办了"第十四次全国青年地理工作者学术研讨会""文化遗产区域保护与活化学术研讨会暨全国首届文化遗产保护研究生论坛""新媒介·新动漫·新传播——2013数字动漫艺术与文化传播国际论坛"等学术会议。此外，基地骨干科研人员多次参加国（境）内外学术会议并进行会议论文发表，如："首尔学研究所成立二十周年庆典暨东亚首都比较研究与首尔学国际研讨会"（韩国首尔市）、"2013年国际亚细亚民俗学会第14次学术研讨会"（韩国平昌郡）、"2013城市学研究学术研讨会"（台湾高雄）、"第八届日韩中地理学学术研讨会"（日本福冈）、"2013年国际地理联合会京都区域大会"（日本京都）等会议和中国地理学会各片区年会、中国人类民族学年会、民间文化青年论坛等国内相关学术会议及论坛活动。基地自2011年以来连续三年举办"北京学讲堂"系列学术讲座，2013年"北京学讲堂"突出目前正在申遗的北京中轴线主题，邀请北京联合大学校内外专家在校内开展学术讲座15讲、19次。同时，基地骨干人员积极参加社会历史文化讲座，普及相关知识。2013年到校外参加讲座13讲，如继续参与合作单位首都图书馆举办的"首图讲坛·乡土课堂"讲座，与北京地理学会、昌平区沙河镇合作在沙河地区策划、举办"古韵北京"大讲堂系列讲座，到中央社会主义学院（中华文化学院）为台湾青年中华传统文化研习营讲座等。

中国城乡一体化发展报告·北京卷
（2013~2014）[*]

黄序[**]

《中国城乡一体化发展报告·北京卷（2013~2014）》是北京学研究基地组织编写的《中国城乡一体化发展报告》系列蓝皮书中的第三部，2014年4月由社会科学文献出版社正式出版发行。北京学研究基地主任张宝秀和北京学研究基地特邀研究员黄序担任主编，北京学研究基地北京城市研究室主任张景秋和北京学研究所副所长孟斌担任副主编。

编写本蓝皮书的目的是通过对每个年度中影响北京城乡一体化发展重大问题进行研究，充分反映北京城乡发展的动态变化、存在的问题及原因，以及今后的发展趋势，供市委、市政府决策参考，为市人大、市政协在制定地方性法规和协商议事时提供参考依据，也为相关部门和研究人员提供北京城乡一体化发展的最新信息，促进北京城乡经济社会协调发展。

2013年是全面贯彻落实党的十八大精神的第一年，北京市经济社会发展取得新的成就，实现了良好开局，城乡一体化取得了新进展。2013~2014年度本书的研究主题是研究主题是"社会发展与城乡一体化建设"，设置的主要栏目有：总报告、城乡一体化发展战略、城乡土地问题、产业发展、新农村建设等，介绍了2013年北京市统筹郊区工业化、城镇化和农业现代化，城乡一体化建设稳步推进的态势。

全市经济平稳增长，农业经济结构优化调整。尽管面对经济下行压力和人口资源环境矛盾，全市经济依然保持平稳增长。2013年，全年实现地区生产总值19500.6亿元，比上年增长7.7%。农业经济结构进一步优化，传统农业生产规模收缩。特色农业和乡村旅游业带动作用进一步增强，农业布局

---

[*] 本文为《中国城乡一体化发展报告·北京卷（2013~2014）》一书的简介。
[**] 黄序，北京联合大学北京学研究基地特邀研究员，北京市社会科学院城市问题研究所原所长。

因地制宜，区域规模化发展趋势明显，农民人均纯收入增长高于城镇居民，人均生活消费支出实现同步增长。北京市统计局和国家统计局北京调查总队联合发布的2013年北京市经济运行情况显示，2013年北京市农民人均纯收入达到18337元，人均生活消费现金支出为13553元，同比分别增长11.3%、14.1%，收支增幅均超越城镇居民。农村和农业投入不断加大，农村可持续发展能力增强，2013年全市地方公共财政预算支出4170.2亿元，增长13.2%。其中，用于农林水事务的支出分别增长33.7%，保持较高的增长率。

农村经济改革取得新进展，农村经济展现新亮点。农村集体经济组织实力不断提升。2013年，全市进一步深化农村集体经济产权制度改革，大力推进现代农村股份合作经济发展，逐步建立了新型集体经济组织法人治理结构，规范其内部管理和财务管理制度，完善收益分配制度和分配机制。即"土地流转起来、资产经营起来、农民组织起来"。具体而言，是指"处理好农民与资源的关系，推动土地流转起来；处理好农民与积累的关系，推动资产经营起来；处理好农民与市场的关系，推动农民组织起来"。"新三起来"的提出，是在北京进入城市化高级阶段，人均GDP（1.4万美元）达到中等发达国家水平的条件下，提高农村土地出产率、资产收益率、劳动生产率，激发"三农"活力的重要举措。它是在以城带乡的条件更加成熟的情况下，通过城市帮扶促使日益升值的农村资产经营更加规范，引导农民更深入地融入市场、融入城市经济社会生活当中，培育更多有资产、有头脑、有组织的新型农民和未来的城市新市民。

2013年北京加大建设和治理力度，积极推进城乡生态和环境建设，制定并实施清洁空气行动计划，政府引领，扩大环境建设各项投入力度，全市开展了工地扬尘、渣土运输、河湖水环境等专项治理行动，建立了城市环境考核评价体系，综合整治城乡环境脏乱死角。坚决治理违法建设，全年拆除1261.4万平方米，初步实现了违法建设"零增长"。实施平原造林工程，拓展城乡绿化新空间。依托城市大事件推进城乡一体化，改善城乡环境，有意识以城乡一体化思维来进行操作，以2013年举办的第九届中国（北京）国际园林博览会为例，它的建设结合了城乡环境建设、农民生计改善等城乡统筹内容，使整体城市环境实现质的飞跃。

2013年北京城乡公共服务及社会保障一体化持续推进，城乡公共服务均等化进程加速，积极应对农村老龄化社会保障问题，新农村基础设施建设继续推进。新农村"五项基础设施"建设（指农村道路、供水、垃圾处理等）和"三起来"工程（指让农村亮起来、让农民暖起来、让农业资源循环起来）全面提前完成，城乡基础设施差距不断拉大的趋势被有效扼制，新农村文化建设成效显现，很多区县均将农村文化建设作为城乡统筹的重要内容加以考量，并做出诸多努力和尝试。

2013年北京面临的城乡一体化问题主要体现在：城乡一体化综合改革任务繁重；农村集体经济分化明显；农村环境尤其是城乡接合部环境建设仍是短板；现有增收政策对农民收入增长边际效应递减，等等。其中，较为突出的问题是城乡接合部仍是环境整治的短板，据统计，北京市城乡接合部聚集了全部流动人口的80%以上，超负荷的人口荷载使得城乡接合部地区的环境问题突出，据北京市水环境调查显示，北京市河道污染呈现两极分化的态势，优于III类和劣于V类的各占40%以上，城乡接合部成为水污染的重灾区，绝大部分河道为劣V类。城乡接合部由于人口快速聚集，基础设施建设相对滞后，成为污水无序排放的重灾区。除了生活污水随意直排入河，城乡接合部部分企业还偷排污水。据统计城乡接合部，特别是五环以外的城乡接合部流域污水处理率仅为41%，远低于全市83%的平均水平，是全市污水处理的"洼地"。

展望未来，重点村改造进入新阶段，社会建设和管理创新成为新任务；推动绿色增长，建立绿色发展新机制，将是统筹城乡发展的新目标；农村土地改革将进入关键期，需要加大政策创新力度。特别要避免城市对农村的单向统筹。城乡一体化的最终目标是要消灭制度性的城乡二元结构，及由此衍生出来的城乡差距和城乡分割状态，是要对农业、农村和农民进行现代化改造，绝非是要在产业上消灭农业，身份上消灭农民，在空间形态上消灭农村。这一点在以城市为主体的北京显得尤为重要，在对待北京农村的态度上，不能由于对城乡一体化的曲解而犯历史性的错误。北京的农村并不是包袱，而是一笔巨大的财富，城乡一体化发展，从本质上讲，并非城市对农村的施舍，而是优势互补，新的制度设计需要不断打破既有的和新生的阻碍城乡间生产要素流动的体制、机制。

张英洪在《对城乡一体化的几点新认识》中认为，我国不但存在着以农业户籍人口为一元、非农业户籍人口为一元的城乡二元结构，还存在着以本地户籍人口为一元、以外地户籍人口为一元的城市内部二元结构。城乡二元结构城市内部二元结构共同构成了双重二元结构。城乡一体化可以区分为狭义城乡一体化与广义城乡一体化，破除城乡二元结构的城乡一体化叫作狭义城乡一体化，既破除城乡二元结构、又破除城市内部二元结构的城乡一体化叫作广义城乡一体化。狭义城乡一体化是片面的城乡一体化，广义城乡一体化才是全面的城乡一体化。城市化与城乡一体化都涉及城市与农村的关系，是对城乡关系的不同表达。城市化与城乡一体化之间存在着两种不同的关系。

刘洪玉、汪少群的《北京市农村居民点整合与土地资源开发利用潜力研究》在分析了北京农村居民点现状后、居民点整合驱动和土地潜力后，提出了要按照不同的地域范围，采取不同的整合模式：以"土地一级开发"模式对应经济驱动力主导下的情况，主要适用于"圈内"农村居民点，其关键是在充分发挥经济驱动力和市场机制作用的同时，注意控制其负外部性，重点解决好资金平衡和农村居民补偿安置等问题；以"乡村整治"模式对应非经济驱动力主导下的情况，主要适用于"环外"农村居民点，其关键是通过合理的制度设计实现外部性（非经济驱动力）的适度内部化，为各类市场主体提供合理的经济激励，引导其积极参与。"环内"农村居民点则可视其实际情况，依据其主要驱动力类型，因地制宜地采取"土地一级开发模式"或"乡村整治模式"，也可以将两种模式有机结合起来。

孙文锴在《利用集体土地发展高端产业的探索与实践》中介绍了海淀区利用集体土地发展高端产业的基本情况、主要做法，认为加快转变经济发展方式是利用集体土地发展高端产业的方向，创新集体建设用地使用模式是利用集体土地发展高端产业的关键，坚持镇村主体作用是利用集体土地发展高端产业的基础，坚持因地制宜是利用集体土地发展高端产业的必然要求，善于借力借势是利用集体土地发展高端产业的有效途径，坚持政府主导与政策支持是利用集体土地发展高端产业的保障。

节日与市民生活——2013 北京文化论坛文集[*]

张宝秀[**]

由北京市社会科学界联合会、北京中华文化学院、中国农工民主党北京市委员会、北京联合大学、北京改革和发展研究会、北京旅游学会等单位共同主办的"2013 北京文化论坛——节日与市民生活"于 2013 年 6 月 28 日在北京市大兴区召开。北京学研究所是论坛承办单位之一，组织提交了 18 篇会议论文。

举办"节日与市民生活"北京文化论坛，目的是深入学习贯彻党的十八大精神，提升北京作为全国文化中心的示范作用，探讨来源不同的地域节日文化内涵、社会功能、传承发展、当代嬗变、互相影响及其与市民生活、城市发展的关系，总结新兴节庆活动构建经验及存在的问题，带动区域产业发展。来自北京市各民主党派等统战系统、北京市高校及社会各界人士约 120 余人参加会议，论坛收到论文 70 多篇，评出论坛征文一等奖 5 篇、二等奖 10 篇。北京学研究所研究员张勃提交的论文《北京节日的历史、现状和未来建设》获得论坛征文一等奖。

论坛召开之后，组委会编辑了《节日与市民生活——2013 北京文化论坛文集》，由首都师范大学出版社于 2014 年 6 月正式出版。文集收录领导致辞 1 篇、嘉宾演讲 7 篇和论文 47 篇。其中，论文按照研究内容分为三个部分，第一部分：北京节日文化，第二部分：节日文化与市民生活，第三部分：节日文化研究。

嘉宾演讲内容，主要包括中国传统节日的复兴和未来的走向，北京节日的历史、现状和未来建设，公共空间可开展中华人伦节日，传统节日与"新民俗"建设，公园节庆活动对北京节日民俗的影响——以北京几个公园节庆活动为例，绿海甜园喜迎八方宾朋、魅力新区彰显首邑雄风，创意点亮旅游节庆等。

---

[*] 本文为《节日与市民生活——2013 北京文化论坛文集》的简介。
[**] 张宝秀，北京联合大学应用文理学院院长、北京学研究基地主任、北京学研究所所长。

第一部分北京节日文化，论文内容包括节日——从哪里来到哪里去的节点，金中都的建设与老北京的节庆文化，老北京的节令风俗，北京端午礼俗与城市节日特性探赜，北京端午习俗的影响因素分析，北京传统节日和中国市民社会——以端午节为中心，北京市传统节日式微及其影响因素，节庆活动与文化产业创新转型，传统节日的当代实践——以北京民俗博物馆为例，《清代北京竹枝词》中的岁时节日，北京节庆民俗文献整理综述——以首都图书馆为例，开放与传统交汇中的北京节日，北京特色节庆与区域社会团结——以广安门内空竹文化节为个案，京西灵水"秋粥节"俗文化，节庆活动与城市文化日历的制订——在北京设立"建城节"的初步构想等。

第二部分节日文化与市民生活，论文内容包括休闲经济下北京旅游节庆活动的特征、发展趋势及对策研究，论节日与市民生活的关系，节庆活动对区域经济和产业的带动作用，节庆活动对旅游产业的影响分析——以怀柔区节庆活动为例，新城建设背景下的通州节事发展研究，与时俱进的北京朝阳国际商务节与朝阳经济发展，新休假制度环境下北京市民端午节休闲行为的空间特征，促进节日消费与提升北京指数，对调整节假日集中休息所产生问题的探讨，节日文化与京派老字号发展创新，寺庙与老北京的节日习俗——以《北平风俗类征》为中心，关于北京春节活动的建议，浅议农村规划催生节日及其带动产业发展等。

第三部分节日文化研究，论文内容包括中国传统节日品牌打造与民族文化，自我教化的欢乐课堂，浅谈弘扬节庆传统文化的重要意义，节庆——民族文化的昨天·今天·明天，传统节庆习俗的文化价值，庙会文化与现代传播，消逝的节日——新媒体对传统节日的冲击，传统节日的社会创新模式研究，传统民俗节日文化的传承和保护迫在眉睫，增添春节新意，中华姓氏宗亲文化节庆在北京非物质文化遗产传承与保护中的作用，节庆活动的网络评价与微传播，中西同质性节日的功能对比，花朝节历史变迁与现代价值研究——以杭州地区为中心，广州迎春花市及其关联文化产业，贵州苗族节日饮食文化及其对食品产业的带动作用，藏族节庆日中的茶文化，动漫节庆产业对东京城市发展的文化意义等。

总之，《节日与市民生活——2013北京文化论坛文集》主要围绕党的十八大精神和北京城市发展，就新形势下如何发挥首都文化建设中的引领作用、传承和弘扬传统节日文化、发挥节日文化对社会发展和人民生活的积极影响等内容进行了较为全面和深入的研究。

孙明经眼中的老北京[*]

张艳[**]

　　北京学研究基地以"立足北京、研究北京、服务北京"为宗旨，广泛调动专家学者、社会工作者、历史文化爱好者等各方面研究力量和资源，对北京历史文化进行多方位、多要素、多专题的发掘与研究，积极为首都北京发挥全国文化中心示范作用做贡献。与北京大学出版社合作策划出版《北京学丛书》，该丛书分为"流影"和"纪实"两个系列。

　　北京联合大学北京学研究基地策划《北京学丛书·流影系列》，由北京学研究基地首席专家张妙弟担任主编。其中每部著作以影像记录为主要表现形式，完成一套以研究为基础、以普及为目的、以服务建设中国特色、北京特点世界城市为宗旨的出版物。历史长河，文化海洋，忠实记录，流动瞬间——是该丛书名称中"流"字的依据，意在突出忠实记录历史流变中的瞬间。该系列丛书包括《孙明经眼中的老北京》《当代北京文保体系中的寺庙观堂》《诗画老北京360行》《北京城消逝的重要古建筑》《外国人眼中的老北京》等。

　　《孙明经镜头中的老北京》一书的作者孙健三先生长期致力于中国早期珍贵的影史和影像资料的收集整理工作，他对真实还原历史的本来面目做出了贡献。其父孙明经是一代影视大师，更是中国电影广播高等教育的先驱和拓荒者。书中展示了孙明经先生于1937年、1950年、1959年三个时期拍摄的关于老北京的图片130幅，内容涉及文化、经济、教育、城市建设、社会生活等方面。这些图片真实地记述了老北京的历史，留下了永恒的瞬间，为北京的文化发展和建设提供了弥足珍贵的史料，更讲述了其家族在中国电化教育史上的传奇往事。

---

　　[*] 本文为《北京学丛书·流影系列》之一《孙明经眼中的老北京》一书的简介。
　　[**] 张艳，北京学研究所助理研究员。

老北京梦寻[*]

张宝秀[**]

北京学研究基地以"立足北京、研究北京、服务北京"为宗旨，广泛调动专家学者、社会工作者、历史文化爱好者等各方面研究力量和资源，对北京历史文化进行多方位、多要素、多专题的发掘与研究，积极为首都北京发挥全国文化中心示范作用做贡献。与北京大学出版社合作策划出版《北京学丛书》，该丛书分为"流影"和"纪实"两个系列。

《北京学丛书·纪实系列》由北京学研究基地主任张宝秀担任主编。其中每部著作都是凭借个人口述、采访等直接体验或使用日记、书信、报刊、档案等历史文献间接体验，真实地述说北京历史上的真人真事和现实生活，以文为主，图文互补，题材可大可小，须见物见人见精神，不虚妄，求真实。名之曰"纪实"，既是为老北京众生相立传，更是为新北京大变化述说，留存古今北京的社会记忆，为研究者提供丰富多样的素材，为读者增广知识，扩展阅历，从了解北京的前世今生中有所领悟，旨在"温故而知新"。

毕业于北京大学中文系，曾任《中国旅游》杂志社社长、总编辑和澳门《大众报》高级记者的老北京人杨澄先生撰写的《老北京梦寻》，是《北京学丛书·纪实系列》的第一部，于2014年8月由北京大学出版社出版发行。《老北京梦寻》有别于一些用资料编排的读物，尝试着用北京话说老北京真实生动的故事，就像一部老北京的小百科，既传递了老北京方方面面的应知常识，又穿插进一段段老北京人寻梦圆梦的故事，读来引人入胜，而贯穿全书的则是作者在京生活70余年的亲身感受。

本书30多万字，内容分为开篇"一梦到京城"、第一章老城圈儿的核心是那把金龙宝座、第二章胡同是供养老北京的血脉、第三章中规中矩的四合

---

[*] 本文为《北京学丛书·纪实系列》之一《老北京梦寻》的简介。
[**] 张宝秀，北京联合大学应用文理学院院长、北京学研究基地主任、北京学研究所所长。

院、第四章铸就金街离不开天时地利人和、第五章老字号不"老"的奥秘、第六章老茶馆是另一个家、第七章众口难调也能调的老饭馆、第八章京剧的摇篮——北京的老戏园子、第九章老会馆背后的功德、第十章日下出门全靠腿的老交通、第十一章飘然远去的老行业、第十二章吹不走改不了的老风俗、第十三章美哉壮哉我育英、第十四章饱经沧桑的老北京人和尾声"故事不远 近在眼前"。

  从老城圈儿、老胡同、四合院、老字号、老茶馆、老饭馆、老戏园子、老会馆、老交通、老行当、老风俗、老北京人等多个方面分别描述了老北京和老北京人,用北京话,说老北京的故事,深入浅出,徐徐道来,"掸却'老'的陈年灰尘,展现旧日别样的清丽,令人恍然大悟",使读者在字里行间感悟老北京衣食住行、人文历史景观的今昔巨变,看到一代代人在北京城里矢志不渝地追寻梦想的足迹。

北京基督教史[*]

杨靖筠[**]

该专著在前人研究的基础上，对北京地区基督教发展的总体脉络进行了进一步的梳理，力图将北京基督教放在整个中国社会变革的大背景之下进行研究、探讨。该书共分为四章，第一章基督教概述，第二章基督教传入中国、传入北京；第三章为近代时期的北京基督教，义和团运动时期的北京基督教、民国时期的北京基督教；第四章为北京基督教的文化事业，包括基督教教会教育、医疗事业、出版事业、慈善事业以及北京基督教青年会、女青年会。

鸦片战争以后，随着一系列不平等条约的签订，基督教传教士在"传教条款"的保护下，纷纷来到中国，进入内地，随之传入北京地区。基督教在北京的发展是19世纪40年代，即鸦片战争之后开始的。先后在北京形成了以不同差会为背景的许多宗派。

20世纪上半叶，是中国发生急剧变化的时期，中国先后经历了清朝、中华民国、中华人民共和国三个不同的历史阶段。在这个时期代表着中国社会不同利益的各个群体在各个不同的领域展开了激烈的斗争，正是这种斗争促使中国社会在向现代化转变的过程中发生了剧烈的变化。20世纪初，中国经历了辛亥革命、民国建立、军阀混战等，社会剧烈震荡。1900年爆发的义和团运动加速了清王朝的灭亡，十余年后，1911年辛亥革命推翻了封建帝制，不久，政权被袁世凯篡夺。民国时期是中国历史上一次激烈的社会转型期，内忧外患，军阀混战、民不聊生。民国前期中国政治巨头们忙于角逐争斗，无暇顾及在华的外国势力，基督新教在此时获得了较大的发展。基督教从中国沿海、北京地区继而向广大的腹地深入。基督教的中国化过程减弱了其在

---

[*] 本文为专著《北京基督教史》的简介。
[**] 杨靖筠，北京联合大学民族与宗教研究所所长。

19世纪所带的过分浓厚的殖民主义色彩，使基督教在民国年间得到了较大的发展。民国政府明确提出了宗教信仰自由政策，1912年3月11日，中华民国临时大总统孙中山先生颁发的具有资产阶级共和国宪法性质的《中华民国临时约法》中规定，"中华民国人民一律平等，无种族、阶级、宗教之区别"，"人民有信教之自由"，在中国历史上第一次以宪法形式宣布各种族、各宗教一律平等的原则，第一次宣布信教自由的原则，具有划时代的意义。此时各派教会开始注意调整传教政策，改变传教方式，使基督教能够为中国人接受。1912年，圣公会各差会联合组成中华圣公会布道部。随后，长老会、信义会等也纷纷效仿。

1949年1月31日，北平和平解放。10月，中华人民共和国宣告正式成立，北平又成为都城，中国共产党成为执政党。中国发生了翻天覆地的变化。中华人民共和国的成立，标志着中国社会性质的变革，中国从此结束了黑暗的半封建、半殖民地的历史，进入到了崭新的社会主义的历史阶段。过去，中国教会只是西方差会的一个宣教区，是差会的"子会"，是西方教会的附属物。基督教被中国人视为"洋教"。新中国成立后，基督教摆脱了差会的控制，脱离了与帝国主义的联系，走上了爱国爱教的道路。中国基督教不再是洋教，不再是西方教会的附属品，是由中国基督徒独立自主自办的教会事业。中华人民共和国成立后，中国教会领袖们对基督教如何在新社会生存，进行了认真的思考，发起了三自爱国运动。促使中国教会在经济上、组织上、人事上和行动上完全摆脱外国差会的控制。中国基督徒不再分宗派。北京基督教的历史翻开新的一页。

1966年开始的"文化大革命"全盘否定新中国成立以来党对宗教工作的正确方针，在北京首先发起了一场规模空前的"破四旧"运动。基督教也被视为"四旧"，全国的三自教会全部被"红卫兵"冲击摧毁或勒令关闭。在长达10年的动乱中，一些宗教界爱国人士甚至一般的信徒被当作专政的对象，制造了大量的冤假错案。中国所有的基督教教会和机构都停止工作，教堂被查封、占用，圣经和属灵书刊被毁；许多教牧人员和信徒被打成"牛鬼蛇神"而遭受批判，有的则被关进监牢或押送劳改、流放。强行禁止新教群众正常的宗教生活，1966年8月21日，教堂的牌子、奉献箱等被砸毁，堂内所存圣经、赞美诗集遭销毁。北京的东、西、南、北4个教堂关闭，所有宗教活动停止。宽街堂、珠市口堂、缸瓦市堂分别被占用。基督教全体人员（包括养病的）都集中在米市堂。西北旺劳动生产基地，也受到冲击。北京一切宗教活动被迫停止。十年浩劫中，基督教教堂与教会组织一并遭到严重的破坏，中国基督教的人数减少，基督教会的发展陷入到了低谷，教会的正常活动不得不转入地下，出现了各种"地下教会"和"家庭聚会处"。中国教会发展陷入低谷。

1976年粉碎了"四人帮"，开始纠正"文化大革命"的"左"倾错误，十一届三中全会以来，全面落实宗教信仰政策。中央统战部、国务院宗教事务局等宗教管理部门就陆续恢复工作，宗教研究机构也在各地相继恢复或成立，随后逐步出台了一系列落实宗教政策的文件。北京市民政局对宗教工作计划作了两项重要决定：准备对信教群众开放寺庙、教堂；抓紧落实政策的工作，其中包括解决"文革"中被遣返、被批斗和审查中有不当结论的问题，错划右派的改正和安置工作，各教爱国组织恢复活动与开展工作。北京基督教的经济问题、教堂问题、宗教活动、人员安置等落实宗教政策问题都提上了议事日程。1980年青年会全国协会复会。北京、上海、天津、南京、杭州、武汉、广州、西安、成都、厦门等城市的青年会、女青年会也先后复会。改革开放后，北京基督教大体上经历了20世纪80年代的恢复、90年代的快速增长，进入21世纪后的平稳发展三个阶段。

基督教来华差会在中国传播过程中除了直接布道外，其传教活动的特点主要是在兴办学校、举办医疗卫生事业、创办孤儿院等慈善事业等方面，主要借助于文字、教育、医务和慈善救济等手段开展活动。传教士希望通过开办学校、医院、出版机构等社会组织，传播西方的文化价值观，扩大基督教的影响。创办学校是教会在中国传教的重要手段，希望通过学校，培养出一批有知识的教徒，从而提高基督教在中国人心目中的地位；传教士认为有必要训练一批中国助手来协助其开展传教活动，学校能够起到间接传播上帝福音的作用。1900—1922年，是教会发展的黄金时代，传教士们积极参与教育、医疗慈善事业，并投身于20世纪的改革大潮。基督教的传教主要表现在兴办学校、医院及其他文化慈善事业上，通过培养有文化的教徒来提高基督教在中国人心目中的地位，各国差会在北京建立教堂传教的同时，也纷纷开办了一些学校、医院，进而把基督教的事业推向了高潮。基督教在华传教的同时开展了广泛的教育、医疗和出版事业，在很大程度上促进了中国近代社会文化的发展，也在一定程度上改变了基督教在中国人心目中的形象。办的学校，不仅有培养神职人员的神学院，还有各级普通学校，非教徒的子弟也可以进入教会学校学习。

传教士来华的使命是在中国传播基督教，他们在中国活动的根本点是使中国基督教化。兴办教育、医疗事业等是西方传教士在中国活动的主要内容，也是拓展其教务的重要方式。鸦片战争之后来华的西方传教士除传播福音外，一直积极介入科技、文化与政治领域，参与北京地区的文化事业。在京外国传教士活动范围广泛，涉及文化、教育、出版及慈善事业等方面，在一定程度上影响着社会的变迁。作为崇拜上帝福音最有效的手段，教会在医疗、育婴、赈济等各项慈善事业中获得了很大的发展。

北京会馆基础信息研究[*]

白继增　白杰[**]

《北京会馆基础信息研究》是北京学研究基地立项课题研究成果，该研究由北京学研究基地首席专家张妙弟教授担任顾问，马威、唐宁翔、牛钟、郭炜、朱永杰、马慧娟等同志参与了研究工作。该书于2014年12月由中国商业出版社出版。

该书以文献研究和田野调查为基础，梳理会馆历史、调查会馆建筑、挖掘会馆文化、存留会馆信息，对北京会馆基础信息进行了较为全面地收集、比对、调查和考证，力图还原会馆在今北京地域范围内的出现、发展演变历程，并说明在京会馆现存基本情况。课题组一方面查阅了大量的古今文献，明确作为参考及引用书目列于书尾的资料志书、历史文献、论著文章达300余种，不仅全面检索、利用已公诸于世的文献资料，还首次选用了北京市原宣武区房地局档案馆未曾公开发表的新中国建立初期、北京市接收各地会馆作为市属公产时的原始档案；另一方面在原有调研基础上再次进行了广泛深入、扎实有效的实地调查，足迹遍布北京市域各有关区县，查实九百余处会馆是否留有遗迹、现存建筑状况、主产及附产分布、门牌变化等各方面情况，将文献搜集与实地调研相结合，通过深入细致地相互比对、一一印证，抢救性地发现、厘清和比较全面地用文字和图表记录了北京会馆的基础信息，共70余万字。书中对个别会馆存疑信息也进行了标注。

该书包括三部分核心内容：

第一部分，是由白杰执笔撰写的《北京会馆研究论纲》，2万余字，梳理了北京会馆的起源、性质、功能、组织、类型分化、特点、作用等，分析了会馆在北京出现的历史背景与社会环境、会馆分布特点的城市格局基础与管理体

---

[*] 本文为《北京会馆基础信息研究》一书的简介。
[**] 白杰，北京市人民政府新闻办公室副主任，北京学研究基地特邀研究员。

制，从社会组织、社会制度、民族文化、时代产物等多个角度解读了北京的会馆与会馆文化，并对会馆的历史地位及其对后世的文化影响进行了较为客观和深入的评析。"论纲"集中反映了作者对北京会馆研究的基本观点，提出了一套会馆研究的理论体系，是较为深入的北京会馆理论研究成果。

第二部分，是历史上各地方、各商业行业在今北京地区曾经设置的会馆场所和曾经存废的会馆组织信息。以当今全国各省、自治区、直辖市行政区域范畴为单元，分省区或地理位置相邻、地域单元一体的几省合并为一个单元进行记述，介绍各行政单元在京会馆情况。对于每个在京曾建会馆的省区单元及会馆所在府、县，都简介区域概况、沿革和历史上会馆建置情况、特点等，然后先按照省、府、县三级会馆和商业行业会馆顺序，再按建立时间先后，全面、详细记录每个会馆的名称、建立年代、所在地点和存续状况等信息。最后，列出了该省区在京会馆一览表，表中尽可能详尽载明会馆类别、馆名、别名、建立年代、现地址、旧地址、地亩数、房间数、掌馆人（存续终止情况）、现状等信息。在会馆基本信息之后，还附有会馆的相关碑记、碑刻、匾额、诗文信息和相关人物、故事链接等有用的、可读性较强的扩展性信息。

第三部分，是6个附表，包括各省（自治区、直辖市）在京会馆及其附产统计表、在京会馆建立时间统计表、在京会馆区域分布统计表，北京市各城区会馆数量统计表、会馆街巷分布表，清末民国北京地方商会、同业公会和公益水会一览表。这些表格以横到边、竖到底的风格，将全国各地在京的908处会馆、323处附产，共计1231处馆产信息，进行了横向与纵向、时间与空间、类别与区域等各个方向的统计，从来源区域、建筑规模、空间分布、建立时期、类型等方面进行了全面信息汇集和展示。

会馆，是北京历史文化的重要载体之一，是京城几百年来历史变迁的见证者，具有重要的历史文化价值。会馆日益引起当下的关注，一方面源于会馆组织的消亡与会馆文化的存续，另一方面源于城市的发展与会馆建筑群落的快速消亡。当前，梳理会馆历史、调查会馆建筑、挖掘会馆文化、存留会馆信息，是一项基础性强、工作量大、意义深远的历史文化遗产研究和保护工作，对于首都北京保存历史文化记忆、保护历史文化名城具有重要意义。《北京会馆基础信息研究》一书，全面提供了全国各地在京设置会馆的基本情况和北京市、区、街三级行政区会馆分布基础信息，为后续北京会馆专题研究奠定翔实信息基础与提供相关理论建构。

旅游文化资源融资模式研究：以北京为例[*]

张奇[**]

2014年12月，经济科学出版社正式出版了《旅游文化资源融资模式研究：以北京为例》的学术专著。北京已有3000多年的建城史、800余年的建都史，赋予了北京丰富的历史文化资源。现代北京的发展，又让这座城市成为时尚之都、文化创意之城。北京荟萃了中国历史文化的优秀遗存和现代中国首都的风采，长期以来对中外旅游者都具有很强的吸引力，历史与现代的交相辉映，给北京发展文化旅游提供了得天独厚的优越条件。而北京大力发展文化旅游，既是加快转变经济发展方式的需要，也正好契合了北京资源禀赋和城市功能定位的要求。目前，北京文化旅游资源开发中最突出的问题就是旅游产品没有充分体现北京的文化特色，如文化资源旅游开发数量不够；旅游景点的文化内涵挖掘深度不足；旅游线路固化严重，深度游体验度不高，缺少真正能代表北京地域文化和京味气派的特色旅游精品等。北京虽然具有丰富的文化旅游资源，但这些资源归属于旅游、园林、文物、文化、教育和宗教等不同部门，以及中央、市、区各级政府管理，条块分割非常严重，导致资源无法有效整合，没有功能配套建设，文化旅游信息缺乏整合。大力发展文化旅游，将北京打造成文化旅游之都，将是未来北京旅游业发展的重中之重，也是北京转变经济发展方式的重要一环。因此，加快融资模式创新，对推动北京文化旅游资源的开发和建设，对旅游资源可持续发展格外重要。研究如何加快融资模式创新，对推动北京文化旅游资源的开发和建设，以及在文化和旅游融合发展的趋势中更好地进行相关产品和经营模式创新，具有重要的理论和实践意义。

---

[*] 本文为北京联合大学北京学研究基地课题：北京文化旅游资源的资产证券化研究（BJXJD - KT2014 - YB05）的阶段性成果《旅游文化资源融资模式研究：以北京为例》一书的简介。

[**] 张奇，北京联合大学旅游学院副研究员。

该书除导论外，共有八章内容。该书导论从旅游文化、旅游资源文化、旅游文化资源等概念界定入手，基于旅游和文化融合发展的视角，对旅游资源可持续发展的特征展开分析，论证融资模式创新对北京旅游文化资源的重要性。

第一章通过融资理论、企业理论、旅游产品开发理论、旅游产品生命周期理论等基础，阐述提出旅游文化资源开发过程中的不同融资模式；通过对北京旅游文化资源的开发类型进行系统介绍，分析不同开发类型的特点，挖掘旅游资源文化内涵的背景意义，指出融资模式创新对北京旅游文化产业发展的意义。融资研究首先要考察项目所在地的融资环境。融资环境调查包括法律法规、经济环境、融资渠道、税务条件和投资政策等方面。其次，需详细分析具体的融资渠道。

第二章论述北京文化旅游发展概况，基于文化旅游的内涵与融合发展机理，分析了旅游与文化融合发展的必要性与机理以及互动发展模式，并概述了旅游文化资源的融资体系，也简要回顾了北京旅游业发展概况。

第三章是公共性融资分析，包括公共性融资的理论基础、文化旅游资源的公共性融资必要性和可行性以及公共性融资模式。

第四章是信贷支持旅游发展，合理选择筹资方式，采用不同的方式资金筹集方式，其代价和成本是不同的。科学计算融资成本，减少额外的利息支出。融资方案研究是在已确定建设方案并完成投资估算的基础上，结合项目实施组织和建设进度计划，构造融资方案，进行融资结构、融资成本和融资风险分析。由于旅游投资期时间长，因此进行融资时财务预算应考虑风险因素。合理安排企业的长期负债与长期负债，优化调整商业信用借款与银行借款间比例关系。在分析旅游投资资金来源时，决策主体应根据行业和项目特点，找到股本融资和负债融资的最佳组合。

第五章论述证券市场支持旅游发展，回顾了证券市场支持旅游业发展的研究进展，分析了一级市场与旅游发展和二级市场与旅游发展的理论和案例。

第六章是文化旅游资源的项目融资，研究了项目融资的形式、项目融资的优势、项目融资的基本特征和基本结构，重点分析了项目融资（BOT）的基本流程与风险。

第七章论述了另类金融与旅游业发展，包括租赁融资、风险投资和产业基金的融资方式。

第八章提出了建议与思考，包括如何促进融资方式创新需要政府与企业互动、提升北京文化旅游产品的开发质量、综合运用融资工具以降低融资成本、完善旅游融资的社会服务体系、加大产业融合背景下旅游企业经营模式创新和加强不同融资模式的风险管理。

京津冀区域综合性人文地理过程演化分析与模拟[*]

何丹[**]

《京津冀区域综合性人文地理过程演化分析与模拟》一书以人地关系地域系统理论与方法为依据,从京津冀区域尺度,借助 GIS、RS 等空间分析技术,系统分析城市空间扩展过程和土地利用演变过程的时空特征和作用机制,开展土地利用和景观格局变化未来情景模拟。这是城市地理学、人文经济地理学研究的重要内容,对解释城市演化机理和人地关系互馈机理、揭示地表人文过程的演化规律、地表过程中人文因素的影响机制等具有重要意义,也为进一步开展城市化与全球环境变化研究提供前提。

该书于 2014 年 7 月由学苑出版社出版,主编何丹,20 万字。该书是作者在中国科学院遥感应用研究所和地理科学与资源研究所学习与研究的部分成果,是基于实证对综合性人文地理过程分析的一些研究总结。从博士入学以来至今,时间过去 8 年,作者一直坚持在城市化和土地利用变化过程演化分析与模拟两个方面开展研究工作。该书是作者多年来学习和工作的总结和整理,也是作者继续前行的起点。中国科学院青藏高原研究所助理研究员周璟参加了该书的整体构思、组织结构、编辑和整理工作。北京联合大学本科生崔醒宇和张骈参加了该书部分文字编辑和核查工作。

该书由八章组成。第一章为绪论,讨论和梳理了人文地理过程、综合性人文地理过程的定义、内涵、研究内容和相互关系。在此基础上,对综合性人文地理过程(包括城市空间扩展过程和土地利用与土地覆被变化过程)的

---

[*] 本文是国家自然科学基金青年项目(41201115)、北京市优秀人才资助项目(2013D005022000006)、北京联合大学人才强校计划人才资助项目(BPHR2012E01)的研究成果《京津冀区域综合性人文地理过程演化分析与模拟》一书的简介。

[**] 何丹,北京联合大学应用文理学院城市科学系副教授。

国内外研究进展进行了梳理和总结。全书核心内容共分两篇，上篇为综合性人文地理过程研究理论与方法，涉及城市空间扩展过程和土地利用与土地覆被变化过程的研究理论与方法两个方面，主要介绍了城市空间扩展过程的概念与内涵、相关理论、基本模式、驱动因素和机制、测度方法、相关模型以及土地利用与土地覆被变化的理论、变化特征的基本表征方法、变化过程评价与模拟方法。下篇为京津冀区域综合性人文地理过程实证研究，以区域为基本研究地域单元，选取了京津地区城市扩展过程和城镇体系扩展过程以及京津冀都市圈土地利用景观格局变化过程进行了分析与模拟。最后一章是结论和展望部分，总结了该书的主要研究结论，并对未来研究进行一些讨论和展望。

具体内容如下：

第1章　绪论

包括人文地理过程概述（人文地理过程的内涵与构成）与综合性人文地理过程研究（城市空间扩展过程与土地利用与土地覆被变化过程）内容及进展两部分。

人文地理过程是陆地表层系统地理过程最重要的组成部分之一，主要指人文地理要素（包括人口、经济、社会、文化及政治）随时间的推移而出现的动态变化过程，包括各要素的发生、发展和演变所经过的程序，以及在此连续过程中，人文地理系统发生的一系列动态变化，形成的各种人文空间类型形式的组合及其空间序列变化，反映"时间断面"上人文地理要素动态演化过程的基本事实、概念、原理、规律，即人文地理过程。

从人文地理过程的构成要素来看，大体上主要包括人口空间过程（人口迁移）、经济空间过程（经济活动的集聚与扩散）、基础设施过程（基础设施网络的空间拓展）和社会文化空间过程（宗教、文化等的传播和扩散）。各种人文要素的空间过程不是独立的或单一线性的，而是产生相互作用和联系的集成过程，即各种要素综合作用交界面的空间过程，包括城市空间拓展过程和土地利用与土地覆被变化过程。

城市空间扩展过程研究主要集中在城市扩展的特征和规律、扩展模式、驱动因素和机制、过程模拟、影响效应和调控对策六个方面。土地利用与土地覆被变化过程研究内容，基本上主要集中在土地利用时空变化特征、驱动力和驱动机制、模型应用及开发和资源生态环境效应等方面。

上篇　综合性人文地理过程研究理论与方法

第 2 章　城市空间扩展过程研究理论与方法

该章包括城市空间扩展的概念与内涵；城市空间扩展的相关理论（可持续发展理论、城市区域发展理论、城市结构形态理论、相关经济理论、相关生态理论）；城市空间扩展的基本模式（外延式扩展、跳跃式扩展、内填改造扩展）；城市空间扩展的驱动因素和机制（一般驱动因素和一般驱动机制）；城市空间扩展分析的测度方法（研究方法和测度指标）；城市空间扩展模拟的相关模型（非空间城市扩展模型和空间城市扩展模型）共六部分。

第 3 章　土地利用与土地覆被变化过程研究理论与方法

该章包括土地利用变化的理论（理论基础、土地利用变化的驱动力、社会经济发展与土地利用变化的关系）；土地利用变化覆被变化特征的基本表征方法（变化幅度、变化速度、变化程度、类型转化、区域差异、空间格局）；土地利用与土地覆被变化过程评价与模拟方法（数理统计方法、遥感技术与方法、地理信息系统技术与方法、土地利用信息图谱方法、模型方法）共三部分。

下篇　京津冀区域综合性人文地理过程实证研究

第 4 章　京津地区城市扩展过程演化分析

该章包括城市扩展方位分析；城市重心迁移分析；城市空间形态变化特征分析；城市扩展与人口和经济发展的协调性分析；城市扩展驱动因素分析共五部分。

第 5 章　京津地区城市化空间过程模拟

该章包括 SLEUTH 模型方法；数据与处理；模型校正与结果分析；城市演化过程重建共四部分。

第 6 章　京津地区城镇体系扩展过程演化分析

该章包括城镇体系扩展数量特征（扩展面积和贡献率、扩展速度、扩展强度）；城镇体系扩展空间分异（指标构建、空间分异分析）；城镇体系扩展对周边土地利用的影响；城镇体系扩展缓冲区分析（点缓冲分析——城市节点的发展与城镇扩展、线缓冲分析——城镇用地沿交通线的轴向分布与扩展）共四部分。

第 7 章　京津冀都市圈土地利用景观格局变化过程模拟

该章包括数据来源和处理；研究方法（景观格局指数、Logistic – CA – Markov 耦合模型）；变化过程与景观格局（土地利用景观格局动态分析、土地利用转移分析）；影响因素与动力机制（影响因素分析、影响机制分析）；

模型预测与未来情景模拟（CA – Markov 预测步骤、模拟预测结果分析）；结论与讨论共六部分。

第 8 章 结论与展望

该章首先对人文地理过程的基本概念、内涵和构成以及综合性人文地理过程研究内容及进展进行了梳理，对人文地理的两个综合空间过程即城市空间扩展过程和土地利用与土地覆被变化过程的国内外研究进展进行了梳理总结。在此基础上，对综合性人文地理过程研究理论与方法进行了概述，主要包括城市空间扩展过程的概念与内涵、相关理论、基本模式、驱动因素和机制、测度方法、相关模型以及土地利用与土地覆被变化的理论、变化特征的基本表征方法、变化过程评价与模拟方法。随后，结合实证研究，选取了京津地区城市扩展过程和城镇体系扩展过程、京津冀都市圈土地利用景观格局变化过程进行了分析与模拟。

鉴于该书取得的成果和对以往研究进展的梳理总结，进而就城市空间扩展和土地利用与土地覆被变化过程和机理以及综合效应如何定量评价；这两种人文地理的空间综合过程究竟对区域气候和环境产生多大程度的影响；如何模拟人类需求—人类行为—人类作用的过程，定量表达人文作用的效应等方面提出一些展望。

研究报告

北京"五个之都"建设功能区布局优化及实施对策研究[*]

张景秋[**]

研究背景

北京市委十届八次全会通过的"十二五"规划《建议》提出，要以更高的标准推动"人文北京、科技北京、绿色北京"建设，努力打造"国际活动聚集之都、世界高端企业总部聚集之都、世界高端人才聚集之都、中国特色社会主义先进文化之都、和谐宜居之都"，推动北京向中国特色世界城市迈进。

研究思路和方法

北京"五个之都"建设思路的提出即是"三个北京"的进一步落实，更是建设中国特色世界城市的着眼点。仅从"五个之都"建设来说，目前国内外并没有一一对应的研究，但从城市内部功能分化与提升的角度，特别是从城市形态和功能空间结构演进入手，通过优化布局实现城市整体竞争力的提升等方面，国外一些大都市的建设经验值得借鉴。

在实际研究过程中使用文献法、比较法、问卷调查以及 GIS 空间分析方法。

---

[*] 本文为研究报告《北京"五个之都"建设功能区布局优化及实施对策研究》的简介。该研究报告是北京市社科基金项目（11CSB005）的研究成果。

[**] 张景秋，北京联合大学应用文理学院城市科学系主任、北京学研究所城市研究室主任。

结果与分析

（一）北京建设国际活动聚集之都

1. 主要现状问题

（1）举办国际会议的次数低于纽约、伦敦和东京等世界城市；（2）国际会议会展比例低，大型展览不多；（3）数量不断增加，质量不高；（4）组织形式单一，缺少具有北京特色的国际活动；（5）活动场馆区域空间布局不均衡。

2. 对策建议

（1）协调区域发展，引导场馆合理布局；（2）规划新场馆和利用非展览设施相结合；（3）以场馆为载体，以环路为纽带建立国际活动集聚带；（4）完善配套服务设施规划；（5）改造老旧场馆使老旧场馆设施符合现阶段需求；（6）新建场馆逐步取代现有老旧场馆现有功能；（7）现有新建场馆的空间优化，依托首都国际机场和天竺空港经济开发区和新建成的场馆打造国际活动聚集地，完善信息交流、酒店、物流、交易等服务设施，发展国际活动产业，创造新经济价值。

北京未来国际活动产业功能区布局中国际高端会议、国际大型展览活动、大型教育科技、文化活动采取聚集的空间布局；而对于国际体育赛事活动视其对场馆设施等要求采取分散的空间布局。考虑到区域一体化均衡发展的问题，北京举办国际活动要与北京市周边省市地区要考虑到产业的联系，形成国际活动产业功能聚集区，继而形成国际活动产业带。

（二）北京建设世界高端企业总部聚集之都

1. 主要现状问题

（1）高端企业总部大多集聚在城中心以及长安街以北地区，与北京市未来空间格局优化方案不一致；（2）总部聚集区偏少，大部分企业总部分散分布；（3）现有的总部集聚区规模小，所含世界高端企业总部少；（4）缺乏特色产业总部集聚区，大部分同行业企业总部分散分布。

2. 优化建议

（1）调整北京市高端企业总部总体布局，与未来城市空间布局优化方向保持一致。未来北京市的空间优化调整方案是疏解城中心的功能，建设城市新城或城市功能扩展区以及引导南城的发展。根据城区自身的特点规划建设特色产业总部集聚区或者综合总部集聚区。

（2）引导高端企业总部资源聚集发展，重点打造一批总部集聚区。在传统工业区转型过程中，以及在科技园"二次提升"过程中，通过创新发展模式吸引企业总部聚集，明确各个集聚区的职能，实现总部集聚区的特色化差异化发展。

（3）结合新兴的总部集聚区扩大现存总部集聚区的规模，吸引更多世界高端企业总部。一是扩大总部集聚区的规模，增强其影响力，加强对世界高端企业总部的吸引。二是不断发展扩充现有世界高端企业总部的数量，在空间上形成带动其他总部集聚区的增长极。

（4）按照不同城区的行业特点，增加建设特色产业总部集聚区，增加建设特色产业集聚区。以某一个特色行业领域为主导行业，形成特色较为明显的现代服务业集群。

（三）北京建设高端人才聚集之都

1. 主要现状问题

（1）北京市高端人才集聚区空间分布不均匀，出现北多南少，并高度集中在西北地区；（2）高端人才集聚区的数量少，没有形成一定的规模；（3）高端人才集聚区与高端产业功能区数量匹配失调，只有中关村科技园区内的高端人才集聚区数量较多，而其他区域只有零散的几个，造成了高端人才聚区域高端产业功能区数量的匹配失调，顺沿此趋势发展，将引起各个功能区高端人才的吸引失衡，继而影响到高端产业功能区经济发展的不平衡。

2. 优化建议

（1）政府科学引导高端人才集聚区向城南发展；（2）明确各个集聚区的职能，适当增加高端人才集聚区的数量；（3）依托高端产业集聚区带动高端人才集聚区的优化发展。

"用产业吸引人才、靠人才促进产业"是世界城市人才发展的基本规律，一些国家的现代化高端产业在为国际化高端人才提供施展其才能的舞台的同时，反过来也进一步促进了产业自身的健康发展。因此，把北京市高端人才与高端产业的协调发展作为人才集聚发展的根本出发点，通过优化高端产业集聚区的布局来优化高端人才集聚区的分布，尤其通过中关村科技园区的带动发展示范作用，促使其他高端产业功能区，发挥自己的优势产业，吸引更多的人才，促使各个城区的协调发展，从而促进优质人才资源向新兴产业聚集、推动科技创新人才向重大科技专项聚集、高端人才向产业功能区聚集、推动高端人才集聚区的合理分布。

(四)北京建设社会主义先进文化之都

1. 主要现状问题

(1)产业布局的同质化现象明显;(2)追求短期优惠忽视持续发展;(3)文化产业专业技术人才缺乏;(4)文化产业过度集聚态势明显;(5)特色文化资源规划利用缺位。

2. 优化建议

(1)设立评价指标控制同质化现象的蔓延;(2)完善政策优化环境增加配套服务设施;(3)出台相关措施培养文化产业专业人才,北京市激励政策需要有针对性出台,鼓励各大科研高校积极培养与文化产业相关高素质人才,利用就业、奖学金等政策措施逐步深入高校培养专业技术人才,从根源上解决文化产业人才供应力度不足的问题,吸收大学生到各大产业园区进行实习,储备培养后续人才,防止出现人才断层。与此同时,应制定相关政策,吸引艺术家、各大科研院校毕业生来到文化产业园区落户工作,培养园区人才向心凝聚力,出台相关措施防止人才流失,提升核心竞争力。(4)疏解文化产业城区布局保持合理布局,北京市文化产业目前在城区过度集聚,而郊区文化产业的发展形势却截然相反。郊区需要一定的文化产业入驻以此带动其整体发展,但一定不能出现"遍地开花"的态势。(5)结合当地特色资源创新园区发展模式,加强产业园区与地方特色文化的联系,将地方特色符号植入文化产业园区,创新产业园区发展模式,将工作、休闲、民俗、观光等要素融入园区规划中,使文化产业园区逐步成长发展为当地新的特色文化符号。如此,文化产业发展才会有可持续性,真正成为全民共享的资源节约、环境友好型的生态产业。

(五)生态文明视角下的北京和谐宜居之都建设

1. 生态文明城市建设指标

课题组对于北京建设和谐宜居之都的研究将以生态文明为指导思想,从生态文明城市建设出发,借鉴国外相关经验,建立基于北京城市发展的可面向全国进行比较的生态文明城市建设指标体系。将生态文明城市建设分解为生态意识、生态行为、生态制度3个方面,按照指标性质将评价体系分为四层。顶层为目标层,即生态文明建设综合指数;第二层为专题领域,根据生态文明建设内涵将指标系统分为生态文明意识、生态文明行为、生态文明制度指数;第三层评价主题,依据评估内容,为每个领域设计核心的评价主题，第四层即为具体指标，将第三层指标进一步细化到可操作的层面。

2. 北京建设和谐宜居之都的提升方向

（1）大力发展"绿色交通"是北京生态城市建设的关键；（2）突出城市重点领域生态建设的同时发展试点区域；（3）合理开发利用和保护资源，加强公众参与。和谐宜居之都是现代城市发展的高级形式，是一种全新的城市发展模式，借鉴国外生态城市发展的经验发展具有中国特色、北京特点的和谐宜居城市，是其城市发展一种必然选择。通过从局部到全面的技术改造与改革，再到各个体系的健全和完善，逐步形成自然与人文和谐、经济系统高效运行的城市人居环境，建设北京宜居之都，推动北京城市的生态建设与发展。

北京文化日历构建研究[*]

张勃[**]

一 核心观点

北京要建设成为有特色的世界城市和社会主义先进文化之都，需要进行城市文化设计。如何在年度时间轴上合理全面、有主有次地展示北京文化，是首都城市文化设计、文化建设与文化传承的重要内容。为此，北京需要构建自己的文化日历。

文化日历是以文化活动作为主要表述对象的特殊历书。广义的文化日历，就表现形式而言，是将某个城市或地区的文化活动按举办日期的先后和空间分布，将相关信息进行有序编排而形成的文本，它用简明的方式揭示出该城市或地区文化活动的时空安排和丰富性程度。狭义的文化日历专就节庆活动而言。文化日历有两种取向：一种朝向过去，立足于当下向后看，制作、发布于文化活动完成之后，是对特定区域特定时间段落（比如一个历年）内开展文化活动的系统梳理，其实质是文化活动的大事编年。另一种朝向未来，立足当下向前看，制作、发布于文化活动进行之前，是对特定区域特定时间段落内拟开展文化活动的预告，以吸引社会组织与社会成员的关注和参与，具有鲜明的服务性，是一种生活指南。城市文化日历文本的编制和应用具有多重功能：（1）可以有效解决城市文化需求与有效供给之间的矛盾，提高公共文化精准服务的水平和能力；（2）有助于营造良好的城市形象；（3）有益于城市特色的形成和维护；（4）有助于城市文化品牌的打造；

---

[*] 本文为研究报告《北京文化日历构建研究》的简介。该研究报告是北京市社科基金项目（12ZHB013）的研究成果。

[**] 张勃，北京联合大学北京学研究所研究员。

(5) 可以促进城市文化建设的计划性和自觉性；(6) 可以发现城市文化建设中存在的问题，有助于优化文化活动的时空间布局；(7) 具有存史价值。

构建北京文化日历，既包括编制北京文化日历文本并加以推广应用，也包括在现有年度周期性文化活动的基础上，经过调整、提升乃至新的创造，从而形成蕴含北京精神、体现首都特色、发挥地方优势、健康向上、充满活力、丰富多彩的节庆活动体系。

当前，需要加强构建北京文化日历的自觉意识，认识到这一工作事关北京的城市定位，是首都文化设计、建设和传承的重要举措，是政府公共文化服务的重要内容，从而形成北京文化日历文本编制的制度化，由北京文化管理部门主要负责，并综合运用多种媒体定期权威发布，推广传播。

二 项目研究的目的和意义

"北京文化日历构建研究"项目，立足于北京要建设有特色的世界城市和社会主义先进文化之都的城市定位，以北京节庆为研究重点，并以之为切入点和突破口，深入探讨北京文化日历文本制作的重要意义、文本样式、应用思路，并厘清北京当下节庆文化活动的基本形态和时空间分布特征，就如何进一步提升北京节庆文化活动的内在品质，优化其时、空间布局，强化其在培育、突显北京城市特色等方面的积极作用，提出对策建议。该项目自始至终贯穿着立足北京、研究北京、服务北京的学术宗旨，是城市文化设计的一项有益成果，对于北京城市文化建设具有较强的现实意义和实用价值。

该成果提出"文化日历"的新概念并进行理论探索，对于如何整理和研究地方文化、提升地方文化品格具有重要的学术意义。

三 主要内容和对策建议

本研究报告共分四章。

第一章 文化日历概述

阐明了文化日历的概念，文化日历文本的编制条件、编制原则和构成要素，以及文化日历文本在城市中的多重功能，从而论证编制文化日历文本的合理性和重要性。文化日历文本并非生而有之，必须经由专门的编制才能够生成，这需要具备三个条件：首先，需要有编制文化日历文本的自觉意识；二是预先掌握当地特定时间段落内拟举办文化活动基本情况的准确信息。三是具有将信息进行合理编制的方法。这三者缺一不可。其中，编制文化日历文本的自觉意识又起着关键性的作用。而文化日历文本的编制原则主要包括服务性原则、因地制宜原则、准入原则、重点突出原则、连续性原则等。

第二章 北京文化日历构建之基：北京节庆活动的历史与现状

提出北京需要构建自己的文化日历这一命题。并认为，北京构建自己的文化日历，既包括围绕现有文化活动运用多种形式进行文化日历的文本制作，又包括在科学研究的基础上对北京现有文化活动进行优化和提升，形成与北京城市性质匹配的、具有影响力的文化活动体系。而北京节庆的历史与现状奠定了构建北京文化日历的基础。

本章主要分为三部分内容：

首先对辽金以来北京地区节庆文化发展史进行了阶段划分，共分为清代之前、中华民国时期、中华人民共和国成立至20世纪70年代和20世纪80年代以来等四个时期，并一一分析了不同历史时期的发展特点，尤其探讨了20世纪80年代以来北京节庆活动蓬勃发展的原因，认为节庆乃人性之所需，而社会成员文化休闲方面的需要、城市形象建设和城市知名度提升的需要、经济发展的需要以及国内外节庆发展的影响，共同促成了近年来北京节庆的发展。根据调查和北京旅游网提供的信息，2013年北京节庆已有160余个。

其次，在探讨节庆分类方式的基础上，根据节庆主题和性质，对当下北京新兴节庆进行类别划分，即民俗类、文化艺术类、体育类、花卉类、物产类、饮食类、自然生态类等。

再次，概括了当下北京节庆活动的在时、空间分布和内容方面的特征。其中，时间分布特征表现为：与传统节日关系密切；具有较强的季节关联性；节庆活动集中于上半年，下半年活动少，月度分布不均匀。空间分布特征表现为：区域分布不均衡；公园、风景区、博物馆等公共活动空间成为开展节庆活动的主要场所。内容方面的特征表现为：对特色化和多样化的追求同时并存；具有一定的雷同性；体验性活动明显不足，等等。

在上述研究的基础上，认为，尽管北京节庆活动存在着时间、空间分布不完全均衡、体验性活动不足等问题，但整体上看，经过历史的积淀和当代的发展，目前北京市域内拥有丰富多彩、数量十分可观的节庆活动，这在很大程度上满足了市民对于文化活动的多元需求，也奠定了构建北京文化日历的基础。根据现有节庆，一方面可以编制当前的北京日历文本，另一方面，则可以发现问题和不足之处，进一步优化北京节庆体系，构建新的北京文化日历。

第三章 北京文化日历文本的编制与应用

着重于探讨由谁、如何编制文化日历文本并怎样将其推广开来的现实问题。

在由谁编制这一问题上，主张北京市文化管理部门具有其他部门难以媲美的优势，是编制主体的最佳选择。一方面，它本身以及下辖区县相关部门就是诸多节庆的主办者或参与主办者，因而能够提前获得大量准确的节庆信息；而这对于编制未来取向的北京文化日历文本来讲，具有决定性意义。另一方面，作为公共权威部门，它编制文化日历文本具有更强的权威性和可信度。

在如何编制这一问题上，提供了表格式、历法式以及图文式三种模板。

在如何应用方面，主张目前是传统媒体与新媒体综合发挥作用的多媒体时代，北京文化日历文本要通过多种媒体进行传播，如：出版以"＊＊年北京文化日历"（或＊＊年＊季北京文化日历）命名、图文并茂的精美书籍；定期印刷北京文化日历宣传页，置于火车站、地铁站、机场、饭店、旅店、旅游服务中心等人流密集处；在报纸上设置北京文化日历发布栏目，定期做权威发布，并制作电子版进行广泛传播；在互联网上建立专门的"北京文化日历"发布平台，或者在既有公共文化信息服务网络，如首都之窗（http：//www. beijing. gov. cn/）、北京文化热线（http：//www. bjwh. gov. cn/）上开设专门栏目，定期做权威发布，并进行信息转换，利用手机短信、手机微信等方式实现更便捷和有效的传播和使用。

第四章 北京节庆发展的未来趋势和优化北京文化日历的建议

本章分为两部分。首先分析了北京节庆发展的未来趋势，认为作为一种社会安排，北京节庆活动在未来将会继续繁荣，在社会发展中发挥十分重要的作用，并产生广泛的经济收益和社会文化影响；与此同时，北京节庆又面临着优胜劣汰、适者生存的竞争局面，一些节庆被淘汰，一些节庆继续存在，其中一些则成为具有国际影响力的节庆品牌。

其次，就如何提升节庆品质、优化北京文化日历提出如下建议：

第一，将北京节庆建设提高到文化建设、经济建设、社会建设和城市建设的高度加以认识。北京节庆发展不是简单的小事情，而是关系着北京文化建设、经济建设、社会建设和城市建设的大事情。一方面，北京节庆建设是文化、经济、社会、城市建设的重要内容，另一方面也是进行上述诸多方面建设的重要方法和路径。

第二，将当前对庆典论坛活动的规范清理视为节庆提升发展的一次重要契机。这一方面是因为这种情况迫切需要对北京节庆应该如何发展进行深度思考，思考则有助于北京节庆的未来建设和发展；另一方面是因为在规范和清理的要求下，那些被清理掉的节庆固然失去了发展的空间，但那些被保留下来的节庆则拥有了继续发展的合法性和正当性。如果这些节庆能够因势而起，顺势而变，紧紧抓住机遇，则可能发展成为重要的节庆品牌。

第三，增强构建北京文化日历的自觉意识，明确北京节庆提升发展的方向，积极展开行动。具有构建北京文化日历的自觉意识，就是自觉从整体上把握和思考北京周期性文化活动（节庆）的未来发展，就会注重节庆的科学规划，在节庆建设方面更自觉、更宏观，更具有前瞻性；就会在应办哪些节庆，节庆应在何时举办，节庆以多长周期为宜等方面有一个整体规划；就会在为谁建设、谁来建设、建设成什么样、怎样建设等重大问题上有明确的思路。北京节庆优化发展的方向可以概括为品牌化、多元化和专业化。为此，可以在以下几个方面展开行动：

1. 强化节庆品牌意识，在认真调查当下北京节庆时空间布局的基础上统筹规划，注重各区县之间节庆的区别与联系，形成一个多层次多类别既有经济效益又有社会效益的节庆体系。

2. 处理好政府与企业组织、社会组织以及居民的关系，在政府发挥重要作用的同时，充分调动企业组织、民间组织和北京居民的积极性。

3. 充分尊重文化传统，科学办节，重视节庆策划，确定节庆目标和主题，规范节庆名称，确定节庆日期和地点，提升节庆活动品质，挖掘节庆内涵，增强节庆魅力。

4. 完善节庆运作，提高节庆活动的经济效益和社会效益。

总之，只要正确认识和充分重视构建北京文化日历的重要性，秉承正确的理念，在认真研究的基础上积极建设，北京节庆就一定会有更加美好的未来，并且为首都发展起到更加重要的促进作用。

北京传统村落文化现状及可持续发展对策研究

苑焕乔[**]

一 研究背景

传统村落是珍贵的文化遗产,不仅涵盖优秀传统建筑,而且还蕴含着中华民族文化所特有的精神价值和丰富的民俗文化,体现中华民族优秀文化的生命力和创造力。北京传统村落,是北京地域文化和建筑艺术的物化档案,记录了北京社会发展和历史文化的脉络,是珍贵的历史文化遗产。近年,随着京郊城镇化和新农村建设的快速发展,不少传统村落在大规模建设和经济发展过程中,忽略了对传统村落历史建筑、空间结构布局和文化脉络的科学保护,不同程度地对传统村落的传统风貌造成破坏,有的甚至造成无法挽回的损失。为避免这种不良现象的继续蔓延,借鉴国内外古村落保护发展经验,促进北京传统村落文化传承发展,对于更好地继承传统文化、保持人与自然的和谐,以及村民收入和生活水平的不断提高,都具有积极作用和重要价值。

国外,古村落研究始于20世纪初,而中国研究于20世纪80年代才开始起步。北京传统村落文化研究,从20世纪90年代开始引起学术界关注,经过近20余年专家、学者和文化部门卓有成效的调查与研究,目前已初步形成了以建筑学、历史学、文化学和地理学等多学科共同参与的良好局面。关于北京传统村落文化及其利用方面的研究成果比较多,但仍存在许多不足,即对传统建筑等物质文化研究多,对于非物质文化的研究严重不足;对于北京传统村落文化保护研究,多从文化生态、ASIS 模型技术等视角,提出

---

[*] 此文为研究报告《北京传统村落文化现状及可持续发展对策研究》的简介。
[**] 苑焕乔,北京联合大学北京学研究所助理研究员。

保护方法，但缺乏对传统村落建筑和非物质文化的原真性保护研究；对于北京传统村落文化的利用发展研究，注重文化资源经济效益论文颇多，而对于传统村落文化所包含的中华民族精神等的研究远远不够。因此，在传承传统文化关注城市居民乡愁、实现首都文化中心功能定位之际，针对北京传统村落文化现存问题，提出实现保护对策建议，具有重要现实意义。因此，通过对北京传统村落文化的调研，了解最新发展情况和现存问题，分析、提出可行性对策与建议，是该课题预期解决的重点问题。

二 研究思路和方法

该课题的研究思路：通过文献法，辑录国内外传统村落保护条例、文件和成功案例；通过社会调查和个人访谈相结合方法，调查北京传统村落文化现状及利用情况；借鉴文化学、民俗学、社会学等多学科综合方法，研究、探讨北京传统村落文化可持续性发展。

在实际研究过程中，该课题主要采用的研究方法有文献法、调研法和比较法。通过文献法，辑录国内外传统村落保护条例、文件和成功案例；运用社会调查和个人访谈相结合方法，调查北京13传统村落文化现状及利用情况；通过国内外传统村落文化保护与发展模式比较，探索总结出北京传统村落文化可持续发展的有效模式。

三 结果与分析

（一）北京传统村落文化保护现状

北京传统村落文化，作为中国文化遗产的重要组成部分，是地域文化和建筑艺术的物化档案，记录了北京社会发展和历史文化的脉络。传统村落是北京市的稀缺资源，加大传统村落文化保护工作，既是传承地域文化之根、承载城市居民乡愁的重要基础，也是增加农民收入、改善民生的有效途径。近年，北京市在保护传统村落文化方面开展了许多工作，取得了很多可喜成果。

1. 建立传统村落档案。按照住房与城乡建设部的要求，对已列入中国传统村落名录的北京传统文化村落，按"一村一档"要求，对传统村落的村域环境、传统建筑、村落选址及格局、非物质文化遗产、文献资料、保护发展基础资料等内容，进行认真的现场调查和资料整理，以文字、图纸和照片等多种形式进行记录、建档。

2．编制传统村落文化保护规划。为加强传统村落保护工作，对已列入中国传统村落名录的北京市传统村落启动了保护规划编制工作。

3．利用媒体和培训等方式，加强对传统村落文化保护宣传工作。

4．传统村落民众生活得到改善。在有效保护传统村落文化的同时，通过修缮传统民居、文物古迹，改善基础设施和公共环境，发展观光休闲旅游和文化创意产业，最终使京郊传统村落的农民增加了收入，改善了生活。

5．传承传统村落节俗文化，对于建立和谐社会、弘扬公共道德起着重要作用。

6．传统村落的革命纪念地、标志物及其所承载的革命历史、革命事迹和革命精神，成为青少年爱国主义教育的基地。

（二）北京传统村落文化现存问题

近年，北京传统村落文化的保护发展，对于传承北京地域文化，增加京郊农民收入、改善农民生活等，做出了重要贡献，但北京传统村落文化的保护发展仍存在许多亟待解决的问题。

1．对传统村落建筑及其整体风貌的保护，亟须加强。

2．关于京郊传统村落，存在政府部门"多头管理"，资金渠道多但使用不统一等问题。同时，由于旅游地产公司等商业开发的介入，新的利益矛盾和冲突开始出现，这些都给传统村落保护和发展带来诸多问题。

3．一些传统村落原住民迁走，导致传统村落非物质文化遗产严重流失，无法活态传承。

北京市传统村落不仅有物质文化遗产资源，而且还有内涵丰富的非物质文化遗产资源，如：琉璃渠村的"琉璃烧造技艺"、灵水村的"秋粥节"俗、爨底下村的"转灯会"和古北口村的"宫灯制作技艺"等。如果作为非物质文化遗产传承主体的原住民迁走，这些非物质文化资源将流失，无法得到活态传承。

4．传统村落存在建设性破坏。近年，京郊乡村文化休闲旅游发展迅猛，一些传统村落在周末和"五一"、"十一"黄金周，前去休闲观光的游客爆满，不仅解决了京郊许多农民的就业问题，促进了农民增收，也拉动了当地经济发展。同时，一些闻名中外传统村落的农家乐，为提升接待能力，增加住房面积及在街巷建灶台等建设性破坏现象已出现。如：爨底下村一些农家乐接待户，为提升接待能力，在传统院落增建房子和在街巷胡同建小灶台等，使传统村落整体面貌受到一定程度影响。

5. 传统村落发展休闲旅游产业，其交通设施亟待改善。为适应京郊"乡村游"发展，亟须加强传统村落交通设施建设。

（三）北京传统村落文化可持续发展对策

北京传统村落文化的可持续发展，需要解决现存问题，促进传统村落风貌、空间格局的整体性、原真性保护，以及非物质文化遗产的传承等，因此，需从多角度考虑可持续发展对策建议。

1. 加强宣传教育工作，增强广大干部和村民对传统村落建筑及其整体风貌的保护意识。

2. 确立政府主导地位，设立专门保护与协调机构，进行统一管理并协调各方利益关系。

3. 出台《北京传统村落建筑修缮规范标准及其保护技术规则》等法规文件，用以指导传统村落文物古迹、民居建筑等的保护与修缮工作。

4. 留住传统村落原住民及其非物质文化遗产。

5. 成立村集体合作制宿舍和餐厅，尽可能减少对传统村落的开发性破坏。

（四）结语

现今，传统村落保护与可持续发展已经成为国际化行动，几乎世界上所有文明国家都对"历史小城镇、古村落"进行成片保护，这是一种民族荣耀，只有好好保护发展它，才能使自己民族和地域文化走向世界。

北京传统村落，饱含着从过去岁月传承下来的历史信息和文化遗产，是北京千百年来历史进程和社会发展的见证，人们越来越认识到它们的多方面价值，因此，我们当代人有责任为子孙后代将它们妥善保护和世代传承下去。

学术论文

◇ 北京历史文化与文化遗产研究 ◇

三山五园的地位与定位[*]

张宝秀[**]

三山五园是北京西郊海淀一带清朝皇家园林的总称，通常认为主要包括圆明园、畅春园、万寿山颐和园、玉泉山静明园、香山静宜园。过去，"三山五园"只是一种俗称，也称"五园三山"，历史上，早在150多年以前就有这个称呼了。直到2012年6月，才在北京市第十一次党代会报告里正式写入"三山五园历史文化景区"，这是在市委市政府层面的正式文件中第一次以"三山五园"取代了以往"西郊清代皇家园林"等称呼。

一 对三山五园的关注与研究现状

通过在中国知网（CNKI）文献总库中，对公开发表的中文文章，以"三山五园"为精确检索词进行全文检索，可以看出，对三山五园中单个园林的研究成果非常丰富，也比较深入，但是关于三山五园的整体性研究成果还不多，已有成果多是关于三山五园的介绍、历史变迁和对文化遗产保护的呼吁，较为深入的综合性学术研究成果还比较少，也就是说将"三山五园"作为一个地域综合体的关注度相对较低。但是，近十年来，对三山五园的关注度明显提升，特别是近两年提升很快，这与2002年海淀区提出建设"北京市皇家园林旅游区"有关，与近两年海淀区委宣传部的大力宣传和工作推动有关。

---

[*] 本文为学术论文《三山五园的地位与定位》的简介。
[**] 张宝秀，北京联合大学应用文理学院院长、北京学研究基地主任、北京学研究所所长。

二　对三山五园历史地位和价值的认识

三山五园地区历史悠久、文化底蕴深厚。自辽、金以来北京西郊即为风景名胜之区，至清代朝廷在此大规模营建皇家园林，建设行宫别苑，这里已成为京师的有机组成部分。北京西郊清代的皇家行宫苑囿是清朝的第二政治中心，从康熙开始，一直到清朝末年，三山五园地区作为清代三个政治中心之一（其他两个中心是紫禁城和避暑山庄），历史地位非常重要。

三山五园的价值是"五位一体"的，包括文化价值、经济价值、生态价值、政治价值和社会价值。现在大家对它的文化价值强调的比较多，也有强调其经济价值和生态价值的，而对于政治价值、社会价值，强调的相对不足。

三　三山五园的现代地位与功能定位

三山五园的现代地位，可以高度概括地表述为北京历史文化名城的重要有机组成部分，是其"双核"之一。另一个核心是北京明清旧城。

三山五园地区是当今北京少有的文化遗产要素数量多、质量高、密度大的区域，是海淀区甚至整个京西地区的主导文化要素、标志性文化符号，也是北京难得的大公园、大遗址、大型户外空间，它具有很高、很多方面的价值和现代意义，文化资源极其丰富，拥有良好的文化经济发展潜力。三山五园地区还是首都西北部重要的城市功能区、教学科研文化聚集区、高尚品质生活区、上风上水生态文明区、文化科技融合区等。

与三山五园的现代地位相适应，其在当前北京城市发展中的总体功能定位就是北京历史文化名城"双核"之一，或者目前可以暂且表述为"次核心区"。北京历史文化名城"双核"中的明清旧城要坚持整体保护，三山五园要坚持系统保护，进行"点—线—面—体"的系统保护。

虽然目前北京历史文化名城保护相关条例、办法、规划等都是仅仅强调以明清旧城为核心，但是我们不必过于受现有规划和文件表述的限制，因为规划、文件编制者的认识也是与时俱进的。从现有历史文化名城保护规划、文件的表述中可以看到，北京文化历史名城的内涵和外延一直在不断拓展，目前的保护理念和保护体系范围已经是市域全覆盖。

四 北京三山五园研究院的定位、宗旨与目标

北京三山五园研究院是北京联合大学和中共海淀区委宣传部合作共建的开放性科研平台。研究院建有北京三山五园文献馆,进行专题资料的收集、保存、利用和传播。

三山五园研究院的定位,是面向校内外、海淀区内外、国内外开放,各领域、多层次协同创新、整合资源、联合攻关,围绕三山五园文化遗产保护与传承发展深入开展全方位、多要素、综合性、系统性研究的高水平学科建设、学术研究、人才培养、交流合作、文化传承和文化经济发展促进平台,宏观、中观、微观研究相结合,基础性研究和应用性研究相结合,学术研究和开发规划设计、产业发展促进相结合,课题研究和人才培养相结合,旨在有力推动三山五园文化遗产的系统保护、价值挖掘、有效传承、整体规划和综合开发,有效服务于北京历史文化名城保护、首都全国文化中心建设和文化大发展、大繁荣。

研究院的发展目标,是努力建成首都北京文化传承协同创新研究基地和智库,并向国家级文化协同创新中心迈进。

(原文载于《北京联合大学学报(人文社会科学版)》2014年1期)

三山五园中的藏传佛教寺院功能浅析[*]

于 洪[**]

三山五园是乾隆时期北京西北郊皇家园林概况的总称，也是清代皇家园林最杰出的代表园林，包括万寿山的清漪园、香山的静宜园、玉泉山的静明园，畅春园和圆明园。这五座皇家园林无论是从建筑、景观、造园艺术等方面而言，在中国古典园林史上都是罕见的。园林建筑中，宗教寺院建筑占了几乎整个园林的三分之一，而五园之中都具有不同风格的藏传佛教寺院，如：清漪园（颐和园）中的四大部洲藏式佛教寺院；香山静宜园中的"宗镜大召"（昭庙）；玉泉山静明园中的妙高塔；畅春园中的恩佑寺和恩慕寺；还有圆明园中的新正觉寺都是藏传佛教寺院或有藏传佛教文化的元素。

皇家园林中呈现出形态各异的藏传佛教寺院或是藏传佛教文化元素是为什么呢？主要是因为清统治者利用宗教的力量，把边疆民族凝聚到祖国的统一之中，主要采用"兴黄教以安众蒙古"的政策。正如清代皇帝所讲，"敬修一座庙，胜养十万兵"。其次，清统治者为了满足皇氏成员对藏传佛教信仰的需要，故此修建御用皇家藏传佛教寺院。最后，是为纪念先祖而建造寺院。

一 香山静宜园昭庙——兴黄教以安众蒙古

香山地处西山东坡的腹心，是西山山梁东端的枢纽，其峰峦层叠，涧壑交错，清泉甘洌适口。清康熙年间，此地开始营建"香山行宫"。乾隆十年（1745），乾隆皇帝进一步扩建，建成二十八景，形成皇家园囿。乾隆十二年（1747），香山行宫更名为静宜园。

---

[*] 本文为学术论文《三山五园中的藏传佛教寺院功能浅析》的简介。

[**] 于洪，北京联合大学历史文博系副教授。

昭庙位于静宜园的东北区，全称为"宗镜大昭之庙"，藏文称为"觉卧拉康"，翻译为汉语是"尊者神殿"之意，是一组具有浓厚西藏特色的大型庙宇建筑。昭庙建于乾隆四十五年（1780）前后，为接待来京给乾隆皇帝祝七十大寿的六世班禅驻锡而建。

清王朝为了安藏定边，制定了基本国策"兴黄教"，乾隆皇帝在雍和宫《喇嘛说》的御制碑中说道："兴黄教，即所以安众蒙古，所系非小，故不可不保护之……"六世班禅是藏传佛教格鲁派（黄教）的宗教首领之一，应乾隆皇帝之邀，从雪域高原长途跋涉到北京为乾隆皇帝祝寿。乾隆皇帝为六世班禅安排了夏季和冬季的两个住所，一是冬季住所西黄寺，另一处是夏季住居香山静宜园的昭庙。

二　玉泉山静明园中的妙高寺

玉泉山山麓成南北走向，以秀山涌泉而闻名。清康熙十九年（1680）建行宫，初名澄心园。清康熙三十一年（1692）更名静明园。乾隆年间大规模扩建，形成"静明园十六景"。

妙高寺是静明园诸建筑中形制最为奇特的一组。该寺建在玉泉山北高峰巅，高台耸峙，颇具凌霄之势。妙高寺南北两进，山门前立汉白玉牌坊一间，坊额为乾隆帝御笔"灵鹫支峰"。门内假山曲径，正殿名"江山如是"，供奉三世佛，东西临崖有配殿各3间。二进院正中一座藏式覆钵体塔，名"妙高塔"。

三　万寿山清漪园后大庙——佛国世界

清漪园始建于清乾隆十五年（1750），历时15年竣工，也是"三山五园"中最后完成的皇家园囿。

后大庙的佛国世界：后大庙位于万寿山后山，一座规模庞大的汉藏混合式佛寺，俗称后大庙。建于乾隆二十年（1755），由两部分组成，北半部为须弥灵境。南半部为香岩宗印之阁。

咸丰十年（1860），英法联军侵略北京，大报恩延寿寺被侵略军放火焚烧，除砖石结构的众香界、智慧海以及铜亭子之外，其余建筑均被焚毁。后大庙下部的须弥灵境正殿和配殿已然无存。

光绪十二年（1886）慈禧太后重建，改大报恩延寿寺下半部分为排云殿建筑群，称排云殿，成为清末慈禧太后举行万寿典礼的地方。后大庙的香岩宗印之阁也是光绪年间所建。

　　香岩宗印之阁现仍坐落在须弥灵境南面10米多高的金刚墙上，其布局非常典型，它以西藏地区一座著名的喇嘛寺院桑耶寺作为规划设计的蓝本，整组建筑的布局以香岩宗印之阁为中心，周围环列着许多藏式碉房建筑物和喇嘛塔，分别在若干层的台地上随坡式而交错布置，具有浓厚的藏族色彩。根据佛经里的描述：在佛所居住的须弥山四周是咸海，海上四方有四个大部洲，依次为方形、三角形、半月形、圆形。这四种不同的形状，又对应着佛家称为"四大"的地（方形）、火（三角形）、水（圆形）、风（半月形）。香岩宗印之阁正是这种宇宙世界的现实形象。香岩宗印之阁象征须弥山，日、月台分列阁旁，阁的前、后、左、右环建着四大部洲，每一大部洲旁拱卫着两个小部洲。阁东南、东北、西南、西北分建绿、红、白、黑四座不同颜色的梵塔。由于香岩宗印之阁坐南朝北，四大部洲的方位与实际情况恰恰相反，即北俱庐洲在南、南瞻部洲在北、东胜身洲在西、西牛贺洲在东。

四　畅春园中的恩佑寺

1. 恩佑寺

　　位于畅春园东北，建于清雍正元年（1723），是雍正皇帝为纪念其父亲康熙皇帝而建。原为畅春园内的"清溪书屋"，康熙皇帝常常宴寝于此。康熙皇帝驾崩后，雍正皇帝将书屋改为恩佑寺。恩佑寺的山门坐西朝东。正殿面阔5间，内供三世佛，南北配殿各3间。《日下旧闻考》载："恩佑寺，世宗宪皇帝为圣祖仁皇帝荐福，建于畅春园之东垣，正殿内奉三世佛，左奉药师佛，右奉无量寿佛。山门额曰敬建恩佑寺。二层山门额曰龙象庄严，正殿额曰心源统贯。皆世宗御书。殿内龛额曰宝地昙霏。联曰：万有摊祥轮，净因资福；三乘参慧镜，香界超尘。皆皇上御书。"现在只有山门遗存，为文物保护单位。

2. 恩慕寺

　　位于恩佑寺南侧，建于乾隆四十二年（1777），是乾隆帝效仿圣祖为孝庄太皇太后祝厘在南苑建永慕寺的做法，为其母敬启梵宫。寺院的建制与恩佑寺相同。《日下旧闻考》载："恩佑寺之右为恩慕寺，殿宇规制与恩佑寺同。圣祖仁皇帝为太皇太后祝釐，建永慕寺于南苑，世宗宪皇帝为圣祖仁皇帝荐福，建恩佑寺于畅春园。乾隆四十二年，皇上圣孝哀思，绍承家法，於恩佑寺之侧敬构是寺，名曰恩慕寺，为圣母皇太后广资慈福。正殿奉药师佛一尊，左右奉药师佛一百八尊，南配殿奉弥勒像，北配殿奉观音像，左右立石幢一，刻全部药师经，一勒御制恩慕寺瞻礼时。山门额曰敬建恩慕寺。二层山门额曰慈云广荫，大殿额曰福应天人，殿内额曰慧雨仁风。联曰：慈福遍人天，祥开佛日；圣恩留法额度，妙现心灯。皆御书。"现只有山门遗存。1998年，恩慕寺山门被列为海淀区文物保护单位。

五　圆明园中的正觉寺

圆明园位于海淀挂甲屯以北，康熙四十八年（1709）所建。雍正皇帝即位后，对圆明园进行扩建。乾隆皇帝沿袭前朝，断续扩建圆明园，使景区增至40处，这就是著名的"圆明园四十景"。

正觉寺位于圆明园绮春园正宫门之西路北，建成于乾隆三十八年（1773），俗称"喇嘛庙"。1900年前后，正觉寺曾一度被义和团占用。八国联军占领北京时，寺内部分门窗及佛像被驻在该寺南边的朗润园（今属于北京大学）的德军毁坏。民国初年，被颜惠庆购买并当作私人别墅，寺内喇嘛被遣散，佛像被拆除，建筑进行了改造。正如《蒙藏佛教史》载："在万寿山迤东三里河，建于乾隆年间。殿共四进，枕山临水，风景幽雅。规模宏敞，备极辉煌，万寿之水，环流寺门。寺内前额定喇嘛三十余名，民国十一年易为某宅公馆，寺内喇嘛奉令移居海甸陈府。"20世纪70年代起，海淀机械厂（今北京长城锅炉厂）等单位占用。20世纪90年代起，正觉寺的保护受到国家文物局、北京市文物局、圆明园等单位的关注。2009年12月，正觉寺复建保护工程开工。2011年7月，正觉寺复建保护工程全面竣工，首次对公众试开放。

六　结论

综上所述，三山五园中现存的或复建的藏传佛教寺院虽然始建时间不同，建筑风格各异，但寺院的功能体现了两点：一是从国家利益出发，利用宗教的认同，以教约心，顺其情志，充分发挥其积极、正确、有利于国家稳定、民族团结；二是满足皇氏贵族信仰的需要，比如圆明园的正觉寺体现了满族式的藏传佛教特点。

（原文载于《学理论》2014年第23期）

北京城镇化进程中的宗教建筑遗迹保护问题研究——以地下文物和考古发现为例[*]

赵连稳　孙勐[**]

宗教建筑遗迹是北京考古发现中的重要组成部分，具有规模大、历史和文化价值高的特征。在北京城镇化过程中，大量宗教建筑遗迹悄无声息地消失了。如何处理好宗教建筑遗迹保护与城镇化发展的关系，妥善地保护好埋藏于地下且有可能被发现和已发掘出的宗教建筑遗迹，应当给予足够的重视，制定出前瞻性的保护措施。

一　北京地区拥有丰富的宗教建筑文化遗产

纵观北京城的发展史，我们可以看出，其规模在不断扩大、功能在不断增强、经济在不断发展，相应的人口和建设也在不断增多、规划和设计也在不断完善。与此相应的是，宗教文化也越为兴盛，宗教建筑也越来越多。据统计，历史上北京的宗教建筑至少有4000处。目前，北京市的城镇化已达到了世界发达国家的城镇化水平。但是，在此过程中，城市建设区急剧扩张而古都历史面貌日渐消失、以宗教建筑遗迹为代表的文物保护问题提到了议事日程。

二　北京地区宗教建筑遗迹的考古成果

新中国成立以来，北京市宗教建筑遗迹的考古发现不断增多，成为北京

---

[*] 此文为学术论文《北京城镇化进程中的宗教建筑遗迹保护问题研究——以地下文物和考古发现为例》的简介。

[**] 赵连稳，北京联合大学北京三山五园研究院教授；孙勐，北京市文物研究所馆员。

地下文物保护中的一大特色。据笔者不完全统计，近年来北京市考古调查、勘探和发掘的宗教建筑遗迹多达百余处，分别属于佛教、道教、伊斯兰教和民间宗教，基本上代表了北京宗教文化的构成。其中，最具代表性的保护成果有北顶碧霞元君庙遗址、玉河庵遗址、房山区青龙湖镇大苑村西部的佛教寺庙遗址、大兴区辽金时期的塔林遗址等。

三 北京城镇化进程中宗教建筑遗迹的保护现状

北京市在处理工程建设和宗教遗迹保护的关系中取得了不凡的成绩。其中，北顶碧霞元君庙、玉河庵等遗址的考古勘探、发掘和复建成为展现北京文化魅力的重要成果和标志。但是，仍存在很多问题。首先，没有充分发挥考古勘探和发掘在城市建设中的作用。以2007年至2013年为例，95%以上的建设工程项目从未进行过地下文物保护，大量埋藏于地下的宗教建筑遗迹被破坏。其次，对业已考古勘探和发掘的宗教建筑遗迹的保护严重不足，其中绝大多数已不复存在。

四 进一步加强北京市城镇化过程中宗教建筑遗迹保护的几点建议

根据北京市"十二五"规划中的目标，宗教建筑遗迹的保护应给予更多的关注。因此，提出以下几点建议。

（一）依法治理

包括加快立法和加强执法。北京市地下文物保护所依据的法律法规较少，立法的速度较慢，无法适应新形势。宗教建筑遗迹是北京历史文物的一大类别，政府有关部门应在充分调研的基础上专项立法保护。近年来，北京市未按《文物法》的规定施工建设破坏了大量宗教建筑遗迹，其价值无法估量。因此，建议市政府要保证文物主管部门执法职能完全发挥、充分履行。同时，文物部门也应加强执法队伍的建设，加强执法的力度，做到主动出击、执法必严。

（二）保障经费充足

新中国成立后至今，市政府在文物保护方面的资金投入有着跨越式的增长。但是，真正用于地下文物保护、考古发掘出的遗迹保护方面的资金，所占的比重非常有限，更不用说用于宗教建筑遗迹保护的投入资金了。因此，建议应尽快增加宗教建筑遗迹保护经费。另外，北京地区拥有众多的企业和社会闲散资金，应该广泛吸纳社会资金，包括企业和个人的投资和捐赠，用于大量的宗教建筑遗迹保护。

（三）加强信息建设与数据公开

应由文物主管部门或具有相关专业经验与实力的科研机构牵头，组织相关专家，对北京见于文献记载、考古发现的各类宗教建筑遗迹进行梳理，建立专门的数据库，以便全面掌握北京宗教建筑遗迹的具体情况，为今后的保护工作开展奠定牢固的基础。

城镇化进程使北京正在成为一个世界级的大都市。保护好首都的传统历史文化，包括宗教建筑遗迹文化，才能更好地展示出北京作为世界城市的特殊文化魅力。

（原文载于《新视野》2014年第4期）

北京会馆成因及其功能解构[*]

白 杰[**]

会馆是具有鲜明"地点"功能指向的城市民间社会组织。这里的"地点"包括两层含义，一是这一组织都在城市中建有赋予"地点"以特殊身份的馆舍，将其命名为某某会馆；一是这一组织都有其源发的"地点"指向，即该组织成员共同来自的某一地域。会馆的建筑群落成为了其在城市空间分布中的外在标识，而会馆的内在核心则是那些嵌入于城市社会之中的一个个地方性民间组织。北京会馆是一个历史概念。在北京学研究基地的支持下，通过文献研究和田野调查，统计到北京会馆从明永乐年间出现到新中国建立初期退出历史舞台，先后共计909个，目前尚有会馆建筑遗存252处。

为更好地梳理北京会馆，笔者按会馆组织的成员主体构成，将北京会馆划分为士人会馆和商业行业会馆两大类。士人会馆主要服务于赴京参加乡试、会试科考的本籍考生和来京述职、引见、候升、候补的本籍官员，服务科举职能更为突出的也有直呼为试馆者。这类会馆具有浓重的封建士大夫色彩和地方乡土氛围，并按地方行政建制，既有省级会馆，还有更小行政单元的府、直隶州会馆和散州、县会馆。行业会馆是行会在明清时代的组织创新产物，商业会馆则打破和超越行业，形成更大范围基于商人群体利益并直接服务于商业贸易活动的组织。由于其都以经济活动为导向且组织成员都以工商业从业者为主，笔者将其统称为商业行业会馆。两大类会馆中都有少量会馆专作仪馆（义馆），用于服务组织成员和关联群体的在京殡仪奠祭事宜。

一 北京会馆的诞生是城市管理的内在需要

会馆的诞生源于城市社会的内在需要，是封建城市中对无以编户的非本

---

[*] 本文为北京学研究基地课题"北京会馆基础信息研究"项目成果之一学术论文《北京会馆成因及其功能解构》的简介。

[**] 白杰，北京市人民政府新闻办公室副主任，北京学研究基地特邀研究员。

籍人口的一种组织建构，是封建城市的地方行政和治安管理机构通过会馆的组织权力对非本籍人口实施管控的重要路径。这一点，对于明清时代的首都北京更为突出，各地来京人员无论官绅须有"事由"和"投靠之所"，缺一不可，否则"尽行驱逐回籍"。这样才能使"凡入出都门者，籍有稽，游有业，囚有归也，不至作奸"，并在管控的同时通过会馆组织对"乡籍"之人实施教化，成为封建乡土社会管理模式在城市社会中的再造。会馆组织的负责人正是既为封建政权认可、又为籍属流人所尊崇的本籍"士绅"。足见，会馆是非城市本籍（但在城市社会和同籍人士中具有影响力）的贤达才俊倡导组建的具有城市社会控制功用的民间社会组织。地方行政和治安管理机构对这一组织的最初创建者，是否有某种程度和某种方式的支持不得而知，至少是这些智慧的城市管理者调用了、支持了、促成了那些首倡者的义举，使他们的道义良知和道德的、乡土的社会责任感与当时统治者的城市管理预期完美结合。这样也让我们更易理解"会馆"一词的本义：基于乡土之情而相聚相会于异乡城市，居无定所者可以于此落脚，组织大家一道娱乐，感受乡情及社会的温暖。所以，会馆在封建城市中，虽为民间运作，却在现实中符合社会管理需要，具有合法性。这是会馆在明清时代的封建城市中迅速发展的根本原因。

二　士人会馆的普及是城市功能的重要体现

科举制在清初的强化和创造性应用，不仅极大地调动了广大士人阶层的政治参与热情，使其对清朝统治者实现了价值观认同和合法性认同；人口流动趋向更促进了读书人和隐居者向城市聚集，而且这种聚集的最终指向十分清晰——北京。这种认同与互动的背后是城市对这一群体吸纳与服务功能的提升及其制度化历程。

对于会馆的建立者、倡建者来说，他们通过在首都倡导立馆、捐资建馆、舍宅为馆的具体行为，表达对家乡的感恩和尊崇，表达对家乡人、后学者的鼓励和支持，并利用会馆的平台倡导主流政治思想，既得到了国家的认同，更成就了其自身的道义实现和价值追求。这些人得到乡人的尊崇，奉祭于馆内、刻名于馆碑；得到国家的认同，被明里暗里树立为士人的楷模；受到地方管理者以至最高统治者的礼遇，成为影响同乡士人、参与城市管理的重要依靠力量。而负责会馆日常运营的"掌馆人"，也同样是会馆倡建者的影子和思想实践者。

三 商业行业会馆源于行会在明清时代的组织创新

中国行会组织在走到明清时代后，面临着与社会脱节的巨大组织压力。大量资料显示，商品贩运到城市，沿途需要安全的保护，到达城市有货物存储的需求，市场定价有地方保护压力甚至牙行的从中抽利，即便是牙行也有自身行业的生存压力。明清时期的行会普遍地有两种行为倾向：一是向政府屈服，寻求当地政府的庇护；一是联络乡情，以乡情为纽带，强化自身的组织实力和整合到更多可以抗拒压力的组织资源。从组织社会学角度看，行会有了组织形制创新的内在需要，有了拓展组织功能的自身需求，有了强化组织凝聚力的强烈愿望。于是，明清时代的行会组织开始模仿社会普遍认可的组织形制——会馆的组织形式与管理模式；开始拓展自身功能——强化场所地点的作用，增加服务业内人士物质、精神需要的功能设施；开始强化组织的精神层面建设——对行业神明崇拜的仪式化。这样改造后的行会已然成为一种特殊的会馆组织，当他们将组织名称也冠以某某会馆时，也就真正完成了一次组织创新，成为北京会馆的重要一分子。当行业会馆的行业性得到打破与超越，服务更大范围商人群体和商业活动时，发展成商业会馆。商业行业会馆成为研究北京会馆、会馆现象和会馆文化时不可或缺的重要对象。

因之，"会馆"一词既是对组织的固定场所的功能化描述，又突出了组织的目的性价值取向。从北京会馆的成因与功能解构看，会馆是资本主义萌芽后社会流动加剧下，封建城市的社会需求产物和社会功能组成，是中国封建社会晚期的城市社会组织形态和组织的建筑群落空间。

（原文载于《北京联合大学学报（人文社会科学版）》2014年第3期）

北京节日的历史、现状和未来建设*

张勃**

节日是以历日、月份和季节等组成的历年为循环基础的、在社会生活中约定俗成的、具有特定活动的特定时日。中国的节日文化十分丰富，历史非常悠久，早在先秦时期，就已有节日的萌芽，秦汉以迄当今，更是每个时代都有每个时代的节日。不同地方的人们则通过自己的生活实践形成本地的节日文化。北京作为中国广大疆域内的一个特定地方，同样拥有自己的节日文化。北京的节日文化是北京地方文化的重要组成部分，既与其他地方的节日文化有共通之处，也带有浓厚的地方性色彩，并随着时代推移而发生或大或小的变化。该文拟在回顾北京节日发展历史、阐明其现状的基础上，对北京的节日建设问题进行思考。

一 金元以来北京地区节日文化发展的三个历史分期

1. 清代之前

自金元至明清，伴随着王朝易代以及社会变迁、文化变迁、制度变迁等，北京居民的节日文化和生活也发生了一些变化。具体表现为：

第一，节日的名目和活动内容有所差异。清代节日的名目和内容整体上是对明代的继承，但也有一定的时代特征，突出表现便是在明代因信仰空间——庙而开始崛起的庙会此十分繁荣，庙会也成为北京节日体系的重要组成部分。

第二，国家的重视程度有所不同。尽管如此，在金元明清时期，北京的节日体系没有发生根本性变化，大致是基于夏历的传统节日体系，官与民之

---

* 本文为学术论文《北京节日的历史、现状和未来建设》的简介。
** 张勃，北京联合大学北京学研究所研究员。

间没有大的分野，节日消长主要是自然而然的过程。

2. 中华民国建立至20世纪70年代

中华民国的成立是中国历史上具有划时代意义的事件，它宣布了君主专制制度的灭亡和资产阶级民主共和国的诞生，并在政治、经济、文化、社会、历法等诸多领域进行了多方面的变革，北京节日文化的生态环境由此发生剧烈变化，从而呈现出与先前颇不相同的样态。一方面，基于夏历的传统节日历史悠久，根深蒂固，仍然在人们的日常生活中占据重要位置；另一方面，新国家新政府以新历法为基础，确定了诸多新的、通行全国的节日纪念日。

3. 20世纪80年代以来

这一时期，社会转型明显加快，城市化迅速推进，人们的生活自主性显著增强，经济建设、社会发展成为社会生活的核心工作，各种思想文化交流交融交锋日益频繁，传统与现代的关系得到深刻反思，传统文化的价值得到重新肯定，节日的生态环境发生了重大变化，节日本身也发生了重大变化，节日体系更加复杂，节日文化更加多元，节日生活更具有可塑性。

二　北京节日的当下特征

1. 多元并存

第一种是传统节日，它们是本土文化和民族文化的代表。第二种是政府主导的具有较强政治色彩的节日纪念日。这类节日表达着官方在全球化、全球现代化过程中的诉求，是现代文化的代表。第三种是外来节日，是异文化的代表。第四种是近年来蓬勃兴起、蔚为大观的新兴地方节会。第五种是新兴民间节日。具有不同来源的众多节日是本土文化与外来文化、传统文化与现代文化、汉族文化与其他民族文化的内容和表征，它们在不同的历法体系中占据一定的位置，共同为北京居民提供了多个具有内涵和意义的特殊时间段落。

2. 建构性色彩浓厚

节日的建构性是指政府或者社会精英、民众有意识地积极介入节日发展演变过程，带着预设目标对既有节日加以改变或者人为设计新的节日并通过动用多种资源使之活态存在于现实社会之中。这一方面表现在大量新兴地方节庆的出现。它们总是立足地方，充分利用当地特有的自然资源、物产资源、文化资源、民俗资源,在特定的地方举行,有着明确的目的取向,节日名称、活动时间、活动地点、活动内容、活动程序等也都是设计的结果。还表现在对传统节日的重构方面。

3. 节日生活的自主性增强,分众性色彩鲜明

节日更多像是一个具有提示意义、需要人们去填充的时间容器。至于人们用什么去填充,起决定性作用的往往不是传统的习俗规定,而是居民的爱好与兴趣。与节日生活的自主性增强相关,节日生活的分众性色彩鲜明,这表现在不同社会群体在过什么节方面具有较大差异,也表现在不同群体在过一个节日时会有不同的方式和内容。

4. 节日生活趋于简约,"非常性"不足

趋于简约,具体表现为传统节日的节期(包括准备时间)普遍缩短,活动减少,仪式简化,节物更多从市场上购买,民俗主体投入其中的时间和精力都有所下降。节日生活趋于简约,基本上符合当代北京居民的生活取向,也是北京居民选择的结果,但它同时带来了节日与常日差别不大(即"非常性"不足)、市民节日生活空洞化、节日体验不足的现实问题,也引起诸多市民对"年味儿不足"的抱怨。

三 关于北京节日建设的几点思考

当前北京的节日已经脱离自然发展的轨道而进入有意识、大规模建构的时代。为了使节日建构更加卓有成效,在秉持怎样的理念,以怎样的原则、采取怎样的方法进行北京的节日文化建设方面,仍然值得我们进一步思考。该文将管见谨陈于下:

第一,需要将北京节日的建构提高到文化建设、经济建设、社会建设和城市建设的高度加以认识。

第二,以包容开放的心态对待来源不同的多种节日,充分尊重社会成员的选择自主性,同时采取措施,确保本土传统节日的主体地位。

第三,加强顶层设计,在认真调查当下北京节日时空布局的基础上统筹规划,注重各区县之间节日活动的区别与联系,并有意识地培育品牌节日。在这个过程中,依据服务性原则、因地制宜原则、重点突出原则、连续性原则和准入标准原则组织编制北京文化日历具有重要意义。所谓北京文化日历,就是根据北京节日活动举办日期的先后和空间分布,将相关信息进行有

序编排而形成的文本。它用简明的方式揭示出北京节日活动的时空安排和丰富性程度。

第四，对具体节日进行建构时，格外注重公共文化空间的营造、传统地方节物的发掘利用和仪式活动的引入。

第五，注意处理好政府与企业组织、社会组织以及居民的关系，在政府发挥重要作用的同时，充分调动企业组织、民间组织和北京居民的积极性。

第六，整合力量，成立专门组织，加强北京节日的基础研究和应用研究，为北京节日建设提供坚实的学术支持。

总之，只要正确认识和充分重视北京节日建设的重要性，秉承正确的理念，在认真研究的基础上积极建设，北京节日就一定会有更加美好的未来，并且为首都发展起到更加重要的促进作用。

（原文载于《北京文化论坛文集》编委会《节日与市民生活：2013北京文化论坛论文集》，首都师范大学出版社2014年版）

蜕变中的都市——从《北京风俗问答》看20世纪初期北京城市的现代化[*]

张勃[**]

作为一座有着3000余年建城史、800余年建都史的城市，北京凭借其政治、文化、经济等多方面的优势，至少从元代起就吸引了不少外国人士前来从事经商、传教、求学、旅游等活动。他们出于各自不同的目的、用不同的文体、从不同的方面记录了在北京的所见所闻、所历所感、所思所想，从而留下了以北京为主题的多种著述。这些著述展示了不同历史时期北京的政治、经济、社会、文化、风俗、民情等，为研究和认识北京城市的结构形态、社会变迁、国际影响、发展脉络以及时人的北京印象等提供了十分宝贵的资料，是北京历史记忆的有机组成部分。日本人加藤镰三郎所著《北京风俗问答》即是这些著述中的一种。该书初版于大正十三年（1924）九月，是作者在留学北京时和恩霖先生就人情风俗、时事世态等进行交谈的基础上写成的。按照作者自己的说法，它"既为学习当代北京官话提供了好的资料，也为了解当代北京风俗民情提供了好的资料"。该书从多个具体事件出发、用对话体的形式，分100章，记录了20世纪初期北京的城市建设、城市管理、城市人口、城市结构、居民生活、风俗习惯等诸多方面，从中可以看到一个古都在新的历史时期的蜕变情形，其中既有已经和正在发生的种种变化，也有时人期待它能够改进的不少地方。

一 北京的变化

（一）城市管理机构的设置

---

[*] 本文为学术论文《蜕变中的都市——从《北京风俗问答》看20世纪初期北京城市的现代化》的简介。

[**] 张勃，北京联合大学北京学研究所研究员。

城市管理作为城市各种社会活动中最重要的活动之一，是城市有效运转的重要保证。进入20世纪之后，在各种力量的共同作用下，北京开始出现专门的市政管理机构，对于城市生活的主要方面都产生了重大影响。《问答》关于城市管理机构变化的集中表述不多，但通过许多散出的表述可见新型城市管理机构职能的多样性以及居民对它的依赖性。

（二）城市设施的建设和改进

能源系统、给排水系统、交通系统、通信系统、环境系统、防灾系统等工程性设施和行政管理、文化教育、医疗卫生、商业服务、社会福利等社会性设施，是城市生存和发展的基础与条件。20世纪初期北京城市设施的变化既表现在工程性设施方面，也表现在社会性设施方面，主要通过对既有设施的修建、改建和建设新设施两种途径得以实现。

（三）风俗习惯的革新

风俗习惯是一个国家、民族、地区、社会群体长期积淀下来的、共同遵守的生活规则，稳定性是其突出特征，然而在20世纪初期，北京诸多风俗习惯都起了很大变化，并主要朝着简约、"文明"的方向发展。

（四）居民日常生活的丰富与便捷

城市管理、城市设施、城市空间、风俗习惯构成了北京居民的生活环境，伴随着这些要素的变化，居民的日常生活本身也发生重大变化。民国之前，北京居民主要的娱乐活动是听书、听戏、逛庙会等，剧院、妓院、庙会和会馆是其主要活动场所；随着电影院、公园、娱乐中心的出现和运营，看电影、逛公园、到娱乐中心玩耍也成为日常生活的一部分。伴随着铁路的开通、人力车的引进、自行车的使用，北京城市进入混合性公共交通时代。多种交通工具的综合应用极大地方便了时人的出行。从《问答》看，它扩大了人们的活动范围，刺激了旅游业的发展，并因此充实了人们的日常生活，开阔了他们的视野，丰富了他们的人生感受。

20世纪初期古都北京已经和正在发生着巨大的变化，上述列举的只是其中的一部分，主要是《问答》对话者体验到、并被加藤镰三郎书写下来的那一部分。从性质上讲，它们是时人认为进步的、明显持欢迎态度的变化。

二 需要改变的北京

然而，多方面的"进步"并非当时社会现实的全部。蜕变中的北京又有许多不能令人满意、亟须变革的地方，以至于时人会用下面的语言评价这个他们生活于其中的城市："北京社会真算是一天此（比）一天的糟了。"

（一）贫困问题

贫困一直是困扰着中国民众和政府的社会问题，在20世纪初期的北京城，衣不蔽体、食不果腹的现象相当普遍。严重的贫困问题不仅是贫困者的灾难，对整个社会都会造成巨大威胁，生活于其中的人们缺乏基本的安全感。

（二）组织、机构中的腐败问题

运用公共权力谋取私人利益的行为或偏离公共职责的腐败行为一直是为人痛恨的社会痼疾，当时腐败问题相当严重，存在于各行各业。这令时人对政府合法性产生深深的质疑，并对社会稳定怀着深深的忧虑。

（三）食品、药品安全问题

食品药品是否安全直接关系到每个人的身体健康甚至生命安全，食品药品安全问题一直是深受关注的社会问题。由于政府监管不力和市场机制失灵，食品供应链上的利益相关者出于私利或盈利目的，在知情状态下人为影响食品药品的质量，是导致食品药品安全出现问题的重要原因。《问答》揭露了当时食品、药品领域内存在的假冒伪劣状况。

（四）城市环境卫生问题

北京的环境卫生在19世纪前期就已相当恶劣。尽管进入20世纪后已有很大改观，但脏、乱、差的情况仍然不同程度地存在着。"北京之尸气"中一句"这个事情没法儿改良么"，很好地表达了人们解决环境卫生问题的热切期待。

（五）爱慕虚荣的社会风气和一些习惯做法

贫困、腐败、食品药品不安全、环境卫生差以及不良的社会风气等现象无疑构成了20世纪初期北京社会问题的诸多面相，它们为《问答》的作者所书写，更为广大北京居民所关注。这些被期待着解决、改良的现象，与那些令人欣喜的变化交织混杂在一起，共同讲述着当时的北京——一个正经历着蜕变的古老都城。

三 艰难中前行：20世纪初期北京的现代化进程

"现代化"是人类社会发展进程中一个特定的历史范畴、一种人类文明演进的趋势，同时也是近些年学术界理解人类社会发展的一个重要视角。通过阅读《问答》去回望90年前的北京，有理由说当时它正处于现代化的进程之中，而且在不少方面已经取得重要进展。这不仅是因为已经或正在北京出现的"城市管理机构的设置"、"城市设施的建设与改进"、"风俗习惯的革新"、"居民日常生活的丰富与便捷"等诸多变化，体现着对工业文明的接受和对最新科技成果的应用；而且因为城市的主体——人也在走向现代化。而人的现代化，正是城市现代化的基石与核心。只有城市的居民和管理人员从心理和行为上都具有现代性，这个城市的现代化才能不断向前推进。

《问答》一书运用对话体裁，撷取了围绕着约90个主题展开的100章翔实的典型对话。每次对话往往从具体的生活事件或某种社会现象说起，通过连续、多次的问答，对话者不仅将具体生活事件的来龙去脉或社会现象的表现叙述清楚，而且十分鲜明地表述了对于这些事件和现象的看法与态度，从而使《问答》充满了对生活事件和社会现象之是非、善恶、良陋的评价。从这些发生和呈现于特定时空中的生活事件、社会现象以及对它们的评价来看，当时的北京居民已在不少方面具备了现代人所必需的"现代性"，即关心社会发展、勇于承担社会责任和义务，人生态度积极向上、崇尚自立自强，同情弱者，关爱他人，具有反思能力、价值判断能力、开放意识、民主法制意识以及敢于批判、积极追求文明和进步的精神。

尽管在20世纪初期北京已在现代化进程中取得了不少进展，但北京的现代化仍然处于初级阶段，这在很大程度上应归因于古都北京现代化面临着多种阻力，它只能在多种因素相互作用的制约中艰难前行。

首先是经济凋敝，财政困难的制约。

其次，新技术、新型管理方法的应用和推广，可能会触及既有利益格局，导致产生新的问题，如果缺乏应对新问题的能力和方法，就会引发反对的舆论和行为，从而延误进程。

再次，传统文化观念根深蒂固，使朝向现代化的变革进展颇费周折。

最后，由于北京的现代化进程与衰败化、革命化、半殖民地化相伴随，多种力量交错在一起，互相作用，也引发了一些新问题。比如社会流动过于迅速，宰相府转眼成会馆，举人顿时为车夫，社会秩序失衡，贫富差距拉大，房价大幅度上涨，城市居住空间分异严重，等等。

四 结语

20世纪初年的北京是处于现代化进程中蜕变的北京,《问答》用对话体的独特方式对其作了记述,尽管这些片断的记述在揭示历史真实方面远不如甘博《北京的社会调查》那样系统完整,但仍然具有一定的史料价值。尤其当现代化不仅仅是指城市设施和城市管理的现代化,而且包括人的现代化时,这本书所反映的时人对新、旧事物的态度、选择与评价,就格外具有意义。

通过《问答》可以看到,20世纪20年代的北京正经历着迅速而复杂多样的变化:影院、公园等公共设施迅速营建,这增加了城市的娱乐空间,丰富了居民的文化生活和精神生活;电灯、自来水、轨道交通等设施的应用方便了居民的日常生活;警察在城市管理中发挥着重要作用,在很大程度上改变了城市管理的方式;民间慈善事业发展较快,在应对贫困问题方面发挥着一定的作用;与此同时,贫困问题突出,官僚腐败盛行,出现了不少显性或隐性的社会问题。生活于其中的民众一方面享受许多变化带来的方便与益处,另一方面也表现出诸多的不满意、不理解和不适应。不同的人感受着北京在这个时代的样态和变化,也表达着不同的认知以及对进一步变化的不同诉求。但整体上可以说,求新向善、走向文明开放是当时的主旋律。进入20世纪后的前20余年,是北京在复杂艰难的环境中在这一主旋律中走向现代化的重要阶段。

(原文载于《北京联合大学学报(人文社会科学版)》2014年第4期)

全真道龙门派始祖丘处机与道教的中兴[*]

佟洵[**]

墨子认为：人才，是"国家之珍，社稷之佐"。古人云："万夫易得，一将难求"的俗语，说的就是人才的宝贵与重要。人才，是人类财富中最宝贵、最有决定意义的财富。历朝历代"中兴以人才为本"，把选拔人才之举，视为国家头等大事。我国道教界自古以来就视"人才"为道教发展的重要因素，即"人能弘道，非道弘人"，只有培养出众多优秀的道教人才，才能担当起弘扬道教的重任，才能使道教兴隆昌盛，永住世间，利益人天。道教因有了丘处机，才有了道教全真道龙门派，道教随之得以中兴，才开创了元朝时期道教的辉煌。

一 入道修真，拜师王重阳，成为弘传道教的高道

丘处机生于金熙宗皇统八年（南宋高宗绍兴十八年；1148年）正月十九日，字通密，道号长春子，登州（今山东）栖霞县滨都里人。丘处机的"祖、父辈为农，自幼失去双亲，由兄嫂抚养成人，遍尝人间辛苦"。丘处机《满庭芳》词中对其家境亦有相同的记载，词中云：丘处机"幼稚抛家，孤贫乐道"。对此说法，文献记载不一。如《金莲正宗记·长春丘真人》载：丘处机"家世栖霞，最为名族。"在《全真第五代宗师长春演道主教真人内传》里记载到丘处机"世为显族"。但该文取《全真教祖碑》所记载的丘处机"幼亡父母，未尝读书"之说法。

丘处机出生之时，正是南宋与金并持之际。是时虽然时局动荡，但是道教却相当兴盛。丘处机自少年时期就对神仙之道感兴趣，十分羡慕道士的生

---

[*] 此文为学术论文《全真道龙门派始祖丘处机与道教的中兴》的简介。
[**] 佟洵，北京联合大学应用文理学院教授，北京联合大学民族与宗教研究所原所长。

活方式。金世宗大定六年（1166），丘处机十九岁时入道，并独自到山东文登县西北的昆嵛山烟霞洞修行。翌年，王重阳到山东宁海县传道，名噪一时。丘处机为得到名师的训导，故闻讯后便投在王重阳门下、拜其为师。丘处机的勤勉好学、虔诚机敏深得王重阳的器重与喜爱，不但经常与他终日悟谈，还赠他诗曰："细密金鳞戏碧流，能寻香饵会吞钩。被予缓缓收纶线，拽入蓬莱永自由"训名处机，成为王重阳七大得意的弟子即北七真之一。在王重阳的训导下，马钰、谭处端、丘处机、刘处玄、王处一、郝大通、孙不二这七大弟子都成为振兴全真道的得力骨干。

丘处机对其师王重阳所倡导的思想，既继承也有独树一帜的阐释。他提倡苦己利他，积德修善，开启了外修功行、内修心性两条既独立又关联的证道之路，后终于成为全真龙门派创始人。

二 奉旨进京，弘道金中都，名扬中华

金大定二十六年（1186）是全真教发展史上的里程碑。是年，全真道迅猛传布，民众纷纷归向全真。丘处机对全真道传播的功绩甚著，道教中人常将他与王重阳相提并论。全真道迅猛发展的局面，引起了金朝统治者的关注。金大定二十六年（1186）二月，金朝京兆统军致书丘处机，请他出山主持修葺其师王重阳故庵，即全真道的终南祖庭庵。金大定二十八年戊申（1188）春二月，金世宗皇帝闻其名，诏赴燕京（今北京市），敕馆于十方大天长观。丘处机奉世宗之诏至燕京，于天长观为金世宗主行"万春节"醮事。丘处机奉旨进金中都主持醮事之行，不但扩大了全真道的影响，而且加强了同皇亲国戚，以及上层达官显贵的联系。

三 西行论道，建"止杀"之功，威震漠北

丘处机掌教时期，正值宋金对峙，蒙古帝国南侵之际，政治格局巨变，局势错综复杂。作为全真道教主的丘处机便成为南宋、金朝以及蒙古帝国争夺的重要人物。随着丘处机社会声誉日益高涨和影响不断地扩大，使得金朝统治者、南宋王朝，以及创建蒙古帝国的成吉思汗都认识到丘处机的价值，都向丘处机发出邀请，期待着与他商讨治国安邦之策。

1206年，迁都后的金宣宗为了让丘处机出山议政，下诏赐他"自然应

化弘教大师"之号，又多次遣使诏请丘处机进京商讨国事，但均被丘处机婉言谢绝了。

南宋宁宗也希望丘处机为其统治服务，亦多次遣使诏请丘处机为南宋效力。对此，丘处机是辞不赴命，坚卧不起。是时，各地征请丘处机之人络绎不绝，但是都被他一一谢绝了。

当成吉思汗得知丘处机博古通今、才能超群后，便想诏请丘处机为己所用。成吉思汗曾两次遣使召请丘处机，可是丘处机避而不见。蒙古成吉思汗十四年（1219）第三次派遣近侍臣刘仲禄备轻骑素车、携带手诏再次诏请丘处机出山，演绎了自三国以来又一个帝王虔诚躬迎、礼贤下士的故事。成吉思汗不远千里三派朝臣诏请丘处机出山的举措终于打动了丘处机，他决定应召西行。蒙古成吉思汗十五年（1220）正月十八日，丘处机率领赵道坚、宋道安、尹志平、李志常等18位高徒从山东启程北行。历时四年，终抵达西域大雪山之巅，今阿富汗境内兴都库什山（今阿富汗境内）谒见成吉思汗，大谈养生之道及治国方略，颇得成吉思汗赏识。

当成吉思汗见丘处机果真是仙风道骨十分欢悦，立即设宴款待丘处机师徒一行，并且开门见山地向他讨要长生之术和长生不老药。丘处机坦诚地直言："但有卫生之道，而无长生之药。"成吉思汗爱其诚实，又问起统一天下之策时，丘处机对曰："欲一天下者，必不嗜杀人。"并且建议成吉思汗"少杀戮，减嗜欲，敬天爱民"。丘处机提出的主张，成吉思汗都欣然接受。因此，后人评说丘处机有"一言止杀"之功。康熙帝对丘处机赞道："一言止杀，始知济世有奇功。"从此，丘处机得以弘扬全真教、广建道观，掌管天下道教，取得了相当于蒙古国国师的地位。

从丘处机西行论道来看，一方面劝告了蒙古统治者"止戈为武"，给中原百姓带来了和平安定的环境；另一方面他也将中原先进的文化和技术带到荒凉的草原，特别是北京当时浓郁的文化氛围以及先进的技术。丘处机的西行促进了民族融合，促进了元朝对中国的统一。

四　东归燕京，赐居长春宫，创建全真道龙门派祖庭

元太祖十九年（1224），77岁高龄的丘处机自雪山返归燕京，赐居于太极宫（今白云观）。自此燕京的长春宫为道家第一丛林，成为全真道的中心。

东归后的丘处机，声名如日中天，燕京地区更是家喻户晓，四方信众道

侣归依者不计其数。九月初九重阳节，四方道众云集太极宫，以菊花为献，表达他们的敬仰和祝福，希望他健康长寿、永远不老。但是，岁月不饶人，1227年7月7日，80岁高龄的丘处机安详地离开了人间。丘处机去世后燕京百姓为了纪念他，便把他的诞辰——正月十九定为"燕九节"。每年的正月十九万众云集长春宫，以各种形式来悼念这位"一言止杀"的丘神仙。时至今天，北京还有在每年正月十九日要到白云观去会神仙的习俗。由北京燕九节的形成由来和盛况，可以见丘处机影响之大。

（原文载于《北京联合大学学报（人文社会科学版）》2014年第4期）

云居寺四座唐代石塔铭文的试析[*]

孙勐[**]

唐代的云居寺之中曾修建三十余座石塔，至今保留七座，是北京地区现存最早且最为集中的一批石塔。其中位于云居寺北塔周围的四座石塔——分别为王璬石浮屠（景云二年）、田义起石浮图（太极元年）、李文安石浮图（开元十年）和郑玄泰石浮图（开元十五年）保存较好，形制相近，造型典雅，图案精美。尤其是这四座石塔塔身上的铭文，字迹清晰，内容完整，纪年明确，并且修建的具体时期相距不远，即集中于711年至722年，对研究北京及周边地区唐代前期佛教文化、风俗、社会历史、宗教信仰等具有重要的史料价值。该文以铭文的拓片为依据，以明清以来诸家的录文为参考，在前代学者研究的基础上，对这四座石塔铭文所涉及的相关内容进行分析。

一　四篇铭文的定名辨析

这四座石塔铭文的首题，分别自名为"石浮屠铭""石浮图颂""石浮图铭"和"石浮图铭并序"。浮图（屠），即指佛塔。若从佛塔发展史的宏观角度来看，这四篇铭文可以宽泛地称之为塔铭，即指塔上所镌刻的文字。而严格地从金石学的角度来看，则应遵循其自名，称之为浮图（屠）铭。塔铭，可归于墓志铭之类，其文则多为纪念已故的僧侣生平和功德而作；而浮图铭，因塔多为世俗信众所立，其文则以祈福发愿为主，而与丧葬无涉。从流行的时间来看，浮图铭出现的时间较晚，延续的时间也较短，即主要流行于唐代，以后则罕见。现存的唐代自名为"浮图铭"者的数量颇为有限，而云居寺这四座石塔上的铭文，约占同类作品中的十分之一，比重较大，具有

---

[*] 此文为学术论文《云居寺四座唐代石塔铭文的试析》的简介。
[**] 孙勐，北京市文物研究所馆员。

重要史料价值和历史价值。

二 石塔修建时间的分析

关于石塔修建的时间,《田义起石浮图颂》中记为"仲春八日","二月仲春,亦曰仲阳",即为农历二月八日。除此之外,其余三座石塔均立于"四月八日"。农历二月八日和四月八日为佛教中的重要节日,是释迦牟尼佛的诞日。魏晋以来,我国社会便有纪念这两个佛教节日的习俗,设立道场、讲经说法,行像巡游,造幡写经,供佛礼佛等多项活动。就云居寺而言,除石塔的铭文中将建造的时间选定在二月八日和四月八日之外,石经山雷音洞中出土的隋代舍利石函上的铭刻将舍利安放的时间也选定在了大业十二年的四月八日;据统计云居寺石经中有月日题记者177则,其中四月八日的就有146则。可见,这四座石塔建造时间均在佛诞日,绝非偶然,而应视为当时以云居寺为中心的社会群体在继承传统基础上和深受佛教影响下而形成的区域性风俗。另外,建塔如同造幡写经、开窟树碑一样,是僧俗信众积善修德、祈福消灾的一种方式。将建的具体时间有意识地选定于佛教纪念日,也反映出当地信众对于佛教了解的深化及信仰的自觉,而非浅薄和盲从。

还有一点值得注意,即四座石塔的建塔月日存在着二月八日与四月八日两种情况,其中后者三例,而前者一例。这与云居寺唐代石经题刻的记载情况相吻合,在很大程度上表明了以四月八日为佛诞日的观点在以云居寺为中心的区域内普遍流行并被广泛接受。这一方面是受到北朝以来传统影响的结果,另一方面受到唐朝官方政府宣扬和提倡的结果。这种风俗为今后辽金时期北京地区的社会大众与佛教寺庙所继承。

三 相关折冲府的正补

《田义起石浮图颂》中记载有易州石亭府和雍州兴国府。关于易州所设折冲府,《新唐书·地理志三》:"易州上谷郡,上。……有府九,曰遂城、安义、修武、德行、新安、古亭、武遂、长乐、龙水。"其中记载的九个折冲府中没有"石亭"之名。另据《卫尉卿洪州都督张公遗爱碑颂并序》:"公起家石亭别将。"别将为折冲府所置的武职事官,再结合《田义起石浮图颂》,可知《新唐书》中所记"古亭"确为"石亭"之误。关于雍州所设折冲府，《新唐书·地理志一》："京兆府京兆郡，本雍州，开元元年为府。……领县二十。有府百三十一，曰真化、匡道、水衡、仲山、新城、窦泉、善信、凤神、安业、平香、太清，余皆逸。"府名仅有十一个，所逸甚多。另据《大唐故右武卫将军上柱国乙速孤府君碑铭并序》中记载："仪凤二年，敕除兴国府右果毅都尉。"再结合《田义起石浮图颂》，可增补"兴国"府名。

四　关于"中兴七年"的探讨

《王璿石浮屠铭》开篇即言"唐中兴七年岁次辛亥夏四月八日"建塔。查唐朝年号之中实无"中兴"之称，而其年份干支及月日与该篇铭文末尾所记的建塔时间"景云二年岁次辛亥夏四月八日"完全相同，据此可断定，"中兴七年"即为景云二年（711）。将"景云二年"上溯七年，应为神龙元年（705），"神龙"是武则天在位时的最后一个年号，武则天即被迫传位于皇太子李显也在这一年。唐中宗复辟后，沿用神龙年号，开始大力着手恢复祖制，"复国号，依旧为唐"。唐中宗于神龙元年二月"丙子，诸州置寺、观一所，以'中兴'为名"。其在同年五月封张柬之为汉阳郡王的册文中也称："遂得圣祚中兴，皇运光启。"由此可知，神龙元年是为中兴之始，与《王璿石浮屠铭》所记相吻合。但是李显在位时，诸武掌权于外廷，韦后伺机于内宫，加之诸小附和其间，相互勾结串通，形成了旧蔽未除、新祸渐生的政不由己的局面。时隔两年之后，唐中宗便一改初衷，取消了自己提出的"中兴"口号。而后直至唐玄宗时，"中兴"之词不见于朝堂之上。即便如此，唐中宗的复位还是起到了政治上的风向标的作用，很多原本支持李氏和具有眼光的官员和势力仍旧认为李氏王朝可以匡复，大唐中兴可以实现。具体到《王璿石浮屠铭》，建塔者王璿，守幽州都督府法曹参军，"掌鞫狱丽法、督盗贼、知赃贿没入"。考薛讷于武则天时始为幽州都督，掌管幽州长达二十余年。据此可知，王璿时任薛讷的属官。薛讷为唐初名将薛仁贵之子，在武则天称帝时，借突厥入侵之时，明确表示"丑虏凭凌，以庐陵为辞。今虽有制升储，外议犹恐未定。若此命不易，则狂贼自然款伏"，为日后唐中宗复位起到了积极作用。薛讷之部可视为支持李唐皇室的外部力量。因此，神龙三年之后，"中兴"虽不明见于中朝，却已波及地方；虽不直书于简册，却已深入人心。此当为李唐王朝转危为安、由衰入盛的原因之一，实不可不查。联系上述种种，可知《王璬石浮屠铭》中所记"唐中兴七年"为研究唐前期的政治局势、社会动态具有重要的史料价值。

（原文载于《北京联合大学学报（人文社科版）》2014年第4期）

试论传统手工技艺生态及其再生
——以聚元号弓箭为例[*]

李扬[**]

聚元号是北京地区唯一一家流传至今的中国传统弓箭制作老字号,有着三百多年的历史。2006年"聚元号"弓箭制作技艺被列入首批国家级非物质文化遗产名录,聚元号的第十代传人杨福喜先生成为国家级非物质文化遗产项目传承人。该文将在文献记载及口述访谈的基础上力图还原聚元号的发展脉络及其工艺流程,借此揭示在非遗保护浪潮的推动下,中国传统手工技艺的再生历程。

一 聚元号的历史渊源

聚元号弓箭铺是清朝末年北京东四大街"弓箭大院"里十七家弓箭铺之一,且是目前所知北京唯一完整保存传统制作工艺的弓箭铺。清朝时期北京的弓箭大院是属于皇家特设的兵工厂,那里的弓箭铺均属皇家专有。从业者大多为皇亲,并以满族,其产品均上交兵部、礼部、户部等,不得外卖。当时,"聚元号"做的弓以供应皇宫为主。定期由宫中按弓箭大院的人数发放钱粮。这些人地位虽不很高,但其待遇丰厚,自觉比寻常百姓优越得多,过着衣食无忧的生活,其弟子中也有纨绔子弟。

清末,弓箭作为兵器已被洋枪洋炮取代。清朝国库空虚,这些皇家弓箭工场沦为民间作坊。1905年或1906年执掌"聚元号"的是第七代店主王氏

---

[*] 本文为2014年北京市教委社科计划面上项目《北京非物质文化遗产传承人口述史研究》(SQSM201411417002)成果之一学术论文《试论传统手工技艺生态及其再生——以聚元号弓箭为例》的简介。

[**] 李扬,北京联合大学应用文理学院历史文博系讲师。

由于吸毒等原因无法继续经营。聚元号的传人杨福喜的祖父杨瑞林（1884—1968年）花四十块现大洋，从他手里买到"聚元号"，一直经营到1957年公私合营。此后，杨家人苦心经营，历经坎坷，终于在改革开放之后让聚元号传统弓箭制作技艺发扬光大。

二 弓箭制作流程所见传统技艺再生

据我们了解，一把弓箭从选材到最终成型，需要20多种天然材料，200多道工序才能完成，可见其制作技艺之讲究。据杨福喜讲："一个手艺人从二十几岁开始，做到不能做，大概做不了一千张好弓。如果现在只有我一个人做的话，从40岁开始，这一生能做几百张弓，全世界也就这么几百张弓。"他现在制作一批弓10张至12张，一般需要花费三四个月的时间，果然是"慢工出细活"。一张弓的最后成型，必须经历选材、制作（又分为"白活"与"画活"）等过程，而这些过程很多是靠老艺人的口传心授而逐步流传的。非物质文化遗产保护强调的传承人的作用及其活态保护，在这里其意义得到明显的体现。

中国传统弓是由多种材料黏合而成的复合弓，制作过程复杂、所用材料繁多，并且做工、选材都要依据季节和气候变化而有所不同。单种物料和木材较难同时抵受拉力、压力和内切力，所以最理想的方式是选用几种不同的材料，利用它们各自的特性分别抵受拉力、压力和内切力。弓臂可采用几种与木材密度相似的材料，使其功能较单木好。聚元号弓的主体结构包括内胎、外贴、内贴、望把、弓弦等。其中内胎为竹、外贴牛角、内贴牛筋、两端安装木质弓梢。

对制作弓箭的艺人来讲，做好弓箭，选材是第一步。然而这其中很少有具体的数据可供参考，靠的其实就是手艺人的经验与直觉，所谓"以眼为尺，以手为度"。杨福喜感叹说，以前的弓箭艺人有专门的材料采购商，现在都得自己找，这些天然的材料包括木材、桦树皮、牛角、牛筋等很多都需要从全国各地去找。用他的话说，只有木头北京还比较容易找，其他的都来自外地。

从具体的弓箭制作流程来看，弓箭制作流程主要分为"白活"与"画活"。其中，白活主要包括：（1）制作弓胎子：依次为砍竹胎，弯竹胎，做弰子，做望把，勒望把，插弰子，刮胎子，弯弓；（2）勒"角面子"：依次为锯牛角，磨牛角，撕面子，撕胎子，配面，勒面子，下梁子，磨面子，挖胎子；(3) 铺筋：依次为"泡筋"，尝鳔，梳筋，做哨头，缠望把，做弦堑子；(4) 上板凳：依次为上"弓挪子"，上板凳，上弓枕，爬板凳，起堑，粘弦堑，开扣子，上蹦弦，"鞑撒"弓。画活则主要是对弓体进行装饰，可繁可简，依个人喜好而定，一般分为以下几个步骤：刮、磨、抛光牛角面，包望把，包哨子，贴花，洗活。

三 余论：绿色生态、"因材制宜"与传统技艺再生

聚元号作为传统弓箭制作技艺的代表，以非物质文化遗产的形式被完整保存并获得认可，这再次说明国家与社会对民间文化遗产的高度关注。聚元号弓箭完整地保存了传统弓箭制作复杂的生产工艺流程。细腻的工序和精湛的技术，浓缩了中国传统弓箭的发展轨迹和弓箭文化。这些技艺难以为现代技术所替代，是中国传统手工工艺的杰出代表，是一份极其宝贵的历史遗产。

另一方面，从聚元号的历史及其制作技艺来看，明显体现出对传统手工艺所需材料的持续利用与因材制宜的特点，如"猪皮鳔"的发现及其利用就是明显的例证。此外诸如对竹子与桦树皮等材料的选择与利用，无不体现出对传统生态的尊重以及对材料性能的合理把握，除对工艺本身的精益求精之外，基本上也符合现代绿色设计的理念，体现出传统手工艺与现代生态理念的完美结合。

（原文载于《生态经济》2014 年第 1 期）

民国时期的北京电影*

李自典**

电影在中国最早出现于1896年，在上海徐园的一个茶楼里。之后，电影以其新奇性引起时人的关注，成为一种时尚的娱乐文化方式。北京作为重要的文化城市，自然紧跟时尚，在清末电影即落户北京，到民国时期取得重要发展，对社会进步及民众生活均产生了不可估量的影响。该文主要对民国时期北京电影的发端及发展情况展开阐述，进而探讨民国时期北京电影多元的经营模式对今天电影发展的借鉴意义。

一 北京电影的发端

电影进入北京，最早始于义和团运动爆发后外国人来北京拍摄纪录影片。北京人第一次真正看到电影是在1902年，那时西班牙人雷玛斯带着机器和影片，租借了前门外打磨厂福寿堂饭庄的场地放映了三部滑稽片，使北京观众受到很大震动。到1903年，中国商人林祝三从欧美回国，携带放映机和影片等在打磨厂天乐茶园放映电影，这成为中国人从国外自运影片在国内放映的开始。

中国人自己拍摄电影最早是在1905年，由设在北京琉璃厂土地祠的丰泰照相馆完成的。该照相馆的创办人任景丰负责摄制了第一部影片《定军山》，这是我国最早的一部戏曲片，也是中国人第一次尝试拍摄电影，开创了中国电影的历史纪元。

1907年，北京东长安街路北开办了由外商经营的北京第一家电影院——平安电影公司，开始放映有情节的侦探、滑稽片。随后，前门大栅栏的大亨

---

* 本文是学术论文《民国时期的北京电影》的简介。
** 李自典，北京联合大学应用文理学院历史文博系讲师。

轩改名为大观楼，也开始放映电影。之后不久，北京西单市场内的文明茶园、大栅栏的庆乐茶园、三庆园、东安市场吉祥园、西城护国寺街的和声园、西单口袋胡同的新丰园等也相继放映电影。这些影院放映的早期电影，主要以从法国进口的为主，英国、德国、美国的影片为辅。此后，电影在北京逐渐深入百姓生活。

二 北京电影的发展

该文对民国时期北京电影的发展主要从影院建设、影片拍摄以及电影宣传与经营等方面展开阐述。

首先，在电影院的建设方面。1910年，北京平安电影公司停演扩建，1911年更名为兴利平安电影公司重新开业。1913年，前门外大栅栏大观楼电影园正式开业。1916年，华北电影公司在东长安街老北京饭店开设了北京电影园。1917年，中央公园、公安电影院相继开业。1918年，前门外香厂路新世界电影场开业。1919年，真光电影院在东安门外大街兴建，1921年10月落成，这是北京第一家按照当时国际流行式样建成的规模较大的豪华型仿罗马式建筑的电影院。1922年9月，西珠市口新建的开明大戏院落成，后改为开明、市立、新中国电影院，现改为珠市口影剧院。1923年7月底，西长安牌楼南新华街北口建成中天电影花园，现为北京音乐厅。1927年2月，米市大街北平基督教青年会礼堂正式放映电影，1930年6月，该处放映有声电影后改名为光陆有声电影院。1930年7月开始放映电影的前门箭楼工商部国货陈列馆电影院，后改为前门箭楼电影院。1934年，位于西单商场的光明电影院开业。到民国末年，北京全市已有三十余家电影院，分布在市内各区。据调查，仅20世纪三四十年代开办的电影院就有20家左右。

其次，在影片的拍摄方面，北京电影早期的发展过程中，本地拍摄的影片除了戏剧片外，逐渐向纪录片、故事片方向发展；在数量上，有一些作品问世，但总体来说不是很多。在影片放映方面，进口影片仍占主要地位，只是随着有声片、故事片的出现，美国影片逐渐取代了法国影片的地位，20世纪30年代以后，苏联的进步影片也陆续上映。

再次，在电影宣传与经营方面，随着时代的发展，电影商业化运营的模式越来越多样化。这主要表现在：各电影院争相提升放映条件，同时积极利用报纸等媒体刊登广告宣传影片，实行票价分等设置及优惠活动，想方设法在观众中扩大影片及影院的影响，吸引更多观众走进影院，增加票房收入。除利用报纸进行广告宣传外，各电影商家还想尽办法扩大宣传力度。例如，当时在北京四九城沿街张贴海报，在重要街道的商店中张挂电影广告的招贴画，在电车车厢外面招贴电影院上演的影片片名及日期，在电影院门前竖立大广告牌，电影开演时加演预告影片，向观众发放有关新片介绍的宣传品等。此外，电影商家还设法利用名人效应开拓市场。著名电影演员胡蝶在真光影院举办结婚典礼，曾在观众中产生轰动效应。为了业务竞争，影院之间还展开宣传各自影院的特色及优点，以吸引观众。在电影票价方面，各影院大都分等设置，并举办优惠活动，以适应各消费群体的需求。

多元的经营模式，直接推动了北京电影业的发展，越来越多的观众走进影院，电影逐渐成为人们娱乐的一种方式，而通过电影，也拉动了北京地区经济的发展，电影业成为一种新兴的商业。电影又带来了明星效应，人们热衷于追捧自己的偶像，服饰争相效仿明星，电影歌曲被广为传唱，成为引领时尚的一种符号，民众的生活观念、生活方式在潜移默化之中随着电影发生了变化。同时，电影在社会教育方面的功用也不可小觑，尤其在20世纪三四十年代，一批具有爱国进步思想的优秀影片在影院上映，这些爱国影片的放映，进一步激励了爱国人民的斗志，坚定了民族信心，振奋了民族精神，在团结起来联合抗日方面起到了积极作用。总之，民国时期北京电影的发展奠定了今天的基础。

（原文载于《北京档案》2014年第4期）

◇ 北京城市空间与城市经济研究 ◇

美丽北京建设的思考[*]

李建平[**]

生态环境建设对当代中国落实科学发展观尤为重要。党的十八大报告提出"五位一体"的建设目标，即：经济建设、政治建设、文化建设、社会建设、生态文明建设，并要求把生态文明建设放在突出位置，表明生态文明建设对当代中国方方面面的建设既紧迫，又是绕不过、躲不开的建设任务。要建设美丽中国，实现中华民族永续发展，就必须加强生态文明建设。建设美丽中国，北京是首都，是全国的政治、文化中心，应该在全国率先起步，起到引领示范作用。

一 美丽北京建设的有利条件

1. 有山有水的自然环境。北京地处北京湾，三面环山，一面向阳、向海，四季分明，河流密布，水资源丰富，最突出的是有古代留下的历史文化名城，又有大片山区和郊野，为北京的生态文明建设提供了得天独厚的自然条件。

2. 有城有乡的区域特征。北京市与上海市有明显不同，不仅是国际化大都市，有耸入云天的现代化建筑，还有乡村，还有大片的山区，形成城区、近郊区、浅山区、深山区等多样的城乡结合的生态环境，由此，北京旧城内有"四合院人家"或称"北京人家"，郊区有"农家乐"、古村镇、沟域经济等带有标志性的旅游观光景点。

---

[*] 本文为学术论文《美丽北京建设的思考》的简介。
[**] 李建平，北京市哲学社会科学规划办公室原副主任，北京联合大学北京学研究基地特邀研究员。

3. 众多的古树名木。据生态学专家介绍，凡是有古树名木的地方，其生态环境一定优越。人类学专家也指出，早期人类聚居要选择树木生长繁茂的山林，当人类从山前走向平原，也要选择有大树的地方聚居。一方面大树成为人类聚居的标志性植物，另一方面说明大树底下好乘凉，也就是宜居。北京自古就是人类宜居的好地方，由此，古树名木特别多。据统计，北京现有古树名木4万余株，其中一级古树6000余株；二级古树3.3余株，名木1000余株。

4. 辉煌灿烂的名胜古迹。北京的历史文化名胜古迹在世界历史文化名城中都是罕见的、著名的、独一无二的。仅从统计数字看：北京有6处世界文化遗产，98处国家级文物保护单位，255处市级文物保护单位，600多项区县级文物保护单位。另外还有600多处保留比较好的四合院，主要集中在东、西两个城区。北京还有40片历史文化街区，主要分布在旧城区。

5. "天人合一"的和谐思想。北京城市留下了宝贵的"天人合一"的思想。这种思想就是：人生活在天地间，要融入自然，敬畏自然，按照客观规律办事。今天我们更要尊重自然，尊重自然规律；人们改造自然，不是征服自然，更不是战胜自然，而是与自然更好的相互依存，改造自然的目的是为了进一步协调人与自然的友好关系。

二 北京在生态文明建设方面率先走了一步，起到了引领示范作用

北京在生态文明建设方面率先走了一步，对全国起到引领示范作用，得益于北京成功举办2008年奥运会。在生态文明理念上，北京奥运会留下了深刻的"绿色"理念，在城市建设方面留下了一批节能减排的现代城市建筑。同时，在北京奥林匹克森林公园内，还有人工湿地、生态廊道、太阳能光伏发电、地源热泵、生物降解等绿色低碳技术的引领示范。

1. 宝贵的生态文明理念。这个理念就是"绿色奥运、科技奥运、人文奥运"，被称为"北京奥运三大理念"，是北京奥运会最宝贵的文化遗产，也是北京在21世纪的科学发展。这份遗产在2008年以后转化为"人文北京、科技北京、绿色北京"发展战略。

2. 壮丽的生态文明景观。1991—2010年北京城市总体规划中轴南延长线要体现北京城"南大门形象；中轴北延长线要保留宽阔的绿带，在其两侧和北端的公共建筑群作为城市轴线的高潮与终结，突出体现21世纪首都的

现代化建设新风貌。北京奥林匹克公园是北京迈向 21 世纪率先实现现代化的区域。记得在 20 世纪 90 年代，问北京哪个地方最现代？人们一定会说"亚运村"。当人们乘车从安慧桥上通过，两边现代化高楼大厦景观不亚于发达国家的城市面貌。随之而来的是北京申办 2008 年奥运会成功，北京奥林匹克园区又确定在亚运村西面，与北京城市传统中轴线向正北延伸的地方，北京的现代化像插上翅膀，更加快速发展起来。早期奥林匹克园区规划是要突出中国"龙"文化，设计有龙脉、龙湖、龙型水系、龙型建筑等。当设计者意识到整个世界都在关注生态文明和可持续发展这个主题后，就开始把生态文明作为北京奥林匹克公园设计规划的主题，园区的山型水系注重生态，讲究传统的环境科学理念，倚山向阳，山环水抱。其中园区内森林公园占地 680 公顷，分南北两个区域，南区湖山辉映，衬托仰山前大型体育、科技和文化设施和建筑；北区以微地形起伏、小型溪涧景观及自然野趣密林为主。在整个园区内，新型建筑突出节能减排，新的建筑既大胆使用新的建筑材料，又注重与生态保护和传统文化衔接。例如鸟巢、水立方等，体现了北京现代化与生态文明建设的引领示范作用。

  3. 具有引领示范的节能减排建筑。北京奥林匹克园区内的国家体育场和国家游泳中心又被俗称"鸟巢"与"水立方"，这是由于它们率先大面积使用节能减排建筑材料。鸟巢是通过国际招标确定的新型建筑，形状酷似鸟巢。鸟巢建筑是巨大的，其造型呈现双曲面马鞍形，东西向结构高度为 68 米，南北向结构高度 41 米，钢结构最大跨度长轴 333 米，短轴 297 米，由优质钢结构编织成建筑造型，特点是白天自然的天光能够摄入，节约照明光源。

  水立方也是节能减排的典型建筑。水立方的创意是来自细胞组织单元的基本排列，形成水泡的天然构造，追求的是清凉幽静的建筑环境。水立方由 3000 块气枕组成的膜结构，表面覆盖面积达 10 万平方米，可以吸收 70% 的太阳光能，尤其是在下雨天，还可以利用雨水自然清洁。

  鸟巢与水立方体现了北京城市的传统文化理念。这种文化就是以城市中轴线为中心，形成左右（即东西）的对比与呼应。例如：鸟巢是椭圆形，水立方是方形，形成方与圆的对比，方与圆造型是中国最传统的建筑造型，其变化又无穷。鸟巢是复杂的钢结构编织，水立方是简洁的膜结构组合，形成简洁与复杂，硬钢与软膜的强烈对比与反差。鸟巢是鸟的巢穴，引申为温暖家的含义；水立方为蓝色，也就是冷色，是寒冷的象征，冷与暖，阴与阳，展现的是北京城市以中轴线为界，左（东）为阳，又为阴的文化理念。

4. 生态廊道桥。乘车行进在北五环路上，可以看到一座立交桥上生长着树木和灌木等植物。这就是北京第一座生态廊道桥，它位于北京城市南北中轴线北延长线上，跨越北五环路，名"天辰桥"。"天辰"，天上的北斗，居中的含义。这座桥长200多米，宽60米，为混凝土连续结构，技术设计标准为百年使用年限，载荷覆土1.8米，完全适宜灌木、草坪生长。特别是生态廊道桥上植被采用的是微喷技术，即在植物的土壤下面铺设微喷管道和适宜树木生长得微喷头，形成科学合理的水分给养保证。漫步在生态廊道桥不仅可以行人通行，而且在夜晚人稀的时候森林公园南北两区小动物可以自由往来。目前，在奥林匹克森林公园内游览，可以感受到它是森林公园南、北两景区之间唯一的行人、动物及生物的联系通道，具有行人及公园内小型车辆通行的功能。这种大型的生态廊道建设，也是北京在生态文明建设的引领和示范。

（原文载于《新视野》2014年第4期）

伦敦经验：新型城镇化视角下的北京城市提升[*]

张景秋[**]

英国在其发展历程中同样经历了类似中国城镇化进程中所面临的诸多问题。伦敦城市再生与复兴经验对北京城市提升具有重要的借鉴意义。

一 伦敦城市再生与复兴的启示

第一，城市经济功能定位调整与地方发展紧密结合。无论是中央政府还是地方政府，均希望通过再生与复兴促进地方经济增长，特别是对于产业调整转型地区，关注经济竞争力是为了提升经济影响和增加就业。因此，城市经济功能定位调整一定是与地方发展紧密结合。

第二，优化城市空间，高效再利用促进城市内涵提升。城市再生除了复苏经济外，还肩负着对老旧城区建成环境的改善，包括环境可持续发展理念的实现。因此，对城市空间的利用是立足于对旧有空间的再利用和再配置，而不是完全拆除新建或者建新城和新区。

第三，回归社区，构建紧凑、适宜步行的功能混合单元。关注原有邻里的社会条件，鼓励社会资本开发和社区参与，以实现邻里和社区的再生。在空间组织上，为了实现回归社区和可持续发展的目标，伦敦中心城区积极倡导紧凑、适宜步行的功能混合单元。

第四，推进基础设施和公共交通建设。对于城市基础设施和公共交通体系建设而言，中央和地方政府的作用尤为突出。伦敦公共交通系统不仅包括地面公共交通和轨道交通，还包括自行车和步行系统，尤其是分布在各个重

---

* 本文为学术论文《伦敦经验：新型城镇化视角下的北京城市提升》的简介。
** 张景秋，北京联合大学应用文理学院城市科学系主任、北京学研究所城市研究室主任。

要地铁站外的自行车租赁有效解决了点对点交通困境，缓解了内城路面交通压力，有效保护了人性化街道尺度的存活。

第五，引导和促进休闲文化经济大发展。文化作为城市经济的重要组成要素是从20世纪90年代后期开始逐渐为世界所接受。现在，文化发展是任何一个城市再生和复兴战略的组成部分，所有地方政府为了满足城市复兴战略所需都设置有"文化、传媒和体育部"，运用地方传统和历史形成文化产品以满足越来越多元化的消费者需求。

二 北京城市提升的思考：新型城镇化视角

（一）北京城市发展的阶段性思考

根据北京市统计数据计算，2013年，按照常住人口城市化水平测度，北京城镇人口城市化水平达到86.30%，第一、第二、第三产业结构为0.8∶22.3∶76.9；人均地区生产总值达到9.32万元（按年平均汇率折合1.51万美元），按照世界银行划分各国经济水平的标准，北京处在高收入经济地区水平。这表明，北京城市发展进入全面转型，或曰战略转型阶段，即后工业化发达经济的初级阶段，这是北京城市发展的新坐标。特别是结合《国家新型城镇化发展规划（2004~2020年）》第十八章中提出的"推进新型城市建设"与北京在2008年以来倡导的建设"人文北京、绿色北京、科技北京"相吻合，也是推进北京城市总体规划2050年建设成为世界城市的发展目标实现的重要方式。

（二）对北京未来城市发展提出三点思考

1. 北京城市发展步入柔性化阶段，人文转向，融合发展

后工业化与工业化相比，最突出的特点是以柔性发展替代刚性建设，从世界城市发展的历程可以看出，无论是城市管理转型，还是城市经济转型，柔性替代刚性，是一种普遍规律。对于北京而言，未来城市发展无论是经济转型，还是城市管理转型，应侧重"人文转向"，将城市作为物质生产提供保障的场所转向为生活在其中的人提供服务的场所；关注柔性发展的理念，特别是要转变对城市的认识，要从生产城市向生产与生活相结合进而向消费城市的观念和定位转变，不应再将城市作为一种生产的场所，城市为人所提供的各项设施也仅作为提高劳动生产率的保障，"以人为本"的城市建设就是要从根本上进行转变，为生活在其中的人们提供安全、便捷、适宜的归属。

除了关注城市建成环境以及各项配套设施的建设之外，更为重要的是关注配套设施的使用便捷性和有效性，关注不同人群（年龄、性别与残障人士等）对设施利用的偏好需求，关注设施建设的人本管理；在经济发展转型阶段，北京要深度挖掘首都经济的特性，以建设高端企业总部之都为抓手，探索国内总部与全球总部之间的相互作用，探索以柔性生产系统网络扩展创造混合服务行业，发挥首都北京在世界经济社会政治格局中的强大优势和作用。

2. 社会主义核心价值观推进文化转向的世界效应

从世界范围来看，2005年以来文化转向成为中外城市发展的主要动力，北京作为中国的文化中心，在全面落实和推进社会主义核心价值观的工作中，与城市发展相结合，文化的动力机制作用不仅表现在文化产业的发展上，更体现在对城市功能调整，原有功能替代以及城市老旧区域更新和新城新区的建设中，文化是抓手，但要充分挖掘地方文化的精髓，并与社会主义核心价值观相一致，中华民族的优秀文化与北京地方优秀传统文化相统一，而不仅仅是抓重大文化项目，还应该以社区居民的归属感和文化认同感为根本，从社区文化与地方文化入手，以市场为杠杆，以核心价值观为主线，发挥文化驱动的社会经济环境效益，以及北京建设中国特色世界城市的世界影响与效应。

3. 着力推进街区的人文尺度建设，引导公交导向型的城市形态形成

当今北京城市发展面临着严重空气污染和道路拥堵问题，城市居民每天消耗在路上的平均时间占据其工作时间的1/4，而大尺度的街道格局在一定程度上割裂了社区的人文环境和城市文化肌理；自行车，特别是步行系统的缺乏，让轨道交通效率和便捷性上大打折扣；历史街区在原有居民文化保留和新型文化产品形式上的不衔接造成的地方文化流逝等，都为北京中心城市未来走新型城镇化道路提出了新的要求。

紧凑道路尺度，以人文尺度建设城市街区，将步行、自行车、地面交通和轨道交通有机结合构成完整的公交导向型城市形态，将城市居住空间、工作空间、生活空间和休闲娱乐空间重新融合，借鉴伦敦中心城区5~10分钟步行圈的思想，在北京城区的重点地区构建适宜步行的功能混合的人文主导型社区格局；同时，结合绿色城市和智慧城市建设，减少城市的生态足迹，提升北京城市的活力，推动全球经济发展的创新型人才汇集；创造紧凑、高效、舒适、便捷、安全、健康的新北京。

（原文载于《北京规划建设》2014年第6期）

北京城市办公空间通达性感知研究[*]

王丹丹　张景秋　孙蕊[**]

一　引言

城市办公集聚区的空间通达性直接反映了城市工作地和就业中心的竞争力，而城市交通条件是城市运营与发展的基本环节，决定着城市的运行效率以及城市空间结构优化。该文基于问卷调查的抽样数据，以北京城区10个办公集聚区为研究区，运用多维标度分析方法，对研究区内通达性的被调查人主观感知进行分析评价，结合主观感知与实际测算客观数据的对比，比较城市内部不同办公集聚区之间通达性感知的差异性。

从个人行为的角度出发研究通达性，国内外学者更多关注的是基于城市扩散、城市空间多核心化背景下的通勤行为，以居住区为基本单元，通过对居民的日常行为活动、工作通勤进行问卷调查，通过通勤工具、通勤时间、通勤距离等方面的因素来描述城市居民通勤行为的基本特征，从而反映出城市交通的通达性以及对居住区选择的影响。同时，也有学者运用满意度调查数据对北京、厦门等城市的公共交通市民满意度进行分析，从街道和居住区尺度分析公共交通的空间特征，为城市交通发展提供规划依据。但总体来看，对占据城市经济活动1/3强的办公集聚区为基本单元进行城市通达性的研究相对较少。基于此，该文以北京城区10个典型的办公集聚区为研究单元，对在其中工作的从业人员进行办公空间通达性感知调查，通过主客观数

---

[*] 本文为"国家自然科学基金项目（41271185，41101144）、北京市属高等学校长城学者培育计划项目（IDHT20130322）"成果之一学术论文《北京城市办公空间通达性感知研究》的简介。

[**] 张景秋，北京联合大学应用文理学院城市科学系主任、北京学研究所城市研究室主任；王丹丹，首都师范大学资源环境与旅游学院人文地理学专业硕士研究生；孙蕊，首都师范大学资源环境与旅游学院人文地理学专业硕士研究生。

据的分析以及不同区域间对比评价，总结基本特征，为北京城市办公空间优化，以及交通规划提供一定的借鉴。

二 研究数据

该文选取包括 CBD、金融街、中关村、上地、亚运村奥运村、望京科技园、燕莎、三元桥、鲁谷、丰台总部基地以及亦庄等在内的办公集聚区作为研究区域，鉴于部分区域空间上的邻近，将奥运村与亚运村、燕莎与三元桥地区分别合并，作为一个整体区域进行分析。需要说明的是：由于各办公集聚区所在地的区位条件不同，交通设施建设基础不同，其通达性存在差异，但该文侧重被调查人对各办公集聚区空间通达性的主观感知分析，在某种意义上讲具有可比性。

该文分析数据来源于课题组在 2013 年 7 月进行的问卷调查数据。该次问卷调查以办公集聚区作为调查区域，以集聚区内的写字楼从业人员为调查对象，并且按照办公活动的集聚程度进行分层抽样，采用随机拦截的方式共发放 800 份问卷，剔除有效信息缺失的问卷，最终获得有效问卷 732 份，有效率达 91.5%。

三 办公集聚区空间通达性比较

该文通过对北京城市 10 个办公集聚区的空间通达性主观感知调查，比较了不同集聚区之间的感知差异，并与客观统计数据进行对比分析，探讨了北京办公空间通达性等级，以及人群感知与建设实际间的差异。主要结论为：

1. 以地面交通和轨道交通为主导的公共交通是北京城市居民选择通勤的主要交通工具，其次为私家车；有近 50% 的人更倾向于选择 5~10 分钟的步行时间达到公共交通站点和休闲娱乐设施场所。这表明，5~10 分钟的步行圈是城市活动的基本单元，不仅可作为公共交通的站点及配套设施规划设计的重要依据，而且要将建设"5~10 分钟步行圈"作为北京城市改善和提高空间通达性的有效手段。

2. 从通达性的主观感知来看，通过多维标度分析，北京 10 个办公集聚区分成 4 类，金融街和 CBD 通达性最优，其次为亦庄、中关村、亚运村奥运村，再次是燕莎三元桥、上地、望京，而总部基地和鲁谷通达性最差。从客观统计分析来看，办公集聚区同样分成4类，但其通达性等级与主观感知存在差异，CBD、中关村、亦庄、金融街为最优，燕莎三元桥、鲁谷、上地属于良，亚运村奥运村为中，总部基地、望京列为差。两者相互对比，其等级差异有3个方面的特征：

（1）从主观到客观，由高级别向低级别的变化。典型的有亚运村奥运村和望京科技园，反映出从业人员对这两个集聚区的空间通达性较为满意，如望京科技园，尽管离轨道交通较远，步行达到站点的时间较长，但由于地面公交站点数量较多，在10个办公集聚区中位居第二，仅次于CBD，换乘较为方便且地面公交线路跟进较好，弥补了轨道交通通达性的不足。

（2）从主观到客观，由低级别向高级别变化。这类数量较多，包括中关村、上地、燕莎三元桥、亦庄、鲁谷，这些办公集聚区感知通达性低于实际通达性，特别是鲁谷，主观感知与客观统计差了两个级别。究其原因，一是交通换乘不太方便，包括轨道交通内部换乘；二是客流量大对通达性主观感知造成的一定影响。鲁谷集聚区因轨道交通只有东西方向的1号线通过，且地面交通网络建设相对缓慢，造成通达性主客观差异明显。

（3）从主观到客观，级别未发生变化。包括金融街、CBD、总部基地，金融街和CBD位于内城，交通配套设施建设较为完善，两个办公集聚区立足交通规划，在制定智能交通组织、优化公交线网调整方案等方面发挥了良好的作用，为金融街与CBD的进一步发展和提升奠定了基础。而总部基地在两个方面的通达性都处于相对较差的级别，可见总部基地通达性问题急需改善，相关部门应完善相应的交通配套设施，结合新一轮北京"城南行动计划"，推进总部基地作为以中小企业总部为核心的功能定位发展。

3. 办公集聚区通达性主客观等级的差异，反映了交通通达性的测度不仅要关注站点距离，更应该关注出行者心理感知和出行换乘的便利程度，特别是交通站点到工作地之间的"最后一公里"联通问题。

（原文载于《地理科学进展》2014年第12期）

北京轨道交通换乘站点对办公空间集聚的影响[*]

甄茂成　张景秋　朱海勇[**]

一　引言

作为城市交通的重要组成部分，轨道交通从诞生之日就深刻地影响着城市空间结构和经济活动集聚状况。

20世纪30—50年代，西方学者开始关注城市中心区办公活动区位选择，这一阶段研究重点是办公活动的向心集聚及其特征。许多学者认为，良好的交通网络、高质量的写字楼是办公活动在中心城区选址的重要原因，大容量、大运量的轨道交通将居住在城外的通勤者送往位于市中心的办公地点，从而加剧了办公空间集聚状况。

20世纪60—70年代，办公活动区位研究进入发展阶段，研究的重点是分析办公活动向心性的区位因子，其中通信技术、文化传统、企业前后向联系、交通网络（包括轨道交通）、租金等因素都被引入到办公区位中心性的研究中。同时，不少学者开始关注办公郊区化，认为交通条件的改善，尤其是轨道交通建设，使得办公活动向郊区分散，降低了中心城区办公集聚度，并在郊区或轨道交通站点沿线形成一定密度的工业园区或办公园区。

20世纪80年代至今，办公区位研究进入成熟阶段，西方国家已经步入

---

[*] 本文为"国家自然科学基金项目（41271185，41101144）、北京市属高等学校长城学者培育计划项目（IDHT20130322）"研究成果之一学术论文《北京轨道交通换乘站点对办公空间集聚的影响》的简介。

[**] 张景秋，北京联合大学应用文理学院城市科学系主任、北京学研究所城市室研究主任；甄茂成，中科院地理科学与资源研究所人文地理学专业博士研究生；朱海勇，北京联合大学应用文理学院城市科学系讲师。

后工业社会，办公活动离心化现象及其理论基础成为研究的主流，学者普遍认为，轨道交通发展对办公郊区化产生了很大影响，是导致办公活动逆城市化现象的重要动力，从而引导城区办公活动沿线性向外迁移。同时，在办公活动外迁的后期，郊区办公空间则经历了由分散向再集中的发展过程，特别是在轨道交通站点周围或高速公路路口附近形成多个办公集聚区，从而使大城市办公空间集聚程度从单峰值发展为多峰值。

二 研究数据与研究方法

研究数据所需的写字楼空间点位信息主要来自课题组在 2009 年 7 月和 2010 年 7 月两次利用手持 GPS 采集的数据，以高德数据供应商提供的 2010 年北京市商务性办公场所地理位置数据为修正参考，共获得 1942 个有效点位。北京市轨道交通换乘站点数据，是在综合考虑研究范围以及城市重大事件对城市基础设施建设影响的基础上，重点选择 2008 年奥运会前后位于中心城区 6 个行政区范围内的换乘站点，结合已有对北京城区办公集聚区的研究结果，最终选择 18 个换乘站点作为研究对象，它们分别是：立水桥、海淀黄庄、知春路、北土城、惠新西街南口、芍药居、三元桥、西直门、东直门、复兴门、西单、东单、建国门、国贸、四惠、四惠桥东、宣武门和崇文门站。

该文通过核密度法得出北京城市办公集聚区等级；再以轨道交通换乘站点为中心，分别以 500 米、800 米和 1500 米为半径作缓冲区，分析落在不同缓冲区内的写字楼集聚状况及空间布局。

三 轨道交通换乘站点周边办公空间集聚特征

通过对北京城区轨道交通换乘站点周边一定半径范围内商务办公空间集聚程度的研究，得出以下几点结论：

1. 北京轨道交通换乘站点周边所形成的办公集聚区在数量和规模上存在明显的南北差异，在等级规模上东西差异比较明显。总体看来，北京商务办公集聚区有从中心城区逐渐向外扩散的趋势，而且这种趋势北城强于南城。随着换乘站点半径范围的扩大，写字楼密度呈递减态势。

2. 以轨道交通换乘站点为圆心，在 500 米、800 米以及 1500 米半径范围内，商务办公集聚区存在明显的等级差异，且随着换乘站点辐射范围的扩大，其覆盖的高等级办公集聚区的数量也呈增多趋势。轨道交通换乘站点对办公活动的最佳吸引范围为 800~1500 米之间。

3. 办公集聚区等级随着轨道交通换乘站点等级的提高而提升。通过对 2008 年前后北京轨道交通换乘站点与办公集聚区规模等级的动态分析，可以看出 800 米和 1500 米半径范围内商务办公集聚程度存在明显差异，对中高等级的办公集聚区来说尤其显著，一些新增的位于办公集聚区范围内的换乘站点，如位于 CBD 核心区的国贸站和位于中关村的海淀黄庄站，在一定程度上提升了原有办公集聚区的等级，并延展了其范围。

4. 轨道交通换乘站点的功能属性对办公集聚区的形成同样具有一定的空间引导作用。对于具有一定功能属性的轨道交通换乘站点而言，如西直门和东直门，作为综合交通枢纽的换乘站点，其周边地区因大量人流汇集带来的商务环境负效应，使其并不会成为最佳的办公区位；而另外一些换乘站点，如国贸、海淀黄庄、东单、崇文门等，一方面基于其自身所处原有的商务办公区位优势，另一方面则因为增加了从东西—南北方向的轨道交通换乘，从而引导周边商务办公区位优势凸显，办公集聚区等级也不断提升。

四 空间集聚特征成因分析

1. 历史惯性作用

长安街及其延长线以北地区一直是北京城市经济发展和经济活动的重心，以传统中轴线为界，由于东部朝阳区是北京中心商务区（CBD）所在地，办公业起步早，发展快，已成为较为成熟的办公集聚区；西部海淀区的中关村一带虽形成一级集聚区，但发展规模小于 CBD；随着中关村国家自主创新示范区的建设与发展，其办公集聚区将得到进一步扩展。

2. 距离衰减作用

四惠、四惠桥东和立水桥的换乘站点周边暂时没有办公集聚区主要原因是与城市核心区距离较远。未来随着办公郊区化的推进，位于海淀区和昌平区交界处的立水桥站周边可能形成小规模、等级较低的办公集聚区。

3. 主导功能空间差异

一般而言，每个轨道交通换乘站点的设置均要兼顾周边生产与生活空间的需求。CBD 作为办公活动核心区，其换乘站点以国贸站为主，在其周边

1500米范围内形成商务办公圈层布局结构；相比之下，作为地铁一号线和八通线换乘站点的四惠和四惠东站，其目的主要是为了方便城区以东居民的通勤和日常生活出行，站点周边没有办公集聚区出现。因此，换乘站点周边主导功能空间差异在一定程度上影响其周边经济活动集聚类型。

4. 外部效应作用

不是所有较高等级的办公集聚区都在半径为500米范围内，因为有些办公活动要规避轨道交通造成的外部负效应，如噪音污染、高密度和高强度的人口流动等，如西直门站。所以，在500—800米半径范围内所形成的办公集聚区等级更高，如海淀黄庄站。

（原文载于《地理科学进展》2014年第4期）

北京城区长期避难场所空间布局研究*

周爱华　张景秋　付　晓**

应急避难场所是灾难或灾害发生后人员安置和救助的一个重要载体。北京是我国的首都，全国的政治、经济、文化中心；同时，北京地区分布有多条地震断裂带，存在发生中强地震的可能。该文以北京城区长期避难场所为研究对象，利用 ARCGIS 软件的空间分析模块，结合城区人口数据，分析北京城区应急避难场所的服务情况，计算其服务面积比、服务人口比、服务重叠率等指标及各街道对应急避难场所的可达性，为北京市应急避难场所的空间布局优化提供参考。

一　数据来源与研究方法

1. 数据来源

2012 年北京建成应急避难场所 83 处，应急避难总面积达到 1543 万米平方，可容纳避难人口 282 万；其中城区有 44 处，城区应急避难场所总面积近 1253 万平方米，可容纳 194 万人。依据《北京中心城地震应急避难场所（室外）规划纲要》（简称《规划纲要》），城区已建成的避难场所的面积都不低于 10000 平方米，符合长期（固定）避难场所的标准。因此，该文的研究对象设定为长期避难场所。避难场所数据来源于遥感影像和 GPS 现场调查，并在 ARCGIS 软件中进行数字化处理，获得避难场所多边形数据，建立避难场所数据库；由北京城区 1∶9 万地图及第六次人口普查数据采集城区数据和街道数据，建立城区数据库和街道数据库，并将避难场所数据与之相

---

* 本文为学术论文《北京城区长期避难场所空间布局研究》的简介。
** 张景秋，北京联合大学应用文理学院城市科学系主任、北京学研究所市室研究主任；周爱华，北京联合大学应用文理学院城市科学系副教授，中国地质大学土地科学技术学院地图学与地理信息工程专业博士研究生；付晓，北京联合大学应用文理学院城市科学系副教授。

匹配。

2. 研究方法

(1) 可达性评价

可达性是指利用一种特定的交通系统从某一给定区位到达活动地点的便利程度，常用距离、时间和费用等指标来衡量。最小距离法是一种形象直观，易于大众理解和计算实现的可达性评价方法，且计算过程中不需任何参数，因此，该文使用该方法评价街道对避难场所的可达性。

(2) 缓冲区分析

缓冲区是指为了识别某一地理实体对其周围地物的影响而在其周边建立的具有一定宽度的带状区域，以此来判断此地理实体或空间物体的影响范围或服务区域。该文计算获得，当理论服务半径 $R_i \leqslant 1000$ 米时，选择实际服务半径为 2000 米；当 1000 米 $< R_i \leqslant 2000$ 米时，选择实际服务半径为 3000 米；当 $R_i > 2000$ 米时，选择实际服务半径为 5000 米。

(3) 叠加分析

叠加分析是对多种现象要素进行综合分析和评价的一种空间分析方法。该文将建立的长期避难场所的缓冲区与城区数据叠加，生成新的包含多重信息的图层，并对叠加后图层的图形信息和属性数据进行统计分析，获得相关指标的统计结果，用以解释北京城区长期避难场所的空间布局。

(4) 统计指标分析

统计分析是指运用统计方法分析对象有关的知识，定量与定性相结合地进行研究。研究长期避难场所的空间布局情况，数量指标是必需的，取服务面积比、服务人口比、服务重叠率和人口配置缺口为长期避难场所布局的评价指标。

二 北京城区长期避难场所空间布局分析

1. 总体分布特征

北京城区长期避难场所呈分散分布。除部分避难场所自身呈条带状外，避难场所之间基本没有空间的毗连。绝大多数长期避难场所位于五环以内，且长安街以北城区在数量和面积上明显多于长安街以南城区。长期避难场所离主干道路较近，且人口密度大的街道内或周围不一定有长期避难场所。

2. 区域统计分析

将避难场所数量、面积及容纳人数按城区进行统计,朝阳区避难场所建设水平最高,丰台区最低。从城区的整体来看,长期避难场所面积占城区总面积的0.92%,容纳人口占城区总人口的16.14%,总体上不能满足居民避难要求。

3. 避难场所服务指标计算与分析

在ARCGIS中,绘制缓冲区,并进行叠加分析及统计计算,从而获得研究区域内长期避难场所的理论服务面积、实际服务面积及服务人口,进一步计算研究区域的服务面积比、服务人口比、服务重叠率及人口配置缺口。

城区长期避难场所服务范围连接成片(除温泉公园),五环以内除朝阳区和丰台区的少部分街道外,其余区域都能享受到避难场所的服务,避难场所服务面积达到城区面积的53%。但避难场所的服务重叠率过高,丰台区最低,仍大于50%,而东城和西城的服务重叠率达到80%以上,说明长期避难场的布局过于集中。因此,总体上北京城区的避难场所布局不尽合理,具有局部密集、局部缺失的不均衡特点。

4. 可达性分析

通过近邻分析,生成所有街道到避难场所的直线距离,距离越小,可达性水平越高。并按照最小邻近距离的大小,进行可达性分级。则可达性分析结果如下。

(1)北京城区87%的街道对长期避难场所的可达性好,可达性水平由城中心区向外围区逐渐降低,与城区人口密度的分布趋势大体一致;但仍有16个街道可达性差,即享受不到长期避难场所的服务,而这些街道主要位于城区边缘。

(2)东城区与西城区96%以上的街道在2000米以内都能达到长期避难场所,全部街道在3000米以内都能到达长期避难场所,且区内街道之间的可达性空间分异不显著;海淀区东南部、石景山区东南部、丰台区东北部及朝阳区西北部、中部地区可达性很好,凸显了北京城区长期避难场所布局的局部密集的特点。

(3)五环以内,除十八里店地区、堡头街道和宛平城地区以外,其余街道在5000米以内都可以找到长期避难场所,基本上满足了居民对应急避难场所的需求;五环以外城区则总体可达性很差。

三 结论

关于城区长期避难场所的空间布局研究，实际服务范围的确定及服务指标的分析比简单的区域统计分析更加适用和科学。北京城区长期避难场所呈分散分布，能满足城区16%居民的避难需求。避难场所的空间分布不均衡，五环以内大部分区域在5000米以内能找到长期避难场所，基本可以满足居民的避难要求；但在五环以外区域，绝大部分地区为服务盲区，居民享受不到避难服务。东城、西城已建成长期避难场所可以满足居民长期避难需要，朝阳、海淀、石景山和丰台应急避难场所建设仍需加强。已建成长期避难场所的服务重叠率过高，城区的总服务重叠率为72.23%，其原因就是应急避难场所布局局部过于密集，尤其是中心城区最为严重。因此，可以在充分考虑避难场所的服务范围和能力的情况下，对这些区域避难场所的布局进行适当调整。避难服务盲区主要分布在城区的外围边缘地区，可结合区域人口分布及开敞空间分布情况，在适当的地点修建新的应急避难场所来消除服务盲区。

（原文载于《安全与环境学报》2014年第3期）

北京市居民居住满意度感知与行为意向研究[*]

湛东升　孟斌　张文忠[**]

1 引言

居住满意度是指居民预期居住条件与实际居住条件的差距，二者越接近，表明居住满意度越高。20世纪80年代初，北京郊区化初现端倪，同时在城市更新改造和住房制度改革双重力量作用下，北京城市居住空间结构发生了巨大变革。北京城市内部空间大规模重构过程无疑会对居民居住满意度产生一定影响，但转型期北京城市居民居住满意度感知因素有哪些，不同感知因素对居住满意度影响程度如何，居住满意度高低会产生哪些后向行为意向等问题都亟待阐明。

国内外学者对居住满意度感知因素探讨具有很好的参考价值。但已有文献多关注于城市层面的人居环境评价，而对社区层面的居住满意度感知因素关注较少，居住满意度后向行为意向则更少涉及。因此，该文利用2012年实地调研数据，通过探索性因子分析和结构方程模型方法构建了"居住满意度和居住流动性意向"关系模型，以期揭示居住满意度影响机制及其与居住流动性意向相互关系。

---

[*] 本文为国家自然科学基金项目（41171136，40871079，41230632）；北京市属高校人才强教计划资助项目（PHR201108374）；北京联合大学人才强校计划人才资助项目（BPHR2012E01）成果。

[**] 孟斌，北京学研究所副所长；湛东升，中国科学院区域可持续发展分析与模拟重点实验室博士研究生；张文忠，中国科学院地理科学与资源研究所研究员。

2 数据来源与研究方法

2.1 数据获取

以北京城市居民为研究对象,2012年7月在北京城区进行"职住关系"为主题的问卷调查。调查方式主要采用进入社区或社区周围的随机调查和交叉控制配额抽样调查为主,共发放问卷679份,回收有效问卷604份,有效率为89.0%。

问卷内容主体设计包括四个部分,分别为居民通勤特征、居住特征、工作特征、个人属性特征。其中,居住满意度感知评价包含在居住特征调查之中。在梳理前人研究的基础上,居住满意度感知因素共设计了17个选项,主要涉及住房质量、居住物质环境、居住邻里环境、附近基础设施和交通出行等方面;居住满意度包括3个测量选项,分别为"居住总体满意度""对目前居住社区的喜爱程度""如果可能,是否愿意长久居住在该社区"三项。

2.2 研究方法

2.2.1 探索性因子分析

首先,运用SPSS17.0软件对问卷中个别缺失数据进行预处理,采用均值替代法把原始数据补充完整。再利用主成分分析法进行探索性因子分析,并按最大方差法进行因子旋转,以特征值大于1为标准提取公因子,并剔除因子载荷小于0.5或提取共同度小于0.4的选项。

2.2.2 结构方程模型

结构方程模型是在20世纪60年代发展起来的一种验证性多元统计分析技术,用以处理复杂多变量之间因果关系,它整合了因子分析和路径分析的功能。

该文基于探索性因子分析结果构建居住满意度结构方程模型,并对模型进行检验、修正,主要探讨北京城市居民居住满意度感知因素及其对后向行为意向产生的影响。

3 实证分析

3.1 居民满意度探索性因子分析

在主成分分析基础上进行因子分析,选择方差最大法进行因子旋转,从15个变量中共提取了4个主因子,累计贡献率达到63.906%。其中,第一主因子的贡献率为18.249%，在"治安管理、物业服务、卫生环境、居民素质、邻里关系"上因子载荷系数较高，主要反映居民的"居住环境"；第二主因子的贡献率为17.745%，在"住房面积、建筑质量、户型结构、通风采光"上具有较高载荷，主要反映居民的"住房条件"；第三主因子的贡献率为15.441%，与"医疗教育方便性、购物餐饮方便性、休闲娱乐方便性"相关性较强，主要反映居民的"配套设施"；第四主因子的贡献率为12.471%，在"距公交站方便性、距地铁站方便性、距市中心距离"上载荷系数较高，主要反映居民的"交通出行"。

3.2 结构方程模型构建及结果分析

基于居民满意度探索性因子分析，可以发现居住满意度存在四个维度感知因素：居住环境、住房条件、配套设施、交通出行。通过探索性因子分析结果构建居住满意度初始模型，预设模型中共包括4个外生潜变量（居住环境、住房条件、配套设施、交通出行）和15个外生观察变量，2个内生潜变量（居住满意度和居住流动性）和4个内生观察变量。

参考修正指标对初始模型进行修正，以提高模型整体精度。修正后的模型运算结果显示，各项评判指标均达到建议值范围，说明模型整体拟合优度较好。

结构方程模型结果表明：（1）住房条件对居住满意度有显著的正向影响（P<0.01），且影响效应最大。住房条件每增加1个单位，居住满意度会提升0.37个单位。（2）居住环境的影响效应次之，并对居住满意度有显著的正向影响（P<0.01）。居住环境每增加1个单位，居住满意度会提高0.35个单位。（3）配套设施也是居住满意度感知的重要因素之一，并对居住满意度有显著的正向影响（P<0.01）。配套设施每增加1个单位，居住满意度会提升0.22个单位。（4）交通出行对居住满意度的影响作用微弱，并且不显著（P=0.16>0.01），表明居民交通出行改善，并不一定会使居住满意度有显著的提高。这与西方学者和国内其他学者以往研究结论有所不同。（5）居住满意度对居住流动性意向具有显著的负面感知效应（P<0.01）。居住满意度每提高1个单位，居住流动性意向会降低0.42个单位，H5假设成立。这表明，提高居民居住满意度可以减少居住流动性的发生，有利于增加居住社区稳定性和凝聚力。

4 主要结论

该文基于居民感知评价视角,验证了居住满意度形成机制及其与后向行为意向关系,对居住满意度相关理论研究与宜居城市建设实践等具有较高的科学价值。研究发现:北京市居民居住满意度感知评价主要由居住环境、住房条件、配套设施和交通出行四个维度构成,且各维度的影响效应呈现出住房条件>居住环境>配套设施>交通出行的递减趋势。居住满意度对居住流动性意向具有显著地负面感知效应。另外,居民社会经济属性特征也对居住满意度感知评价和居住流动性意向产生重要影响。

(原文载于《地理研究》2014 年第 2 期)

北京城市居民日常活动空间的社区分异*

张 艳 柴彦威 郭文伯**

1 引言

城市空间与居民行为之间的互动关系是城市地理学研究的核心内容之一。诞生于20世纪60年代计量革命后期的行为地理学专注于从个体空间行为的视角来理解地理空间及其形成与变化。居民日常活动空间和城市日常活动系统是人类空间行为研究中的重要内容，直接反映行为空间形成机制、分布特征及其与实体空间的相互关系，并为城市社会生活及其空间体系研究提供重要的微观视角。

中国城市在市场化转型、快速城市化等背景下，社会阶层分化与居住空间分异日益明显，城市社区无论在社会构成还是在建成环境上都呈现出显著的空间分异。计划经济体制下以单位为基础的居民日常活动空间逐渐瓦解，伴随职住分离、住房郊区化、城市空间扩张等结构性变化，居民日常活动空间日趋多元化、复杂化。中国城市转型与空间重构对个体生活经历的影响在社区尺度上可能存在显著差异。该研究基于对北京城市居民活动日志问卷调查数据，借助GIS可视化与空间分析方法，通过对北京城市不同类型社区居民日常活动的时空分布、活动空间形态及面积等特征的比较，揭示不同社区居民的日常活动空间的社区分异，试图将基于人口属性、设施供给的社区分异研究拓展到基于日常行为的、居民对城市空间利用的社区分异。

---

* 本文为学术论文《北京城市居民日常活动空间的社区分异》的简介，是北京市社会科学基金项目（13JDCSC011）、北京联合大学新起点计划项目（Zk10201307）、北京学研究基地资助项目（BJXJD－KT2013－A08）的研究成果。

** 张艳，北京联合大学北京学研究所助理研究员。柴彦威，北京大学城市与环境学院教授。郭文伯，北京大学城市与环境学院科研助理。

2 调查与数据

以北京为案例城市，数据来源于 2007 年北京城市居民活动日志问卷调查。该调查采集了居民在调查期内连续的星期日与星期一两天内发生的所有活动与出行信息，包括目的、起止时间、地点、同伴、交通方式等，以及被调查居民及其家庭的社会经济属性等。选取了北京市内不同区位、建设年代和建筑形态的 10 个典型社区，包括两个内城传统的胡同社区、近郊区不同类型的单位社区、郊区新建商品房社区及郊区政策性住房社区。在每个社区中随机选取 60 户家庭，对每个家庭中 16 岁以上成员进行活动日志问卷调查。最终收回 520 个家庭的有效问卷，获得有效样本 1119 份。

3 分析方法

3.1 时空活动密度趋势面

时空活动密度趋势面能够直观描述人类活动的时空分布特征，是一种同时包含活动时间和空间维度信息的行为汇总表现方式。时空活动密度趋势面中将三维空间抽象为一维坐标，即活动离家的距离，而另一维坐标表示时间，从而对时空中活动发生的频率绘制趋势面便可以直观获得某个群体从事某类活动的时空间分布格局。

3.2 活动空间几何形态的测度模型

① 活动点的空间分布。"活动点之间移动的总直线距离"是将个体在一日之间所有活动点按照活动发生次序两两之间的直线距离进行加和，反映了个体活动点空间分布的离散程度。此外，"活动点之间移动的平均距离"也有着类似的含义，只是更多反映出出行频率的影响。居住地到几何中心距离越小，表明个体日常活动更集中在家附近；每个活动点距几何中心的平均距离反映出活动点空间分布是否集聚在几何中心附近；每个活动点距家的平均距离则检测活动点是否集中分布在居住地附近。② 活动空间的面积测度。借助所有外出活动点所形成的最小凸多边形来刻画个体观察到的日常活动空间，将所有活动点覆盖其中的最小凸多边形面积作为对日常活动空间的测度。最小多边形法仅仅刻画了有两个以上外出活动的个体活动空间，如果外出活动点只有一个那么便无法构建最小多边形模型。因此，该研究将北京调

查居民在工作日和休息日两天的所有活动点合并，作为对居民日常活动空间的抽样，以最大程度上减少日常活动点不超过 2 个的样本量。ARCGIS 所提供的标准差椭圆（standard deviation ellipse）以及标准距离（standard distance）功能能够基于活动点空间分布的几何中心和活动点与几何中心的平均距离构造几何模型计算活动空间的面积，前者刻画的活动空间呈现椭圆形，后者呈现圆形。对于基于 1、2、3 个标准差距离构造的椭圆或圆，能够分别包含 68%、95%、99% 左右的活动点。此外，对于标准差椭圆可以得到其他刻画几何形态特征的参数，包括椭圆离心率、椭圆长轴与正北方向轴沿顺时针方向的夹角等。

4 城市居民日常活动的社区分异

（1）工作日由工作活动主导的活动空间存在显著的社区差异。单位社区和胡同社区居民的日常活动主要集中在自家附近、活动空间更为集中、以家为中心；郊区商品房社区居民和政策性住房社区居民存在明显的"职住分离"现象，其活动空间更为分散、活动空间面积更大、并有明显的方向指向。

（2）休息日不同社区居民活动空间形态之间的差异性在统计上不显著，但是不同活动的时空分布还是存在明显的社区差异。

（3）从日常活动空间的面积来看，胡同社区居民的活动空间最小，并且郊区商品房社区与政策性住房社区居民的活动空间明显大于胡同社区和单位社区居民。

（原文载于《地域研究与开发》2014 年第 5 期）

北京农民市民化影响因素与路径选择研究[*]

张丽峰[**]

一 相关概念界定

农民市民化是指伴随着一国的工业化及城市化，农村人口逐步向城市转移并迅速转变为城市市民的过程。不仅要获得市民身份，还要享受市民待遇，真正融入城市社会。

二 北京农民市民化现状

改革开放以来，北京城镇化率逐年提高，由1978年的55%上升至2012年86.2%，增加了31.2个百分点，年均增长13.7%。随着城市化水平的逐年提高，乡村人口比重由1978年的45%下降到2012年的13.8%，而且乡村人口主要集中在城市发展新区和生态涵养发展区，这两个区乡村人口占总乡村人口的比重为96.6%，城市发展新区的乡村人口占其总人口的比重为31.1%，生态涵养区的比重为38.8%。城市发展新区和生态涵养发展区是今后北京农民市民化的重点区域，对于今后城乡统筹协调发展会产生重要影响。

虽然北京整体城镇化率水平很高，已达到发达国家水平，但其农民市民化水平仍滞后于工业化发展。北京第一产业增加值所占比重已由1978年的5.2%下降到2012年的0.8%，而第一产业从业人员数所占比重由1978年的

---

[*] 本文为"北京市政治文明建设研究中心立项课题——北京农民市民化的动力机制与路径选择研究"（13RDS013）"成果之一学术论文《北京农民市民化影响因素与路径选择研究》简介。

[**] 张丽峰，主要研究方向为旅游经济、区域经济和数量经济。

28.3%下降到2012年5.2%，乡村人口的比重由1978年的45%下降到2012年的13.8%。因此，随着经济的迅猛发展，农村人口并没有迅速转移出去，这极大地影响了城市化进程。

三　北京农民市民化影响因素

农民市民化影响因素包括外部和内部因素。外部因素主要有农业发展水平、城市基础设施、社会制度等方面。内部因素主要是农民自身情况，如农民自身文化程度、劳动技能等。

1. 农业发展水平

农业生产水平对人口城市化，特别是对农民的城市居民化有很大的制约作用。第一产业固定资产投资所占比重逐年下降，近年来不足1%，不利于农业资本积累和生产力水平的提高。农作物播种面积由1978年的69.1万公顷减少到2012年的28.3万公顷，其中粮食作物的播种面积由1978年42.7万公顷减少到2012年的19.4万公顷。农业机械总动力逐年下降，耕地化肥施用量较多，不利于农业的规模化，导致农业生产成本增加，而且对环境造成了很大破坏。农村居民不论是收入水平还是消费水平与城镇居民存在很大差距，城镇居民人均可支配收入是农村居民人均纯收入的两倍多，一旦农民市民化以后，生活负担会加重，生活质量可能会下降。

2. 城市基础设施

人口增长必须与基础设施发展水平相适应，否则将给城市人口的生产和生活带来不便，以致影响城市人口的生活质量，制约和限制农民市民化的进程。2011年北京城市用水和燃气普及率已达到100%，每万人拥有公共交通车辆22.38台，排在全国31个省会城市中第1位，但人均城市道路面积仅高于上海，为5.26平方米，人均公园绿地面积排在第17位，每万人拥有公共厕所却排在第22位。生态涵养发展区医疗机构、文化场馆、健身休闲场所等仍然较少，民生基础设施条件依然较为薄弱。

3. 社会制度因素

社会制度因素，主要包括户籍制度、土地政策、社会保障政策等。农村户籍与城镇户籍享受不同待遇，城乡壁垒并没有真正完全打破。现行农村土地制度对农民市民化也是一种明显限制，影响农民进城的积极性，影响了农民市民化推进步伐。农村社会保障最主要的两大问题是养老和医疗。

4. 农民自身情况

低学历和劳动技能的简单化使农民在竞争日趋激烈的就业市场上明显处于劣势。农民在城市生活中就业能力明显不足，缺乏可持续就业的职业竞争能力。尽管有些村民参加过培训，但文化程度和劳动技能仍然是影响农民找工作的最主要的原因。另外，农民虽然具有市民身份，但价值观和习惯基本上是乡村文化特征，与现代城市文明不符合，他们缺乏城市归属感，造成城市原住居民与后进入的农民的隔离。

四 北京农民市民化路径选择

1. 产业化是支撑

第一，强化农业基础地位，推进都市型现代农业发展。加快转变农业发展方式，大力发展籽种农业、休闲农业、循环农业、会展农业、设施农业、节水农业等都市型现代农业。培育大型农业企业集团和农民专业合作社，支持符合条件的农业企业上市，推进农业企业的集团化、资本化。第二，促进产业融合。一是第一产业内部重组融合。二是产业间的延伸融合。第三，加强区域产业合作。京津冀三地将联手完善商品市场，建设区域农副产品的统一市场，合作发展劳务、金融、房地产、技术等要素市场，形成区域一体化的旅游体系。

2. 制度改革是保障

第一，建立覆盖城乡居民的社会保障体系。整合城镇居民基本医疗保险制度和新型农村合作医疗制度，形成城乡统一的居民社会保险制度。加快推进社会保障信息化建设，实现社会保险经办机构和社会化管理服务信息网络的全覆盖。第二，建立健全城乡劳动者平等就业制度。一是完善公共就业服务网络，建立统一的人力资源市场，使城乡居民平等享有规范的公共就业服务。二是大力发展劳动力市场中介组织，建立和完善多层次、多形式的职业介绍机构体系。第三，深化户籍制度改革，拆除城乡壁垒。第四，推进农村体制改革。一是深化农村土地管理制度；二是集体经济产权制度改革，建立现代农村产权制度；三是增强乡镇政府管理服务职能。

3. 农民自身素质提升是内在动力

农民自身素质主要包括文化素质、技能素质、思想道德素质三个方面。

农村地区要继续贯彻九年义务教育,有些条件允许的地区可以继续普及高中教育,提高农民文化素质。政府通过建立和完善培训资源整合、政府主导、官民并举、多部门配合与远程培训结合的培训体系。建立企业对农民工进行职业技能培训制度,并建立培训补贴制度,各级财政从财政支出中安排专款经费扶持农民工培训工作。道德文明素质可通过职业道德教育、公民基本道德规范教育、法制观念教育等途径来实现。

4. 基础设施建设和完善是基础

推进城市基础设施向农村延伸对接、城市管理向农村延伸拓展、基本公共服务和社会保障向农村延伸覆盖、生产生活社会服务网络向农村延伸发展,加快城乡管理和公共服务的一体化。逐步实施农村社区化管理。积极培育面向农村生产生活服务的社会化服务体系,全面改善农村生产生活条件。加强信息通信高速网络和枢纽建设,促进资源共享和互联互通,构建城乡一体、全面覆盖的现代化信息基础设施网络,推动首都全面迈进信息高速时代。

(原文载于《特区经济》2014年第5期)

新型城镇化背景下的村庄规划[*]

杜姗姗[**]

一 引言

十八大和中央经济工作会议提出的"新型城镇化"我国经济社会发展的主战略之一。随着我国新型城镇化的快速推进，以及美丽乡村建设的进一步开展，村庄规划越来越受到关注。新型城镇化背景下的村庄规划有什么特点，是延续原有的规划范式还是发生了模式的重构，是目前村庄规划面临的重要挑战，业界和学者对村庄规划展开了大量的实践探索和理论研究，但多是以城市的视角和编制手段规划乡村，缺少公众参与、"由上至下"进行村庄规划。随着村庄规划在全国范围的开展，很多省市"送规划下乡"、集中组织村庄规划编制，短短几年就实现了村庄规划的全覆盖。这种规划尽管对长时间无序建设的广大农村地区具有良好的管制和引导作用，但同时也存在很多弊端，例如：简单套用城市规划制定村庄规划、借村庄规划大幅减少村庄土地满足城市建设用地需求的"增减挂钩"、忽视村庄自然地形和原有肌理的鲁莽规划"推倒重来"式新村。

新型城镇化背景下的村庄规划主要研究对象有城中村、中心村、新型农村社区的建设规划，很多专家、学者和政府部门对以上现象给予了密切关注。针对村庄规划，学者们提出进行乡村景观规划设计、将村民作为村庄规划编制和实施的重要考虑因素、以农村公共服务与基础设施规划为基础的乡村规划模式，并提出基于城市设计手法、基于环境意象、基于低碳视角、分

---

[*] 本文为"北京学研究基地资助项目（BJXJD - KT2014 - YB01），北京学研究基地开放课题（Sk50201401）"成果之一学术论文《都市农园在北京乡村空间重构中的作用与典型模式研究》的简介。

[**] 杜姗姗，北京联合大学应用文理学院城市科学系讲师。

区层面的村庄规划视角和方法。已有的研究基于不同视角进行了新型城镇化背景下村庄规划实践，但并未系统地研究新型城镇化背景下的村庄规划的整体思路，该文在分析村庄规划体系的发展演变基础上，针对新型城镇化背景下村庄规划的新内涵提出了新型城镇化背景下村庄规划的转型新思路，旨在对新型城镇化下乡村科学发展提供理论研究参考。

二 村庄规划发展演变

我国村庄规划曾经历了一系列的演变：从无村庄规划、村民随意建房到现在必须制定村庄规划、按照规划进行建设，从村庄规划不被法规重视到现在纳入法定规划、与城市规划处于同一地位，从村庄建设规划到如今涵盖产业发展、生态保护、基础设施、村民住宅设计及规划指引等方面，是乡村的社会、经济、科技等长期发展的总体部署，是指导乡村发展和建设的基本依据。村庄规划发展演变历程大致可划分为如下5个阶段：

（1）1980—1990年——村庄规划的初次提出。十一届三中全会鼓励农民自主建房，局部地区随意建房，甚至出现在自家责任田乱盖房的现象。"第一次全国农村规划工作会议"要求"全国各村必须要先有规划并按照规划才能进行建设"，旨在解决农房随意占用耕地等农保田问题。

（2）20世纪90年代至20世纪末——完善村庄规划的法规条例。1993年国务院发布《村庄和集镇规划建设管理条例》，第一次以法规条例的形式明文规定村庄和集镇规划。同年建设部颁布了《村镇规划标准》，进一步规定了村庄规划的具体内容使得村庄规划在城乡系统规划体系中从城市规划的陪衬走向配角。但村庄规划仍是延续城市规划的方法和思路。

（3）十五期间——社会主义新农村建设。2002年十六大提出了"统筹城乡经济社会发展"这一重大战略指导思想，2005年十六届五中全会提出进行"生产发展、生活宽裕、乡风文明、村容整洁、管理民主"的社会主义新农村建设，同年建设部公布了《关于村庄整治的指导意见》，贯彻落实中央关于社会主义新农村的战略部署，提出"搞好村庄规划建设，改善农民居住条件，改善农村面貌"，推动村庄建设和发展。

（4）十一五期间——纳入了法定规划体系。2006年至2008年，中央连续出台了三个一号文件并公布实施了《中华人民共和国城乡规划法》等相关法律法规，在此背景下，村庄规划蓬勃开展。特别是2008年随着《中华人民共和国城乡规划法》的颁布实施，村庄规划被纳入了法定规划体系，中国进入城乡统筹的规划管理新时代。

（5）十二五期间——新型城镇化将村庄规划提到城乡统筹的高度。"十二五"以来，我国政府始终把农村地区的发展作为国民经济发展和社会稳定和谐的关键，陆续出台有关促进农村发展建设的政策和举措，反复强调农村建设的重要性。2014年《国家新型城镇化规划（2014—2020年）》进一步对村庄规划做出具体要求，要求改变以前的大拆大建、急于求成让村民上楼的错误做法，注意保留村庄的原始风貌，尽可能在原有村庄形态上改善居民生活条件，"要让城市融入自然，让居民望得见山，看得见水，记得住乡愁"。

三　新型城镇化背景下村庄规划的转型应对

村庄规划是影响农村长远发展的重要规划，新型城镇化背景下村庄规划势必从理论认识、技术方法、公众参与三个层面进行转型。

（1）理论认识

要科学编制村庄规划、切实有效地指导村庄建设，并须纠正这些错误的认识，否则必将造成村庄规划走入误区，影响城乡规划体系转型的方向，影响我国新型城镇化的发展进程。

首先，应从整体上把握村庄规划。

其次，不提倡村庄合并、撤村并镇，防止大拆大建。应纠正"新农村建设就是并村、圈地、拆房"的错误认识和"盲目撤并村庄建集中居住区"的错误做法，尊重村庄发展的自然演变规律，防止大拆大建。

第三，不搞形式主义、形象工程。

第四，应稳步推进村庄规划。

（2）技术方法

创新和改进村庄规划方法。村庄规划照搬城市规划模式、脱离农村实际、指导性和实施性较差等问题普遍存在，村庄规划有别于城市规划，不能简单地将城市规划的工作方法照搬到村庄规划，应突出乡村特色、地域特色与传统文化；且不能搞一刀切，本着因地制宜的原则，分类分地区进行村庄规划。

（3）公众参与

村庄规划必须充分考虑实施主体是农民的客观事实，确保村民的有效参与，使得村庄规划体现村民的普遍性需求与愿望、协调与平衡公共利益，增加指导性、可操作性，系统科学地指导村庄建设发展。

四 结语

党的十八大以来，"新型城镇化"上升为国家发展战略，新型城镇化发展要求着眼农民、涵盖农村、发展农业，村庄规划、建设、发展已经逐步成为新型城镇化的核心组成部分和重要着力点。该文在总结了村庄规划初次提出、完善法规条例、社会主义新农村建设、纳入法定规划体系四个发展阶段的基础上，从理论认识、技术方法、公众参与三个方面梳理和分析了新型城镇化背景下的村庄规划在的工作要点和新思路，以期为指导乡村科学发展、建设生态文明、推进新型城市化提供建议和参考。

(原文载于《北京规划建设》2014年第6期)

北京 5A 级旅游景区网络关注度分布特征研究[*]

张丽峰　丁于思[**]

一　研究的背景

北京旅游资源丰富、历史悠久、文化积淀厚重，目前 A 级景区有 213 个，其中 5A 级景区 8 个。这些旅游景区是全国各地乃至世界人们向往的地方，尤其是每年的"十一"黄金周期间，这些闻名中外的 5A 级旅游景区日接待游客人数屡创新高，远远超出了景区的承受能力。如 2013 年 10 月 2 日，故宫当日接待人数为 17.5 万人次。随着互联网技术在我国的日益普及，旅游信息的传播不再受到时空限制。因此，许多旅游经营者、旅游企业和各地的旅游政府机构都通过互联网这一重要平台发布旅游信息，互联网平台成为广大旅游者出游的重要信息来源。百度和谷歌公司分别推出了百度指数和谷歌搜索解析功能，这项功能可直接、客观地反映某特定时间段内网民的旅游兴趣和需求所在。如何利用互联网信息平台，预先了解游客对北京旅游景区的关注度和需求情况，为旅游景区科学合理应对旅游高峰提供决策依据，具有重要的现实意义。

二　相关研究综述

在国内外现有文献中，关于网络关注度的研究主要集中在区域、城市和

---

[*] 本文为"国家自然科学基金项目（71373023）；北京市旅游信息化基地资助项目；北京高等学校青年英才计划项目（YETP1750）"成果之一学术论文《北京 5A 级旅游景区网络关注度分布特征研究》简介。

[**] 张丽峰，北京联合大学旅游学院副教授；丁于思，北京联合大学旅游学院讲师。

旅游景区方面。马丽君利用我国 15 个主要城市客流量及网络关注度数据构建了国内游客量与网络关注度的时空相关模型；杨秀会等利用 Alexa 排名网站、Google Trends 统计分析工具和百度指数分析了河北省各地级城市的网络关注度高低的成因；梁志峰基于 Google 趋势分析了湘潭的网络关注度；龙茂兴运用百度指数研究了四川省旅游网络关注度与实际旅游客流量的关系，发现两者具有很强的正相关性，且关注度变化与现实客流量具有约 15 天的超前性；路紫等以澳大利亚旅游网站为研究对象，研究旅游网站信息流导引旅游流的若干问题，证实虚拟网络信息流对现实旅游流的作用；周子健运用谷歌搜索解析工具对上海世博会的国际影响力进行了综合评估；李山基于百度指数对我国 66 个 5A 级景区的网络空间关注度的时间分布进行了研究；林志慧等利用百度指数分析了中国百强景区的网络关注度的分布特征。

以上文献的网络关注度数据主要运用一年或几个月的数据，不利于充分研究网络关注度的动态性和其发展变化趋势，并且专门研究北京 A 级旅游景区网络关注度的文献很少。因此，该文利用百度指数搜索平台，特别对北京 5A 级旅游景区的 2011 年 1 月 1 日至 2013 年 12 月 31 日连续 3 年的百度指数的分布特征进行分析，以了解游客出行前对北京旅游景区的偏好和需求，更好地指导北京旅游景区进行科学管理，保证游客的安全和景区的可持续发展。

三 景区选择与网络关注度

截止到 2013 年底，北京共有评 A 的旅游景区（点）213 个，其中 5A 级 8 个、4A 级 67 个、3A 级 86 个、2A 级 42 个、1A 级 10 个。2013 年，全市 A 级景区（点）及其他重点景区（点）共接待游客 2.7 亿人次，同比增长 10.1%；营业收入 62.6 亿元，同比增长 6%。北京的 A 级景区是最受游客青睐的旅游热点景区，为了使研究更具有典型性，该文选择北京的 8 个 5A 级景区作为研究对象。同时，采用百度指数中的用户关注度作为网络关注度，以 8 个 5A 级旅游景区的名称作为关键词，获取各个景区 2011 年 1 月 1 日至 2013 年 12 月 31 日连续 3 年的逐日网络关注度数据，以此分析北京 5A 级旅游景区网络关注度的分布特征及其潜在的旅游市场需求情况。

四 主要研究结论

该文利用百度指数搜索平台,对北京的 8 个 5A 级旅游景区 2011—2013 年网络关注度的周度、月度和黄金周的分布特征进行了分析,得出以下主要结论:

1. 从每周来看,旅游景区的网络关注度周三开始逐渐上升,周五时达到峰顶,周六、周日开始下降。但由于北京大量的常住人口,其网络关注度仍高于工作日网络关注度,周二时达到谷底。

2. 从每月来看,绝大部分旅游景区呈现"三峰"特征,最高峰出现在 10 月份,次高峰出现在 4 月和 8 月,与实际旅游流基本吻合。

3. 从"五一"和"十一"黄金周来看,网络关注度呈现逐年增加趋势,呈现先升后降的变化趋势,只是"十一"比"五一"上升和下降的趋势更明显。"五一"网络关注度的高峰出现在 4 月 29 日至 30 日,与实际的旅游流相比,具有前兆效应;而"十一"的网络关注度的高峰出现在 10 月 2 日—3 日,前兆效应不明显,趋于与实际旅游流的一致性,可能会导致假期旅游流分散,井喷现象减弱。

随着互联网在手机客户端的日益普及,游客对旅游景区的网络关注度的变化会越来越快,会呈现与目前不一样的特征。因此,各旅游景区应更加关注游客的网络关注度与其分布特征,掌握潜在的需求,更好地指导旅游产品的开发和营销,保证旅游景区安全,促进景区可持续发展。

(原文载于《资源开发与市场》2014 年第 11 期)

北京市住宅价格的影响因素和轨道交通效应[*]

何丹[**]

一 相关研究概述

近年来，商品住宅价格逐渐成为中国政府和老百姓日益关注的民生问题，也成为学术研究的热点。国内外对住宅价格研究广泛而深入。

在其影响因素方面，国外研究起步较早。基于供给和需求角度，主要通过截面回归、分布滞后等计量模型研究其影响因素。基于宏观经济与政策角度，主要运用分布滞后、向量自回归和误差修正等动态计量模型及面板数据分析宏观因素如通货膨胀、GDP、国际经济环境、土地政策等与住宅价格间的关系。

而中国房地产业的发展起步较晚，且数据的可获得性较差。因此，国内学者对于住宅价格的研究起步相对较晚，主要借鉴国外研究成果，根据我国住宅价格的特点，总结影响住宅价格的可能因素。宏观方面，分析了货币政策、房地产税和地方公共支出、土地出让制度和税费制度等经济因素以及管制与垄断因素、媒体宣传等非经济因素对住宅价格的影响。微观方面，国内外学者主要使用特征价格模型进行了住宅价格的实证研究。国外学者通过该模型得出学校质量、离市中心距离及舒适度、住宅年龄、住宅所处位置、周围环境、公用设施布局、交通便利性等是影响住宅价格的重要因素。国内研究大多是定性分析，定量研究较少，近几年一些学者通过计量分析模型，得

---

[*] 本文为国家自然科学基金项目（41171107, 41201115）、北京市社会科学基金项目（14CSC015）、北京市优秀人才资助项目（2013D005022000006）和北京联合大学人才强校计划人才资助项目（BPHR2012E01）研究成果之一学术论文《北京市住宅价格的影响因素和轨道交通效应》的简介。

[**] 何丹，北京联合大学应用文理学院城市科学系副教授。

出区位、厨卫装修、物业管理费、建筑面积与房龄、轨道交通及公园绿地、重大交通设施新建、居民收入水平和城市开放程度等是其重要影响因素。有学者通过特征价格模型，筛选出分区市场最优模型，并确定城市内部存在细分市场。许多学者还将空间滞后和空间误差模型应用于房地产研究。在此基础上，有学者进一步采用计量经济模型、结构方程和地理加权回归模型分析了住房价格及影响因素的空间异质性。

二 特征价格模型简介

该文采用的研究方法是特征价格模型，该模型是国外处理异质产品差异特征与价格间关系所运用的一种计量分析模型，它将各特征进行赋值作为自变量，以住宅价格作为因变量进行普通最小二乘回归得出参数，即是各特征的隐含价格。

选用楼盘销售均价作为因变量。自变量，即影响住宅价格的各项属性，大致可以分为建筑结构、地理区位和邻里环境三类。根据北京市具体情况，选择了23个变量。大部分变量采用连续变量表示。而有些变量属于定性变量，很难连续量化，用虚拟变量即哑元变量（0，1）表示。

三 轨道交通对住宅价格的影响效应

第一，轨道交通对平均房价的影响。比较轨道交通影响区与非影响区的平均房价。1995—2010年，2公里圈内和圈外平均房价都呈上升趋势，在2011年房价都有所下降。2公里圈内平均房价明显高于圈外平均房价，且其上升的趋势要强于圈外平均房价。这表明北京市近年来地铁线的建设及运营对地铁站点附近的地块房价产生了重要的影响。

第二，房价均值随轨道交通站点的距离衰减规律。从楼盘均价随轨道交通站点距离变化可以看出，随着距离站点越远，住宅楼盘房价均值越来越低，房价均值与站点距离呈现负相关的线性关系，说明北京市轨道交通对房价均值确实具有比较明显的影响。住宅楼盘均价随距离变化，最高值出现在距离最近轨道交通站点300—600米，而不是300米以内，可见离地铁太近，人流密集，社会环境混杂，人们更愿意选择在离地铁300—600米范围内居住，这个范围既交通便捷，环境又相对安静，是人们最理想的居住场所。

600米之外，住宅价格则随着距最近轨道站点距离的拉大而下降。

四 轨道交通对住宅价格影响的区域分异

第一，轨道交通对住宅价格影响的廊道效应。从二环到六环，即从中心区到外围区，轨道交通影响区内楼盘均价呈现逐渐下降的趋势，不同圈层的影响效果和影响程度也是不同的。这进一步验证了轨道交通对周边地区的影响符合廊道效应，即围绕着廊道一定范围内存在效应梯度场，这种效应梯度场随着距站点距离的增加而逐渐衰减。

第二，不同类型轨道交通站点的影响效应。不同类型站点对楼盘价格影响程度不同。公共中心区站点随站点距离的变化斜率最大，其次是交通枢纽站。说明轨道交通对公共中心区站点周边的住宅价格影响程度最大，其次是交通枢纽站点。而居住区型站点和城市郊区型站点周边楼盘均价随站点距离的变化比较平缓，说明轨道交通对居住社区、城市郊区站点周边楼盘住宅价格也有一定的影响，但是影响程度较低。比较而言，交通枢纽站点周边整体楼盘的均价最高，公共中心区次之。

五 不同特征因素对住宅价格的影响效应

通过特征价格模型实证分析，得出11个变量对住宅价格产生了显著性影响，分别是容积率、建筑面积、混合住宅、精装、至天安门距离、至高速公路距离、至公园距离、至商业设施距离、至工业区距离、至已建和在建地铁站距离。

第一，轨道交通因素。模型估算结果表明，北京市轨道交通对住宅价格的影响是积极正面的，且随着楼盘至站点距离的减少而价格增加。至最近已建和在建地铁站距离对价格均产生了极其显著的正面影响（$p<0.01$）。具体来说，至最近已建和在建地铁站点距离每减少1千米，住宅价格分别平均上升1313元/平方米和502元/平方米，影响程度高于距天安门和高速公路距离2个变量。并且，在建地铁与已建地铁对住宅价格的影响程度有所不同，已建地铁的影响程度要高于在建地铁。可见，北京市轨道交通线路对住宅楼盘价格的影响以正面效应为主导，但是也应努力避免城市轨道交通带来的负面因素的干扰。

第二，其他特征因素。模型估算结果显示，建筑结构特征中，建筑面积、是否混合住宅、是否精装对价格产生了极其显著的影响（$p<0.01$），而容积率对价格也产生了显著性影响（$p<0.10$）。建筑面积每增加1个单位，价格平均上升54.64元/平方米。其对价格的影响是显著的且为正。混合住宅楼盘比其他类型价格平均高2646元/平方米。精装修楼盘比其他装修程度的价格高5480元/平方米。容积率每上升1个单位，价格平均上升399元/平方米。地理区位特征中，至传统市中心天安门的距离对价格产生了极其显著的影响（$p<0.01$）。两者负相关。楼盘至天安门距离每增加1千米，价格平均下降475元/平方米。至高速公路距离对价格产生了极其显著的影响（$p<0.01$），两者正相关，距离每增加1千米，价格平均上升417元/平方米。邻里环境特征中，至商业设施、至工业区和至公园距离对住宅价格均产生了极其显著的影响（$p<0.01$）。商业设施分布对住宅价格的影响较大，显著性水平很高，回归系数为负，表明离市场越近，住宅价格越高，距离每增加1千米，价格平均下降735元/平方米；至工业区距离与住宅价格正相关，距离每增加1千米，价格平均上升455元/平方米；至公园的距离与住宅价格正相关，说明居民对绿化休闲环境的偏好程度在增长，在社区周围休闲环境不太好的情况下，才会考虑住宅附近是否有公园，距离每增加1千米，价格平均上升839元/平方米。

由于城市住宅价格影响因素的复杂性，还有许多问题有待进一步深入研讨。特征变量的选取和量化方面有待完善，轨道交通对不同物业类型楼盘价格的影响效应研究有待丰富，轨道交通对住宅价格的时空影响效应研究有待深化，研究范围有待进一步扩展。

（原文载于《地域研究与开发》2014年第5期）

◇ 北京学与地方学理论研究 ◇

对北京学理论体系的再思考[*]

张宝秀[**]

一 北京学的发展历程

"北京学"概念的出现是在十几年前。北京历史地理民俗学会会长英若诚和北京大学中文系教授陈平原先后于1991年和1994年提出了"北京学"的概念。1998年1月，经北京市政府批准，北京联合大学北京学研究所（Institute of Beijing Studies）正式成立。

2004年，以北京学研究所为核心的北京学研究基地成为北京市哲学社会科学规划办公室与北京市教委联合设立的首批北京市哲学社会科学研究基地之一。目前基地已初步建设成为研究北京的综合性、开放性学术平台，侧重调查研究和应用研究，既注重学术研究，又努力为市委、市政府提供咨询服务，同时面向学生和社会各界进行信息交流与文化科普。

二 北京学的学科属性

在国务院学位委员会和教育部颁布的学科目录中，各个层次的学科都没有"地方学"，地方学属于多个学科之间的交叉学科。根据研究的地域类型不同，地方学又可以分为城市地方学和区域地方学，北京学的研究对象是北京城市综合体，属于城市地方学。北京学是多学科之间的一个交叉学科，是一个跨自然科学和人文科学的综合性学科，涉及的主要学科有历史学、地理

---

[*] 本文为论文《对北京学理论体系的再思考》的简介。
[**] 张宝秀，北京联合大学应用文理学院院长、北京学研究基地主任、北京学研究所所长。

学、城市学、社会学、经济学等，具有区域性、综合性、系统性和应用性的特点。北京学既是学科性的，又具有为解决实际问题服务的功能。北京学既是城市地方学，又是首都学。

三　北京学的研究对象

北京学的研究对象是北京城市综合体。北京学不仅仅研究北京的某个方面，也不是将各个方面简单地进行罗列，而是研究北京城市各个要素及其环境共同组成的城市综合体。城市综合体是城市社会、经济、文化、环境等各个要素在城市这个地域单元上的综合，它包括各个要素，但又不同于各个要素的简单组合，具有不同于各个方面的一种整体特性，其效益要远远大于每个要素的力量。研究北京，首先就应研究北京城市综合体的时空演变规律。

北京学研究有三条主轴线：一是时间轴，即研究北京城市在时间上的发生、发展和演变规律，并预测其未来的发展趋势；二是空间轴，即研究北京城市在空间布局上分异及其发生、发展和演变规律，并预测其未来的发展趋势；三是结构轴，即研究北京城市各个要素的内部结构和城区、郊区及外围区域的结构及其发生、发展和演变规律，并预测其未来的发展趋势。

四　北京学的研究内容

北京学研究北京城市及其环境共同组成的城市综合体的形成、演化、发展的基础、规律和特点，为北京城市发展战略和管理决策提供应用理论基础和实证研究成果。北京学研究的时空范畴应该是有史以来发生在北京现有市域范围内各领域的人文事象及其规律。北京学的研究内容包括北京区位与环境、人口、政治、文化、经济、城市建设以及城市综合体的特点及发生、发展规律。

随着环渤海湾经济圈、京津冀经济一体化的形成，北京学关注和研究的范围，将突破北京市域，有可能扩大到正在规划中的"大北京"范围。北京学的具体研究内容有宏观、中观和微观三个层面，既有宏观的综合研究，又有不同层次、不同范围、不同阶段各有侧重的专题研究。

北京学的主要研究方向有三个：（1）北京文化研究与城市精神内涵挖掘；（2）北京文化遗产保护与传承研究；（3）北京城乡发展与建设研究。

五　北京学的研究方法

辩证唯物主义和历史唯物主义无疑是北京学研究应采用的方法论。从具体研究方法来说，既然北京学是一个跨自然科学和人文科学的交叉学科、综合性学科，北京学研究就应该采用跨学科的方法，自然科学方法和人文科学方法并用，定性与定量方法相结合。

北京学在开展北京城市及区域发展综合研究和应用研究过程中，以中观到微观层次的调查研究为重点，重视开展国际、国内和纵向、横向等多角度的比较研究。

六　北京学研究遵循的原则

北京学研究，以侯仁之先生为我们题写的"立足北京，研究北京，服务北京"为宗旨，具有区域性、综合性、系统性和应用性的特点，既包括应用理论研究，也包括应用实践研究，关键是要理论联系实际，其研究成果主要是为北京城市的经济、社会与文化建设服务。在北京学研究所成立之初，就确定了北京学研究应遵循区域性原则、理论与应用并重的原则、加强基础的原则、大北京的原则以及逐步发展的原则，在研究力量上必须实行开放，即专职研究工作者与兼职研究工作者相结合，校内与校外相结合。

七　北京学研究的主要实践

北京联合大学北京学研究所成立之后，自 1999 年开始每年召开一次北京学学术研讨会，出版一部文集，汇集校内外、京内外以及国内外专家学者的北京学、地方学理论与实践研究成果。

近几年，北京学研究基地还每年召开一次全国性学术会议或国际学术会议。还与北京市社科联、北京社会主义学院、北京改革和发展研究会、北京地理学会等兄弟单位合作举办"北京文化论坛"等其他学术会议，出版论文集。

北京学研究基地每年出版一部《北京学研究报告》，总结、分析一年的研究项目，著作、论文、报告等研究成果和学术活动。北京学研究基地与北京联合大学学报编辑部共同建设《北京联合大学学报（人文社会科学版）》"北京学专栏"，2011年12月该栏目入选教育部高校哲学社会科学学报名栏建设第二批栏目名单。

北京学研究基地在北京文化史、北京宗教文化、北京文化遗产保护、北京城市空间结构演变等领域取得了很多研究成果，发表了数百篇论文，出版了几十部著作。

北京学研究基地经常接受政府有关部门委托，配合完成一些调研课题，为政府决策提供服务。自2012年开始承担由中国社会科学院社会科学文献出版社负责出版的蓝皮书系列《中国城乡一体化发展报告·北京卷》编写任务。每年都承担北京市社科组织编写的《北京社会科学年鉴》"北京研究"栏目的北京经济、北京历史与文化、北京城市建设与管理等专题内容。

自2008年10月以来，继首届执行主席单位鄂尔多斯学研究会之后，北京学研究基地担任中国地方学研究联席会的新一届执行主席单位。

经过16年的发展，北京学研究所已经成为北京历史文化研究、北京文化遗产保护与传承、北京城乡发展研究等方面的重要学术力量，北京学的理论研究和实证研究已经取得了一些成绩，积累了一些成果。

今后，北京学研究基地将在北京市委市政府有关部门和学校的领导和支持下，在相关领域取得更多更高水平的研究成果，为首都北京的持续发展做出更大贡献。

（原文载于《论地方学建设与发展——中国地方学建设与发展研讨会文集》，内蒙古人民出版社2014年版）

地方学的设立标准和学科内涵[*]

张宝秀[**]

在我国，研究地方、地域的学问，历史悠久，古已有之，全面记载某一时期某一地域的自然、经济、社会、政治、文化等各方面情况的地方志、地理志，已有2000多年历史，记述游历所经之地的游记、行记，历代不绝。但是，地名学的出现，是近百年的事情，最早在清末民初开始以地域划分经学流派，如鲁学、齐学、晋学等。20个世纪20年代至50年代，先后出现了地方学的"三大显学"：敦煌学、徽学、藏学。1978年改革开放以后，尤其是近二十年，地方学研究方兴未艾，相关机构如雨后春笋般纷纷出现，这是一种历史的必然。

我国地方学研究态势良好

在世界范围内，第二次世界大战结束以后，随着社会经济的不断发展和在实际建设需要推动下，各个学科的研究不断深入，学科领域不断细分。而现实中的许多问题越来越明显地需要多学科协作进行综合研究，于是很多学科在继续深化、细分的同时走向综合，与其他学科交叉融合。在这种形势下，很多城市和地区出现了关于本地的综合性地方学研究，如首尔学、东京学、伦敦学、罗马学等。

我国改革开放以后，各地区社会经济不断快速发展，建设文化、发展文化、研究文化、保护和传承地方文化的热潮随之出现。20世纪90年代，地方文化、地域文化研究经过十多年的发展和积累取得不少成就，各地出现了超越地方文化研究，对本地历史、文化及自然、人文要素进行综合研究的地

---

[*] 本文为《地方学的设立标准和学科内涵》一文的全文。
[**] 张宝秀，北京联合大学应用文理学院院长、北京学研究基地主任、北京学研究所所长。

方学学科。在现实的有力推动下,地方学及地方学研究机构作为一种历史的必然而出现。

目前,已经开展研究且人们较为熟悉的地方学已有敦煌学、藏学、徽学、北京学、鄂尔多斯学、泉州学、温州学、香港学、澳门学、台北学等近50种。有的地方学概念提出一段时间、取得一些研究成果以后成立了以"某某学"命名的地方学研究机构,还有大量以"某某文化研究"命名的地方文化研究机构在从事地方学研究工作。这些机构有的隶属政府,有的隶属高校,还有独立设置的民间学术团体。

2005年9月16日,由鄂尔多斯学研究会牵头,同其他几个地方学研究机构共同发起成立了民间组织"中国地方学研究联席会",如今联席会成员单位已发展到30多家。联席会多次举办全国性地方学研讨会,有力地推动了地方学研究的进展。

地方学是一门综合性交叉学科

学科是学术的分类。地方学是一个跨自然科学和人文社会科学的综合性学科,是多学科之间的一个交叉学科,是一门新兴的多学科交叉学科,其发展还不够成熟,在教育部颁布的学科专业目录中还没有独立设置的"地方学",我们讨论其学科属性、内涵外延、研究对象、研究内容等,不断完善学科建设,是必要的。但质疑其存在的合理性,并无实际意义。笔者认为,各地地方学的建立,不必设定严格的标准,不必等待学科的完全成熟,只要当地有一定地域文化研究的基础和成果,有一定数量的研究人员,有研究的需要,就可以开展地方学研究,在条件具备时可成立地方学研究机构。

著名的美国文化地理学家段义孚认为,空间被赋予文化意义的过程就是空间变为地方的过程。地方学的宗旨,就是要研究某一空间变为某一地方的过程,深入挖掘其地方性及这种地方性形成的过程、发展规律、地域特点和动力机制等,在彰显地域文化特色的基础上对地方的"未来"做出判断,从而为地方的文化、社会、经济、政治、生态发展等提供理论支持。

地方学的内涵与外延

从内涵上看,现代地方学是研究地方的综合性学科,把某个具有典型性、代表性的区域甚至国家作为专门的研究对象,将其作为人文、自然要素共同构成的地域综合体进行综合性研究。与其他研究地方的单一学科相比,地方学研究的要素,都有着地方性、综合性、历史性和地域文化的视角。

从外延上看,地方学的具体研究对象,理论上包括地区的自然、历史、文化、社会等。但地方学不同于地方志,不仅对地方情况进行记述,更重要的是将其作为一个有机综合体进行研究,研究某一地域各种组成要素的地方性特色、发生发展过程及其相互关系,探究其发生发展的规律,并预测未来发展趋势。实际上,目前各地的地方学研究领域大多侧重研究历史文化,有的只重点研究其中的某一方面。

当前,各地地方学研究表现出一些共同的发展趋势:理论研究与实证研究相结合,宏观研究与微观研究相结合,地方学研究与地方经济社会发展和文化建设相结合,国内外研究力量相结合,人文社科研究方法和自然科学研究方法相结合,科学研究与人才培养相结合等。

党的第十七届六中全会通过《中共中央关于深化文化体制改革推动社会主义文化大发展大繁荣若干重大问题的决定》以来,特别是十八大提出"五位一体"发展总体布局,将文化建设提升到和经济建设、政治建设、社会建设、生态文明建设同样的高度,各个领域的文化研究工作随之更加活跃,地方学学科也必将走向更加繁荣的未来。

(原文载于《中国社会科学报》2014年4月25日"人文岭南"专刊04版)

地方学与地域文化研究的"地方"和"地方性"视角[*]

成志芬　张宝秀[**]

"地方"是文化地理学研究的重点之一。文化地理学的"地方""地方性"研究可以为地方学与地域文化研究提供一定的理论依据、研究思路和新的视角。

一 "地方"和"地方性"概念

"地方"是文化地理学研究的核心概念，最早是由美国地理学家怀特（J·Wright）于1947年提出的。1976年，加拿大人文主义地理学家雷尔夫（E. Relph）在其专著 Place and Placelessness 再次提出"地方"的概念、地方的重要性以及地方性。1977年，美国地理学家段义夫（Yi-Fu T.）在其专著 Space and Place: the Perspective of Experience 中又提出地方形成的过程。

目前，有学者认为，人文地理学对"地方性"的理解，主要有人文主义地理学者和结构主义地理学者两个派别。人文主义地理学者的观点，主要认为地方性是内生的。而结构主义地理学者认为，地方性是外生的。这两个派别说明了地方性形成的两种机制，这两种机制都在现实中存在着，有时可以相互联结。虽然地方性存在两种不同的形成机制，但各个派别都认为地方性强调地方的唯一性和不可复制性。

---

[*] 本文是北京市教委面上项目"北京历史文化街区传统地方性要素识别研究——以琉璃厂文化街、南锣鼓巷为例（SM201311417007）"和北京联合大学新起点项目"北京历史文化街区旅游开发对其传统地方性保护的影响研究（SK201207）"的研究成果之一，是学术论文《地方学与地域文化研究的"地方"和"地方性"视角》的简介。

[**] 成志芬，北京联合大学北京学研究所助理研究员，北京师范大学人文地理学专业博士研究生。张宝秀，北京联合大学应用文理学院院长、北京学研究基地主任、北京学研究所所长。

二 地方学与地域文化研究需要关注"地方"和"地方性"视角

随着经济全球化的发展,当今世界地方多样性在不断丧失,在我国许多城市,也出现了"千城一面"的现象。而另一方面,随着经济的持续稳定发展,我国地方学与地域文化研究方兴未艾,相关机构如雨后春笋般纷纷出现。各地都在积极挖掘地域文化,实现文化对经济社会发展的应有贡献。雷尔夫认为,地方多样性的丧失预示着地方意义更大的丧失,从而导致无地方性。故宫博物院院长、原国家文物局局长单霁翔先生认为,每种文化都是在特定的地理环境和特定的人群中产生和发展,它联系到特定的生活方式、价值体系、宗教信仰、工艺技能、传统习俗等丰富的内容。所以,各地方学与地域文化研究机构需要关注"地方""地方性"概念,深入挖掘一个地方的地方性,彰显一个地方的地域文化。

三 地方学与地域文化研究需要深入挖掘地方文本

根据英国地理学家 R. J. Johnston 等主编的《人文地理学词典》(The Dictionary of Human Geography,第3版),文本(text)通常是指与书面表达相联系的一系列表达习惯,但过去的几十年这一概念已扩展到了包括诸如景观、地图、绘画等其他类型的文化产品以及经济、政治和社会制度等方面。近年来,在地理学研究中,文本的范围被地理学家们不断扩展,包括电影以及纸质的、电子的媒介。

地方是文本相互交织的地点,文本和基于文本的各种社会活动,都遗留有社会习俗、制度和景观印记。国外文化地理学者自20世纪70年代末开始关注文本中所体现的地方性。国内有学者认为,文本可以再现地方性,包括再现地方典型的景观,可以再现当地人的生活方式,再现当地人的思想观念,通过文字和图像再现遗失的地方文化,并成为人们认同地方的切入点等。

文本还是一种空间的表征,是一种占统治地位的空间,从这个角度来说,文本也必须被深入挖掘。空间表征概念来源于法国思想家亨利·列斐伏尔(Henri Lefebvre),他在 The Production of Space(《空间的生产》)一书中构建了历史—精神—社会的空间三元辩证法,提出了三个空间的概念:空间的实践（Spatial practice）、空间的表征（Representations of space）和表征的空间（Representational spaces）。作为空间表征的文本会影响到地方的规划和发展，通常它也是由权力群体制造的，所以研究这些文本对地方文化挖掘意义重大。

综上，地方学与地域文化研究需要深入挖掘地方文本，包括文学作品、学术论文、学术著作、老照片、影视资料、音乐、广告、新闻、网络资料，等等。

四 地方学与地域文化研究需要关注不同主体的地方认同

人文主义地理学者和结构主义地理学者分别认为地方性是在两种不同的机制下形成的。后者强调地方与外界的联系，强调地方历史积累的结果。目前，各地方学与地域文化研究机构对于地方的历史层累研究相对较多，所以地方学与地域文化研究尤其要关注人文主义机制下形成的地方性。

人文主义机制下的地方性关注不同主体的地方认同。认同指坚持相同和一致，使一些事情和另一些事情不同。雷尔夫将人们对地方的认同分为七个层次：（1）存在的外在经历；（2）客观的外在经历；（3）偶然的外在经历；（4）间接体验的内在经历；（5）行为的内在经历；（6）移情的内在经历；（7）存在的内在经历。

综上，关于地方性的研究要关注两种机制形成的地方性，但尤其要关注人文主义机制下形成的地方性，关注不同主体的地方认同，辨别地方精神。

五 地方学与地域文化研究需要对地方不断进行新的评价

地方学与地域文化研究，还需要着眼于地方的未来发展。所以我们要对地方不断地进行评价，找出优势和缺点，对优势进行弘扬，对缺点进行改进，以期对地域文化进行很好的传承和发展。正如美国经济地理学者布蒂厄斯（J. D. Porteous）指出的，不合理的发展计划和规划会使一个地方走向毁灭。

那么，地方评价的视角是什么呢？学者 Robert D. Sack 认为，地方是复杂的，当我们判断它们时，必须仔细地意识到我们的评价集中于一个或者更多的方面。有的学者也认为，评价规划设计是否优化了土地价值等，其实评价困难重重。这涉及评价标准的选择、评价手段和措施的选择、评价的时间范围、空间单元的分析等。

鉴于此，我们也可以用地理之外的道德理论对地方进行道德评价。道德理论中又主要用公正理论对地方进行评价，后来地理学者用善行理解公正问题。涉及善行，地理学家又用相对论的工具性地理判断以及本质的地理判断来进行评价。善行理论基于地方，它还包含正义、真相、自然、强调意识。我们要用善行理论不断对地方进行新的评价，如可以对地方各社区改造进行评价，对地方规划进行评价等。

总之，地方学与地域文化研究可以借鉴文化地理学的"地方"和"地方性"概念，丰富研究视角，深化研究内容和对研究对象的认识，可以从深入挖掘地方文本、关注不同主体的地方认同、不断对地方进行新的评价等方面深入进行研究。

（原文载于《论地方学建设与发展——中国地方学建设与发展研讨会文集》，内蒙古人民出版社 2014 年版）

学术信息

学术论文与调研报告获奖

北京学研究所研究员张勃的论文《探求传统节日的真与善——评萧放教授〈传统节日与非物质文化遗产〉》获得中国文联文艺评论奖二等奖

中国文联文艺评论奖由中国文联主办，设立于2000年，每两年评选一次，涵盖文学、戏剧、电影、音乐、美术、书法、曲艺、舞蹈、民间文艺、摄影、杂技、电视共12个文艺门类，旨在按照中央关于加强文艺评论工作的指导精神，评选优秀文艺理论评论著作与文章，表彰优秀文艺评论工作者，推进全国文艺评论的创新和繁荣，促进文艺事业健康发展。第九届中国文艺评论奖评选活动共收到630件作品。按照评奖章程和实施细则规定，最终评出著作类特等奖3部、一等奖5部、二等奖12部；论文类特等奖3篇、一等奖21篇、二等奖39篇；15家单位获组织工作奖。

《探求传统节日的真与善——评萧放教授〈传统节日与非物质文化遗产〉》是对萧放教授论文集《传统节日与非物质文化遗产》的评论性文章。文章将该书置于节日研究学术史的脉络和当代非遗保护的实践中，系统评价了萧放教授的学术贡献，指出重视对中国人时间观念的梳理和把握以及研究内容的全面性，是其节日研究的突出特点，并发现《传统节日与非物质文化遗产》一书，更多地体现出他既仔细探求传统节日之真，又积极发掘传统节日之善，并力倡传统节日应当在当代得到传承的研究取向和学术努力。

北京学研究所研究员张勃的论文《弘扬优秀传统节日文化培育和传承中华民族核心价值观》获得"2014北京文化论坛"征文二等奖

为深入贯彻落实党的十八大和十八届三中全会精神，积极培育和践行社会主义核心价值观，北京社会主义学院联合北京市社科联、民革北京市委、民盟北京市委、九三学社北京市委、北京联合大学、北京改革和发展研究会等有关单位于6月举办"2014北京文化论坛—培育和践行社会主义核心价值观"并公开征集论文进行评奖。《弘扬优秀传统节日文化 培育和传承中华民族核心价值观》2014北京文化论坛征文奖二等奖。

《弘扬优秀传统节日文化 培育和传承中华民族核心价值观》一文认为中华民族核心价值观为多元一体的中华民族长期认同、共同信守和身体力行,是中华民族赖以维系的精神纽带,主要包括:天人关系方面的天人合一,以人为本;人际关系方面的贵和尚中、成己立人;义利关系方面的义利兼顾,义重于利;人格理想方面的忠孝仁义礼智信。当前如何令社会成员形成对中华民族核心价值观的认同并加以践行,是一项需要应用多个平台、多种方法才能取得较好成效的系统工程。在这一系统工程中,应该加强对传统节日这一平台的重视和应用。传统节日深入人心、嵌入生活,是其发挥培育和传承中华民族核心价值观的前提条件。基于传统节日的当下生存状态,当前有必要充分重视对节日传统资源的有效利用,从节物、活动、文化内涵等方面加大对传统节日的重建力度,使处于式微状态、空洞化的传统节日得到充实,焕发勃勃生机,重新活跃起来。

北京学研究所副研究员朱永杰的论文《动与静结合之美,什刹海对北京城的影响分析》获得中国古都学会2014年年会中青年奖优秀奖

中国古都学会每年都要在中国古都城市召开一次年会,年会上会评选出中青年论文奖若干。2014年10月25~26日,嵩山文明与中国早期王都研讨会暨中国古都学会2014年年会在郑州黄河饭店召开。本届年会对这次大会征集到的全国各地78篇论文进行了评审。通过中国古都学会理事会严格审定,对评出的12篇"中国古都学会中青年论文奖"进行了颁奖。《动与静结合之美——什刹海对北京城的影响分析》一文(作者朱永杰)荣获中国古都学会2014年年会中青年论文奖优秀奖。文章认为什刹海位于北京城的核心部,是北京旧城历史文化保护街区中"水文化"面积最大的一片。作为北京重要的区域,什刹海与北京城的命运有着千丝万缕的关系,为北京城市的发展注入了勃勃生机,对北京城市结构和风貌产生了相应的影响。城市结构方面,不仅影响了北京城市规划的格局和水道的脉络,而且形成了城内重要的商业区和园林休闲功能区;城市风貌方面,勾勒了北京自然和人文结合的

绚丽园林风貌，塑造了城市动静结合的美丽水环境，也孕育了城市积淀深厚的多彩文化风貌。

北京学研究所副研究员朱永杰撰写的调研报告《大栅栏地区历史文化资源开发保护研究》获杭州市钱学森城市学奖优秀奖

钱学森城市学金奖（简称钱学森金奖）征集评选活动是面向城市学专业领域的征集评选活动，每年举办一届，每项征集主题各评出钱学森金奖1名，奖金10万元；钱学森金奖提名奖10名，奖金各1万元，已公开发表或未公开发表的论文、研究报告、著作、译作均可参评。钱学森先生是城市学的倡导者，为城市学学科发展做出了开拓性贡献。杭州是钱学森先生的故乡，杭州城研中心是全国第一家以"城市学"命名的研究机构。开展城市学专业的征集评选活动，并以"钱学森城市学金奖"命名，既是对钱学森先生在城市学领域开创性贡献的最好纪念，也将有力地推进城市学研究事业。杭州国际城市学研究中心每年举办城市学高层论坛，在论坛上举行该年度钱学森城市学金奖、西湖城市学金奖颁奖仪式，为获奖者颁奖。同时，邀请各方专家学者，与获奖者共同组织研讨。深入剖析"城市病"爆发的深层次原因，积极吸收城市化"热点""难点""焦点"问题的理论成果和民众建议，及时总结国内外破解"城市病"实践中的典型做法和成功经验，全面梳理征集评选活动中具有指导性、针对性和可操作性的新理念、新举措和新思路，为各级城市管理者制定相关政策提供决策参考。

《大栅栏地区历史文化资源开发保护研究》文章（作者朱永杰）荣获杭州钱学森城市学金奖优秀奖。该文一方面探讨了大栅栏地区的历史演变及文化特色，在阐述该地区历史文化资源保护与利用概况的基础上指出了保护与开发中存在的现状问题。针对现状问题和发展的需要，提出了大栅栏地区历史文化资源开发和保护的对策。研究中采取点、线、面结合的视角和方法，充分利用调查研究的相关数据，在保护模式、规划、法规、管理、资金等方面提出了适宜的保护与利用方法，同时还结合文化产业和旅游业发展提出了应用性较强的保护与开发对策。整个研究有利于促进大栅栏地区的发展建设，促进西城区打造"传统与现代融合发展文化中心"以及首都建设"人文北京"和"中国特色世界城市"目标的实现。

北京学研究所助理研究员苑焕乔执笔、与档案馆何小莉共同完成的调研报告《城乡社区文化建设存在问题与对策研究》获得北京市统战系统优秀调研成果三等奖、北京市委统一战线工作部"北京市民主党派参政议政优秀调研成果三等奖"

北京市委统战系统优秀调研成果奖，是由中共北京市委统一战线工作部（简称市委统战部）组织评选，针对北京市各民主党派、无党派、工商联和各民族、各宗教团体提交的各领域参政议政调研成果，每年评奖一次。市统战系统优秀调研成果奖，分一、二、三等奖和优秀奖，旨在表彰针对北京市政治、经济、社会、文化、宗教、艺术等领域现存问题，提出一定真知灼见者以鼓励。多年来，市统战系统优秀调研成果评奖活动，在促进北京市社会经济、文化、艺术等领域发展，推动各民主党派、各人民团体参政议政等方面做出了巨大贡献。

2014年2月，北京学研究所苑焕乔执笔完成，档案馆何小莉等共同参与完成的民盟市委2013年度《城乡社区文化建设存在问题与对策研究》调研报告，被中共北京市委统一战线工作部评为北京市民主党派参政议政优秀调研成果三等奖，并由北京市政协采纳。统筹城乡社区文化建设，是构建和谐社会的重要基础。随着城乡社区居民对文化的不断渴求，北京市出台了一系列社区文化建设指导性文件，并加大投资力度，公共文化服务体系初步形成。但北京社区在满足城乡居民文化需求方面仍存在：公益性社区文化活动少、适应老年人和儿童的文体设施相对不足、社区文化活动组织者多位兼职人员以及乡村社区文化中传统文化内容未得到足够重视等诸多不足，需要采取针对性具体措施：针对老年人和儿童留守社区现状，适当增添社区文体设施并多组织公益性社区文化活动，增强社区居民尤其农村老年人的幸福感；在统筹城乡社区文化建设中，应将丰富社区居民文化生活与北京市非物质文化遗产的传承、文化休闲旅游、社会公德教育等结合起来，进行通盘规划；发挥政府主导作用，加强社区文化工作者队伍建设，将社区文化建设、提升市民文化生活的工作落到实处；资金投入应体现差异化，尤其要考虑郊区新农村发展的文化需求；最大程度将文化场馆向社区开放等；制定相应政策，统筹城乡社区文化建设。

继续举办"北京学讲堂"系列讲座

2014年,北京学研究基地继续举办"北京学讲堂"系列讲座。"北京学讲堂"是一个校内外专家学者就北京文化、北京精神和北京的历史、文化遗产、民俗风情、城市变迁、地理环境、生态景观等方面进行知识传播和学术交流的开放性科普教育平台,旨在以北京学研究成果和学术资源更好地为我校人才培养服务,并推进北京文化和北京精神的研究、交流和传播,促进北京学研究基地的对外交流与合作,扩大北京学的影响,努力为首都北京文化大发展大繁荣做贡献。

2014年,"北京学讲堂"共开展讲座9讲(见下表)。

2014年"北京学讲堂"系列讲座一览表

序号	主讲人	工作单位	讲座题目
1	张宝秀	北京联合大学北京学研究所	钟鼓声远,青山长存——景山、地安门、钟鼓楼与北京中轴线(下)
2	朱永杰	北京联合大学北京学研究所	市井商业之所 传统雅游之地:大栅栏与琉璃厂历史文化街区
3	苑焕乔	北京联合大学北京学研究所	京西名村历史文化及其传承
4	韩茂莉	北京大学城市与地理环境学院	影视作品中的北京城与北京人
5	刘剑刚	北京联合大学应用文理学院	什刹海白米斜街:历史、现状与未来
6	张妙弟	北京联合大学北京学研究所	北京的城市性质与代表性景观
7	张妙弟	北京联合大学北京学研究所	北京城九问
8	高巍	北京民俗学会	金秋里的帝都
9	马知遥	天津大学国际教育学院	保护村落 挽留乡愁

召开"新型城镇化与传统文化——第十六次北京学学术研讨会"

2014年6月13—14日，由北京联合大学北京学研究基地主办，北京联合大学学报编辑部和北京地理学会协办的"新型城镇化与传统文化——第十六次北京学学术研讨会"在北京花园饭店隆重召开。该次会议开幕式由北京学研究基地主任、北京学研究所所长张宝秀主持，北京联合大学副校长乔东亮首先致辞，北京市哲学社会科学规划办公室副主任李建平在开幕式上做了讲话。来自京内外40多家单位的领导、专家、学者和北京联合大学师生共百余人参加了会议。该次会议受到光明日报、中国文化报、中国社会科学报等数十家媒体和出版单位的关注。

大会分为两个阶段。6月13日，在会议第一阶段，文化部民族民间文艺发展中心主任李松、中山大学地理科学与规划学院教授司徒尚纪、中央民族大学文学与新闻传播学院教授林继富以及北京市农村经济研究中心研究员张英洪等专家为大会做了主题报告；来自北京市社会科学院、北京市农村经济研究中心城乡发展处、北京永定河文化研究会和首都高校的十位专家学者围绕会议主题分别在会上做了专题发言。

此外，《中国城乡一体化发展报告·北京卷（2013—2014）》和《北京学丛书·流影系列》之一《孙明经眼中的老北京》也在大会上进行了出版发布，受到与会人员的广泛关注。

6月14日，会议进行第二阶段，对新型城镇化背景下京郊传统村落保护情况进行考察、调研，部分参会代表在北京永定河文化研究会杨德林副会长的引导下，实地考察了门头沟沿河城、马栏村和灵水村，调研了新形势下京西传统村落保护与开发利用现状，有针对性地讨论了存在的问题，并切磋、提出了一些对策建议。

该次会议围绕新型城镇化的内涵，新型城镇化与传统文化传承、现代文化建设的关系,新型城镇化进程中历史街区保护与更新、传统村落保护与发展、节日文化传承、民族文化重建、文物遗址保护,北京城乡一体化的新进展、推进新型城镇化实践等问题产生了一系列学术成果。大会共收到会议论文 38 篇,将结集出版《北京学研究 2014》。

承办"大师与古都:侯仁之与北京城"展览

　　2014年7月4日，由北京市社会科学界联合会和北京史研究会主办、北京联合大学北京学研究所和北京大学历史地理研究中心承办的"大师与古都——侯仁之与北京城"学术研讨会暨展览开幕式在北京社科活动中心举行。来自北京史研究会、北京市社科联、北京大学、北京联合大学及社会各界人士约百人参加会议。会议由北京市社科联党组副书记孟春利和北京市社科规划办副主任、北京史研究会会长李建平主持，北京市社科联党组书记、常务副主席韩凯作大会致辞。

　　在展览开幕式和研讨会上，侯仁之先生的长女侯馥兴以"回忆父亲——侯仁之"为题作了主题发言；北京大学历史地理研究中心主任唐晓峰、北京史研究会会长李建平、北京市社会科学院历史研究所研究员尹钧科、北京大学历史地理研究中心副教授岳升阳、北京联合大学北京学研究所所长张宝秀先后作了题为"侯仁之与北京历史地理研究""侯仁之与北京城""侯仁之与《北京历史地图集》""老骥伏枥，心系北京——回忆晚年侯仁之"和"侯仁之与北京学"的主题发言。与会人员一致表示，大家将永志侯仁之先生的精神品格和大师风范，努力传承他的治学思想和学术事业，将北京历史地理研究、北京历史文化名城保护与发展工作做得更好。

　　此次专题展览，包括展板和实物两部分内容，在北京社科活动中心展出近一个月，多名学者和市民前往参观，多家媒体给予了报道，获得广泛好评。

合作举办"中国人的风俗观和移风易俗实践——民间文化青年论坛2014年会"

2014年7月5—6日，由北京联合大学北京学研究基地和《民间文化论坛》编辑部联合主办的"中国人的风俗观和移风易俗实践——民间文化青年论坛2014年会"在北京联合大学召开。该次会议也是民间文化青年论坛第二季的首届年会。会议由北京联合大学北京学研究基地张勃研究员主持，中国民俗学会会长、中国社会科学院民族文学研究所所长朝戈金研究员和北京联合大学北京学研究基地主任、应用文理学院院长张宝秀教授在开幕式上致辞。

该次会议吸引了来自北京大学、北京师范大学、中国社会科学院等近30个单位的40余名专家学者和青年学子前来参会。开幕式上还举行了"第九届民间文化青年论坛奖"颁奖仪式。

会议研讨分为主题报告和分组讨论两个部分。主题报告部分由北京联合大学原校长、北京学研究基地首席专家张妙弟教授主持，北京师范大学文学院博士生候选人张多、山东大学民俗学研究所副教授王加华、中国社会科学院文学所研究员吕微分别做主题发言，中国民俗学会常务理事、北京师范大学文学院教授进行了精彩的点评。在分组讨论部分，两个小组共进行5场讨论。第一组三场共有11人进行报告，围绕着风俗观与移风易俗问题进行集中讨论。第二组两场共有9人进行报告。

会议闭幕式由《民间文化论坛》副主编冯莉主持，中国艺术研究院人类学所杨秀副研究员和南开大学中国社会史研究中心张传勇副教授分别对两个小组的讨论进行总结。在"专家寄语"环节，吕微研究员与张妙弟教授、张传勇副教授围绕着文化生态、风俗观问题展开了精彩的学术对话。张勃研究员对大会做了总结。

该次会议共收到论文50余篇，部分成果将由中国社会科学出版社结集出版。

参与举办"2014 北京文化论坛——培育和践行社会主义核心价值观"

为深入贯彻落实党的十八大和十八届三中全会精神，积极培育和践行社会主义核心价值观，由北京中华文化学院、北京联合大学、中国民主同盟北京市委员会、九三学社北京市委员会等多家单位联合举办的"2014 北京文化论坛——培育和践行社会主义核心价值观"于 2014 年 7 月 11 日在北京中华文化学院召开。来自北京市各民主党派、高校、统战系统等相关单位及社会各界人士 100 余人参加论坛。论坛由北京中华文化学院副院长、北京改革和发展研究会会长陈剑主持，北京联合大学北京学研究基地主任、应用文理学院院长张宝秀担任大会主题发言点评人。

论坛以嘉宾发言、与会者互动提问、专家点评的形式进行。共有六位发言人先后围绕社会主义核心价值观的理论、社会主义法制与践行社会主义核心价值观的关系以及如何借鉴外国经验加强社会主义核心价值观建设等问题进行了主题发言。

与会专家一致认为，社会主义核心价值观是起决定性指导作用的价值理念，在当前社会环境中，树立国民文化自觉意识是有力推动社会主义核心价值观形成的必要条件。只有提高由个体组成的国民文化自觉意识，才能真正做到培育和践行社会主义核心价值观，才能赋予社会主义核心价值观强大的精神驱动力。

该次论坛共征集到论文 80 余篇，会前编印的论文集《2014 北京文化论坛——培育和践行社会主义核心价值观》收录其中 56 篇。由北京学研究所推荐的王平的论文《社会主义法治与践行社会主义核心价值观》获得征文一等奖，北京学研究所所长助理张勃的论文《弘扬优秀传统节日文化 培育和传承中华民族核心价值观》获得征文二等奖。

合作召开"走向世界的地方学研究学术研讨会"

2014年8月21日,由"东亚文化之都·泉州"建设发展委员会、泉州市委宣传部和中国地方学研究联席会共同主办的"东亚文化之都·泉州系列活动之'走向世界的地方学研究'学术研讨会"在福建泉州召开。来自韩国首尔学和中国北京学、泉州学等几十家地方学与地方文化研究机构的100余名专家学者出席会议。时任北京学研究基地首席专家、学术委员会主任张妙弟,基地主任、北京学研究所所长张宝秀及其他论文作者前去参会。

研讨会由泉州学研究所所长林少川和副所长林丽珍主持。北京学研究所所长张宝秀代表中国地方学研究联席会执行主席单位在开幕式上致辞。她谈到,此次研讨会以"走向世界的地方学研究"为主题,将为地方学、地方文化研究搭建学术交流平台,引导地方学研究关注国际化、开展中外比较研究、努力创新、不断走向世界的潮流。同时,借此机会,她向几年来鄂尔多斯学研究会、泉州学研究所和其他各兄弟研究机构给予联席会工作上的很多关心和大力支持表示衷心的感谢,并希望各兄弟会员单位积极举办全国性、国际性地方学与地方文化专题学术研讨会,为大家搭建学术交流、思想碰撞、智慧分享的平台,提供相互学习和切磋的机会,为地方学和中国地方学研究联席会的进一步发展做出更加积极的贡献。

张宝秀做大会总结,她对会议承办方泉州学研究所和中韩与会代表表示由衷感谢,对参会论文主题和研讨会内容进行了分析点评。她认为,会议开得很成功,大会交流深入,研讨内容丰富,反映了我国以及韩国地方学研究的最新动态和思考,为中国地方学研究提供了新的信息和可借鉴经验,取得了丰硕成果。

该次会议中国地方学研究联席会多家会员单位到场参会。22日,中国以北京学研究所为执行主席单位的中国地方学研究联席会和韩国以首尔学研究所为首的"韩国地方学论坛",就下一步地方学学科发展、建设和中韩两国地方学研究联盟之间深入开展学术交流与合作研究进行了较为深入的讨论和交流,达成合作共识。

　　大会收到论文40篇,会前编印了论文集。韩国关东大学东亚经济文化中心主任李奎泰、北京学研究所所长张宝秀、内蒙古鄂尔多斯研究会专家委员会委员潘照东等21位专家在会上作了发言。

广州市人民政府文史研究馆领导和馆员到北京学研究所调研

2014年11月14日，广州市人大常委会副主任、广州市人民政府文史研究馆馆长、广州市人民政府参事室主任张嘉极，文史研究馆学术委员会主任、原广州市地方志副主任陈泽泓等一行5人，前来北京联合大学北京学研究所进行工作调研。北京联合大学副校长乔东亮，时任北京学研究基地首席专家张妙弟，北京学研究所所长张宝秀，校科研处副处长张波和北京学研究所全体人员参加座谈交流。

广州市人民政府文史研究馆领导和同仁来访，是为推动广州学研究工作进行学习调研，希望了解和借鉴北京学的经验，同时邀请北京学同仁参加2014年12月在广州召开的"广州学与地方学论坛"。在座谈会上，北京学研究所所长张宝秀从发展历程、方向定位、队伍构成、学术活动、科研工作、教学工作、运行管理、交流合作和发展目标9个方面，向来宾详细介绍了北京学研究基地（研究所）的建设情况和工作进展。张嘉极主任介绍了广州市人民政府文史研究馆的基本情况和推动开展广州学研究的具体设想。之后，双方与会人员围绕地方学内涵、外延、学科建设的途径、目标和前景等问题深入进行了交流与切磋。

2014年12月18—19日，北京学研究所所长张宝秀和研究员张勃应邀前往广州参加了"广州学与城市学地方学学术报告会"。张宝秀代表中国地方学研究联席会各会员单位在办公会开幕式致辞，并在主题报告环节做了题为《对地方学学科的认识》的发言。在分组讨论中，张勃研究员以《概念、视角与追求——中国地方学的兴起》为题做了学术发表。

邀请美国肯塔基州大学地理系 Stanley Brunn 教授来校进行学术交流

2014年10月30日至12月1日，北京联合大学应用文理学院与北京学研究所联合邀请美国肯塔基大学地理系著名人文地理学家 Stanley D. Brunn 教授来我校讲学。Brunn 教授结合我校开展区域文化遗产保护、传承与利用的教学与科研工作实际需要，从中外比较与借鉴的视角，重点讲授了《人文地理学（Human Geography）》课程。该课程共36学时，全英文教学，除了我校相关专业本科、研究生和教师听课外，还作为学院路教学共同体的课程向其他高校学生开放。

Stanley D. Brunn 教授，曾任美国地理学家协会名誉主席，主要研究领域为社会文化地理学、信息与交流和人文环境地理学。长期以来，Brunn 教授运用定性研究与定量研究相结合的方法，开展城市社会、文化以及信息与行为等方面的研究，并侧重从区域的视角研究城市社会文化现象及其与环境的关系。在为期一个月的授课过程中，Brunn 教授以系列专题的形式从全球化、人口、语言、宗教、种族、性别、政治以及社会文化发展等多个方面，介绍了人文地理学的思想、理念与分析问题的视角，强调在地理学的学习和研究中空间、文化、地图与可视化的重要性，鼓励学生从人文地理的地方、场所、归属以及文化影响等角度考察北京，研究北京。他以学生自主学习为主导的教学方式也引发了教师在教学过程中如何更好地激发学生学习主动性的思考。

Brunn 教授在课程中精心设计了21个小型调研项目，安排学生分组进行调研和报告，引导学生从多个角度研究和分析北京作为东方古都、历史文化名城，在现代化与全球化大背景下，在建设世界城市的目标下，所呈现出的文化中心的城市特质。Brunn 教授还与相关专业的部分教师、研究生和本科生进行了文化遗产保护与利用的专题研讨交流，出席了城市科学系举办的"地理信息技术与人文地理学学科发展学术研讨会"，做了"智慧城市的地理学思考"主题演讲,并介绍了在美国常见的公众参与性地理信息系统(PPGIS)的理念、性质与特点。通过与 Brunn 教授这样具有丰富研究经历、处于学科研究前沿的国际学者进行面对面的交流和学习,相关学科教师和学生对人文地理及文化遗产有了更加深入的认识,增强了利用地理学思维方法和地理信息技术促进文化遗产保护与传承的认知,受益匪浅。

附　录

附录 1

2014 年北京学研究基地立项主要科研项目一览表

序号	项目名称	项目来源	负责人
1	城乡统筹背景下大城市休闲农园的空间组织与优化——以北京为例	国家自然科学基金青年项目	杜姗姗
2	华北地区宗教信仰人群的调查与分析研究	国家社会科学基金面上项目	杨靖筠
3	北京城市空间与日常生活	北京市社会科学基金重点项目/首都师范大学文化研究院重大项目招标课题	孟斌
4	北京传统技艺类非物质文化遗产旅游活化与消费者参与研究	北京市社科基金重点项目	石美玉
5	北京中心城区老年人口宜居环境满意度现状与提升策略研究	北京市社会科学基金研究基地项目	李雪妍
6	空间表达视角下北京历史文化遗迹的保护对策	北京市社会科学基金青年项目	成志芬
7	北京传统村落文化保护发展面临主要问题及对策研究	北京市社科基金研究基地项目（自筹）	苑焕乔
8	北京城市形态演变与未来紧凑发展模式研究	北京市自然科学基金青年项目	何丹
9	佛教文化在首都文化建设中的地位和影响	北京市科委项目	杨靖筠
10	中国城乡一体化发展报告·北京卷（2013—2014）	北京学研究基地特设项目	黄序
11	北京历史文化遗产资源体系及价值研究	北京学研究基地特设项目	张蒙

续表

序号	项目名称	项目来源	负责人
12	北京宗教史话	北京学研究基地特设项目	佟洵
13	都市农园在北京乡村空间重构中的作用与典型模式研究	北京学研究基地一般项目	杜姗姗
14	基于创新网络的北京文化产业集群成长机制研究	北京学研究基地一般项目	杜辉
15	北京白米斜街历史街区空间整合研究	北京学研究基地一般项目	刘剑刚
16	亲历北京：1840—1911年西方人士有关北京著作研究	北京学研究基地一般项目	孙琼
17	北京文化旅游资源的资产证券化研究	北京学研究基地一般项目	张奇
18	北京冰雪体育文化产业发展战略研究	北京学研究基地一般项目	覃永贞
19	北京地区大学分校口述史研究	北京学研究基地一般项目	孙晓鲲
20	三山五园地区旗人村落口述史调查与研究	北京学研究基地一般项目	李扬
21	北京"打造东方影视之都"战略规划研究	北京学研究基地一般项目	惠东坡
22	北京历史街区保护专题调研	北京市政协委托项目	朱永杰
23	北京传统村落保护专题调研	北京市政协委托项目	张勃
24	北京与台湾地区天主教文化比较研究	京台文化交流研究中心项目	杨靖筠

附录 2

2014 年北京学研究基地出版主要学术著作和论文集一览表

序号	书名	作者	出版社	出版时间
1	北京学研究报告 2014	张宝秀主编	中国社会科学出版社	2014 年 6 月
2	中国城乡一体化发展报告·北京卷（2013~2014）	张宝秀、黄序主编	社会科学文献出版社	2014 年 4 月
3	节日与市民生活——2013 北京文化论坛文集	《北京文化论坛文集》编委会编（北京学研究基地参与其中，张宝秀任副主编之一）	首都师范大学出版社	2014 年 6 月
4	孙明经眼中的老北京	主编张妙弟，作者孙健三	北京大学出版社	2014 年 6 月
5	老北京梦寻	主编张宝秀，作者杨澄	北京大学出版社	2014 年 8 月
6	北京基督教史	杨靖筠	宗教文化出版社	2014 年 2 月
7	北京会馆基础信息研究	白继增　白杰	中国商业出版社	2014 年 12 月
8	旅游文化资源融资模式研究：以北京为例	张奇	经济科学出版社	2014 年 12 月
9	京津冀区域综合性人文地理过程演化分析与模拟	何丹	学苑出版社	2014 年 7 月

附录 3

2014 年北京学研究基地发表主要学术论文一览表

主题	论文名称	作者	刊物名称	发表时间
历史	三山五园的地位与定位	张宝秀	北京联合大学学报（人文社会科学版）	2014 年 1 期
	蜕变中的都市——从《北京风俗问答》看 20 世纪初期北京城市的现代化	张勃	北京联合大学学报（人文社会科学版）	2014 年第 4 期
	北京节日的历史、现状和未来建设	张勃	节日与市民生活：2013 北京文化论坛论文集	2014 年 6 月
	试论传统手工技艺生态及其再生——以聚元号弓箭为例	李扬	生态经济	2014 年第 1 期
	清代北京旗人社会生活管窥——以成府村志为中心	李扬	北京科技大学学报	2014 年第 4 期
	传教士眼中的北京（1840—1911）	孙琼	黑龙江史志	2014 年第 19 期
	民国时期的北京电影	李自典	北京档案	2014 年第 4 期
	民国时期北京的疫病流行与防疫宣传	李自典	兰州学刊	2014 年第 7 期
	从文化心理的角度看"京味儿"话剧兴盛的原因	杨扬 褚云侠	大舞台	2014 年第 5 期
	全真道龙门派始祖丘处机与道教的中兴	佟洵	北京联合大学学报（人文社会科学版）	2014 年第 4 期
	1840—1911 西方传教士有关北京的著述研究	孙琼	《黑龙江史志》	2014 年第 19 期
	北京城镇化进程中的宗教建筑遗迹保护问题研究——以地下文物和考古发现为例	赵连稳 孙勐	新视野	2014 年第 4 期
	三山五园与清代北京旗人聚落变迁	李扬	三山五园和京西文化研究与保护利用论文集（研究出版社）	2014 年 6 月
	三山五园中的藏传佛教寺院功能浅析	于洪	学理论	2014 年第 23 期
	云居寺四座唐代石塔铭文的试析	孙勐	北京联合大学学报（人文社会科学版）	2014 年 4 月

续表

主题	论文名称	作者	刊物名称	发表时间
历史	雍和宫：由王府到寺庙	佟洵	清史参考	第42期（总第396期）2014年12月
	聚元号的前世今生	李扬	光明日报·文化遗产版	2014年6月21日刊
	北京会馆成因及其功能解构	白杰	《北京联合大学学报》人文社会科学版	2014年第3期
	伦敦经验：新型城镇化视角下的北京城市提升	张景秋	北京规划建设	2014年第6期
	美丽北京建设的思考	李建平	新视野	2014年7月第4期
	北京城市办公空间通达性感知研究	王丹丹 张景秋 孙蕊	地理科学进展	2014年第12期
	北京轨道交通换乘站点对办公空间集聚的影响	甄茂成 张景秋 朱海勇	地理科学进展	2014年第4期
	北京城区长期避难场所空间布局研究	周爱华 张景秋 付晓	安全与环境学报	2014年第3期
	北京市中心城区公共文化设施空间分布研究	何丹 张景秋 孟斌	资源开发与市场	2014年第1期
	北京市居民居住满意度感知与行为意向研究	湛东升 孟斌 张文忠	地理研究	第33卷第2期，2014年2月
	大城市职住分离的区域测度方法探究——以北京市为例	梁海艳 孟斌 李灿松	人口学刊	第36卷第2期，2014年4月
	北京城市居民日常活动空间的社区分异	张艳 柴彦威 郭文伯	地域研究与开发	2014年第5期
	北京农民市民化影响因素与路径选择研究	张丽峰	特区经济	2014年第5期
	新型城镇化背景下的村庄规划	杜姗姗	北京规划建设	2014年第6期
	北京星级休闲农业园区经营现状与政策建议——基于北京申报四、五星级休闲农业园区的实地调研	杜姗姗	中国城乡一体化发展报告.北京卷（2013—2014）	2014年4月
	北京5A级旅游景区网络关注度分布特征研究	张丽峰 丁于思	资源开发与市场	2014年第11期

续表

主题	论文名称	作者	刊物名称	发表时间
历史	北京市住宅价格的影响因素和轨道交通效应	何 丹	地域研究与开发	2014年10月
	城市住房市场现状与分配政策对比分析——以北京、烟台为例	张远索 王春芝 杜姗姗 等	山东工商学院学报	2014年第1期
理论	对北京学理论体系的再思考	张宝秀	论地方学建设与发展——中国地方学建设与发展研讨会文集	2014年4月
	地方学的设立标准和学科内涵	张宝秀	中国社会科学报	2014年4月25日
	地方学与地域文化研究的"地方"和"地方性"视角	成志芬 张宝秀	中国地方学建设与发展研讨会文集	2014年4月

附录 4

2014 年北京学研究基地主要科研获奖一览表

序号	获奖人	获奖成果类别及名称	奖项名称	授奖单位	获奖时间
1	张勃	论文《探求传统节日的真与善——评萧放教授〈传统节日与非物质文化遗产〉》	中国文联文艺评论奖二等奖	中国文艺家联合会	2014年11月
2	张勃	论文《弘扬优秀传统节日文化培育和传承中华民族核心价值观》	"2014北京文化论坛"征文二等奖	北京社会主义学院联合北京市社科联、民革北京市委、民盟北京市委、九三学社北京市委、北京联合大学、北京改革和发展研究会等有关单位	2014年6月
3	张艳	论文《The Spatial Mismatch of the Low–income in Transitional Urban China: Evidences from Beijing》	第九届中日韩地理学国际研讨会优秀学术论文奖	中国地理学会	2014年7月
4	朱永杰	论文《动与静结合之美，什刹海对北京城的影响分析》	2014年年会中青年奖优秀奖	中国古都学会	2014年10月
5	朱永杰	调研报告《大栅栏地区历史文化资源开发保护研究》	杭州市钱学森城市学奖优秀奖	钱学森城市学金奖征集评选活动组委会；杭州国际城市学研究中心	2014年11月
6	苑焕乔	调研报告《城乡社区文化建设存在问题与对策研究》	北京市民主党派参政议政优秀调研成果三等奖	中共北京市委统一战线工作部	2014年2月